문수민, 고희청 지음

BM 주식회사 도서출판 성안당

# 지금 시작하는 SNS 콘텐츠 디자인을 위한 포토샵

지금은 소셜 네트워크 서비스(SNS) 시대라 해도 과언이 아닙니다. SNS는 이제 파급력이 가장 강한 매체로 자리 잡아 가고 있습니다. 개인에서 기업들까지 저마다 SNS 홍보와 마케팅을 강화하기 시작했고, SNS를 기반으로 하는 새로운 직업군들도 생겨났습니다. 초창기 파워 블로거를 시작으로 콘텐츠 크리에이터, 유튜버, 인플루언서, 팟캐스터 등 다양한 신조어들과 함께 많은 직업이 생겨난 것입니다.

SNS 사회에서 공통으로 가장 많이 소비되고 있는 것은 무엇일까요? 바로 콘텐츠 디자인입니다. SNS에서 소비되는 텍스트, 이미지, 영상 등 콘텐츠의 양은 어마어마합니다. 제작하는 콘텐츠 디자인 종류도 다양하고, 콘텐츠 기획에서 디자인 제작까지 걸리는 시간도 빠르게 전개되기 때문에 그 호흡을 따라가기란 여간 힘든 게 아닙니다. 상황이 이런데 디자이너를 구하지 못했다는 이유로, 디자인을 배우지 않았다는 이유로 스스로 아무것도 못 하고 마냥 디자이너를 기다려야 할까요?

대표적으로 가장 많이 사용하는 카드뉴스 콘텐츠 제작을 예로 들어, 기초 이미지 편집 기능과 타이포그래피 기능 등 포토샵 기초 소양만 갖추고 있다면 사실 누구나 어렵지 않게 디자인 결과물을 만들 수 있습니다. 밀려드는 콘텐츠 소비량을 따라가야 하는데, 디자이너까지 구하기 힘든 상황에 처했다고 가정해 봅시다. 만약 포토샵 실무 기능을 익혀두었다면 반드시 SNS 비즈니스 활동에 역량을 발휘할 것입니다. 즉, SNS 사용자라면 포토샵 실무 기술은 이제 필수라는 뜻입니다. 하루에도 몇 건씩 홍보 이미지를 올려야 하는 마케터, 기획팀의 기획자, 내 상품을 팔고 있는 쇼핑몰 운영자들에게 이러한 커뮤니케이션 기술이야말로 다른 무엇보다 시급히 키워야 하는 능력이 된 것이지요.

이 책에서는 골치 아픈 포토샵 이론과 불필요한 기능 설명은 자제하고, 실제 SNS 콘텐츠 제작에 자주 쓰이는 기능만을 골라, 직접 디자인에 적용하며 실습할 수 있도록 하였습니다. 포토샵을 처음 접하는 분들도 실습을 통해 다양한 SNS 디자인을 제작할 수 있습니다. 이 책을 통해 필요한 기능을 바로바로 체득하고, 원하는 SNS 콘텐츠 디자인 결과물을 제작하기까지, 여러분께 조금이나마 도움이 되었으면 좋겠습니다.

문수민, 고희청

# 처음 시작하려는 포토샵 사용자를 위한 한마디

포토샵 세계의 도전을 환영합니다. 유명 디자이너가 처음 포토샵을 시작하려는 독자분들에게 생생한 메시지를 전달합니다.

**김민석**
(주)커뮤니케이션 다리 대표

SNS 마케팅이 필수가 되어버린 요즘, 많은 기업과 창업자, 개인, 할 것 없이 자신들의 제품 또는 브랜드를 홍보하기 위해 콘텐츠 디자인에 열을 올리고 있습니다. 치열한 콘텐츠 경쟁의 틈바구니에서 나의 콘텐츠가 파급력을 가지려면 포토샵을 활용한 제작 기술과 디자인 전략은 필수입니다. 디자인 전략에 있어, 개성 있는 콘텐츠 디자인 개발이 성공을 부르는 중요한 키워드가 되었습니다. 개성 있는 콘텐츠 디자인이라는 것은 곧, 자기만의 색을 말하는데요, 이를 위해서는 가급적 오랜 기간 일관된 디자인 스타일을 추구하는 것이 바람직합니다. 일관된 톤으로 콘텐츠를 디자인해 나간다면, 포스팅들이 쌓여 자기만의 개성이 될 것입니다.

**박가예**
All Contents Group 실장

오랜 기간 디자인 분야에서 지켜본 결과, SNS 콘텐츠의 파급력이 크다고 해서 모든 콘텐츠가 성공적인 마케팅으로 이끄는 것은 아니었습니다. 성공적인 SNS 마케팅을 위해서는 무엇보다 SNS 매체의 특성을 파악하고, 이에 맞는 전략적인 디자인이 필요합니다. SNS 특성상 콘텐츠는 다양하고, 그만큼 사용자들의 시선이 머무르는 시간은 짧기 때문에, 이들의 관심을 끌고 조금이라도 오래 눈길을 사로잡기 위해서는 디자인 전략이 굉장히 중요한 요인이 되었습니다. 사용자들의 기호를 잘 파악해야 하고, 디자인 트렌드에도 민감해야 합니다. 공유가 잘 되는 콘텐츠 디자인은 어떤 특성이 있는지, 어떤 유형으로 포스팅되고 있는지 분석해보면 도움이 많이 될 것입니다.

**신승희**
(주)더블에스텍 대표

SNS 바닷속에서 독특하고 시선을 끌 수 있는 콘텐츠를 만들기는 쉽지 않은 일이지요. 상품을 디자인적으로 돋보이게 하고 정확한 정보를 전달하려면 포토샵 사용은 필수입니다. 물론 전문가에게 디자인 작업을 맡기면 해결될 일이지만, 제작 비용과 지속성에서 고민할 수밖에 없습니다. 이 책은 이런 고민을 하는 SNS 운영자들에게 실제 디자인 작업을 하는 데 도움이 되도록 쉽고 친절한 따라하기 형식으로 구성되어 있습니다.

**방홍식**
한양여대 출강

내가 기획하고 내가 만든 콘텐츠! 생각만 해도 가슴 두근거리고 멋지지 않나요? 차근차근 학습하다 보면 어느새 여러분의 멋진 콘텐츠들로 채워지고 있을 것입니다. 나만의 SNS 콘텐츠 디자인을 시작해 보세요. 시각적으로 멋진 디자인을 포토샵으로 표현하고 제작하는 방법은 결코 어려운 일이 아닙니다. 포토샵의 필수 기능만 배우면 되니까요. 직접 실무에 사용되는 예제들로 포토샵을 마스터해 보세요.

# 포토샵 금손 되기 4단계 코스

포토샵은 어렵지 않습니다. 기본 기능을 익혀 간단하게 디자인해서 SNS에 올릴 수 있으니까요. 디자인 작업을 하면서 부족한 부분이 있다면 다음 코스를 밟아가며 도전해 보세요.

## 1 포토샵 금손 되기 3일 코스

바로 포토샵을 활용하여 머릿속 아이디어를 자유롭게 디자인하고 싶다면 3일 코스에 도전해 보세요. 포토샵의 핵심 기본 기능을 익히고 배경과 그래픽 소스를 만들어 꾸며 보세요. 여기에 문자 디자인을 더해 놓쳐서는 안 될 주요 정보를 제공해서 SNS에 업로드하면 이미 포토샵 금손이 된 것입니다.

PART 1·2 80%

PART 3·4 80%

## 2 포토샵 금손 되기 1주 코스

단순하게 이미지나 오브젝트를 보정 및 편집하는 과정이 만족스럽지 않나요? SNS나 인터넷에서 접할 수 있는 다양한 스타일의 많은 콘텐츠처럼 디자인하는 간편한 방법을 익히세요. 고급스러운 그러데이션, 역동적이고 코믹한 느낌, 세련되고 감각적인 게시물을 디자인하여 SNS에 업로드해 보세요.

PART 1·2·3 70%

PART 5·6 90%

## 3 포토샵 금손 되기 2주 코스

단순하지만 뻔하지 않은, 최신 트렌드 디자인처럼 감각적인 결과물을 얻고 싶나요? 그럼 먼저 디자인을 제대로 편집하는 방법을 배워 SNS에 등록해 보세요. 포토샵 기능을 이용해 비교적 간단하게 만들 수 있고, 수고에 비해 큰 효과를 연출해서 사용자 시선을 사로잡아 마케팅 등에도 자주 활용하는 스타일 팁을 알아봅니다.

PART 1·2 100%

PART 4·5 100%

## 4 포토샵 금손 되기 3주 코스

포토샵을 활용하여 디자인하다 보면 디자이너로서 수익에 대한 욕심도 생기기 마련입니다. 포토샵 디자인 활용도를 높이고 실제로 SNS에서 사용하는 상세 페이지, 카드뉴스, 유튜브 채널 등 실무 디자인을 익혀 전략적인 디자인을 생각한다면 이젠 나도 포토샵 금손이 된 셈입니다.

PART 1 80%

PART 2·3·4 100%

PART 5·6 100%

# 포토샵 금손이 되기 위한 6단계 과정 학습 방법

포토샵 디자인을 시작하기 전에 이 책에서 제시하는 포토샵 금손이 되기 위한 단계별 학습 방법을 미리 알아보세요. 단계별 학습 페이지를 찾아 필요한 부분만 학습할 수 있습니다.

## 0 START!

포토샵을 시작하기로 마음먹었다면 어떤 스타일로 디자인을 이끌어나갈 것인지 아이디어를 떠올려 보세요. 단조로워도 세련된 디자인이어야 사용자의 시선을 사로잡을 수 있습니다. 아이디어 스케치가 결정되었다면 이제부터 시작입니다.

## 1 포토샵 시작하기

포토샵은 그래픽 디자인 뿐만 아니라 다양한 분야에서 사용하는 기본 툴입니다. 원하는 대로 디자인을 편집할 수 있으므로 포토샵 필수 기본 기능을 익혀 SNS 디자인 기초를 익힙니다.

PART 01 ········ Section 02·03·05 08·15·16

포토샵을 설치한 다음 나에게 딱 맞는 작업 환경을 만들기 위해 Preferences(작업 환경)를 설정하는 것이 좋습니다. 작업을 더 효율적으로 만들어 능률을 높여 보세요.

PART 01 ········ 하나 더!

## 6 SNS 포토샵 실전 디자인

포토샵을 사용해 간단한 쿠폰 이미지부터 다양한 레이아웃의 카드뉴스, 상세 페이지, 유튜브 채널 등 여러 가지로 사용할 수 있는 SNS를 위한 실전! 그래픽 디자인을 완성해 보세요.

PART 06 ········ Section 02~04

## 2 감각적인 배경 디자인하기

SNS에서 접하는 다양한 스타일의 콘텐츠처럼 돋보이도록 배경을 만드는 과정입니다. 은은한 그러데이션 배경, 사진 텍스처로 타이틀을 부각시키는 적절한 배색, 역동적이고 코믹한 느낌 등 디자인 집중도를 높여 눈길을 사로잡는 기본 배경을 포토샵 기능을 통해 비교적 간단하게 만들어 봅니다.

PART 02 ························ Section 01·04·05

## 3 그래픽/일러스트 소스 만들기

돋보이는 배경 디자인 이후에는 필요할 때 쏙! 뽑아 쓸 수 있도록 그래픽 소스를 만들어야 합니다. 상품 이미지에서 불필요한 부분을 제거해 추출하거나 돋보이고, 이미지를 단순화하거나 팝아트, 붓터치 등을 활용하여 개성 있는 그래픽/일러스트 소스를 만들어 다채로운 SNS 디자인에 활용합니다.

PART 03 ························ Section 01~06

SNS 콘텐츠 마케팅의 핵심인 상품 및 그래픽/일러스트 요소&문자 타이틀을 효율적으로 디자인하는 방법을 알아 보세요. 작은 차이가 결과물에서는 큰 차이로 나타납니다.

PART 03-04 ························

## 4 타이포그래피 디자인하기

문자 디자인은 그래픽/일러스트와 더불어 직관적으로 메시지를 전달하는 요소로 전달하고자 하는 내용을 보여줍니다. 물결 무늬로 흘러가는 느낌의 글자, 감각적인 긴 그림자 스타일, 빈티지 느낌의 초크 아트 문자, 광택이 나는 메탈 문자, 말랑말랑 젤리 느낌의 타이틀 등 온라인 광고와 SNS 콘텐츠에 자주 등장하는 문자 디자인 스타일을 살펴보고 표현 방법을 익혀 보세요.

PART 04 ························ Section 01~05

## 5 트렌드 디자인으로 업그레이드하기

최신 그래픽 디자인 키워드를 바탕으로 감각적인 디자인을 실현해 보세요. 도형과 패턴이 어우러지는 기하학 디자인, 오묘한 색 조합이 돋보이는 그러데이션과 액체(리퀴드) 질감 표현, 네온사인, 쿠키 글자 등 그래픽 디자인 트렌드 중에서 가장 인기 있는 스타일을 만들어 보세요.

PART 05 ························ Section 01·02·05·06

# 이 책을 보는 법

포토샵 입문을 위해 가장 쉽게 배울 수 있도록 꼭 알아두어야 할 이론과 스페셜, 따라하기 방식으로 구성하였습니다. 이 책의 보는 방법을 미리보기 형식으로 알아보겠습니다.

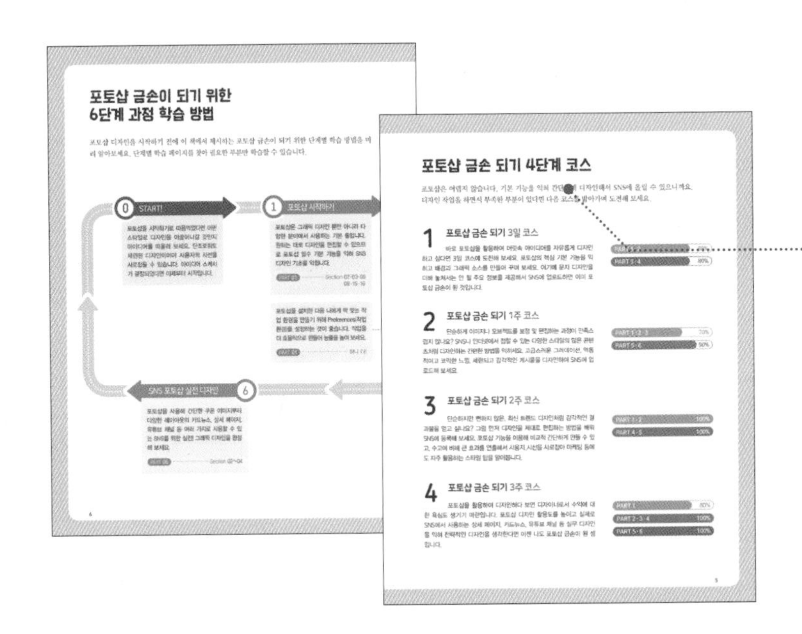


## 학습 방법

포토샵을 시작하기 전에 포토샵 금손이 되기 위한 작업 과정과 나에게 딱 맞는 학습 방법을 찾아봅니다.

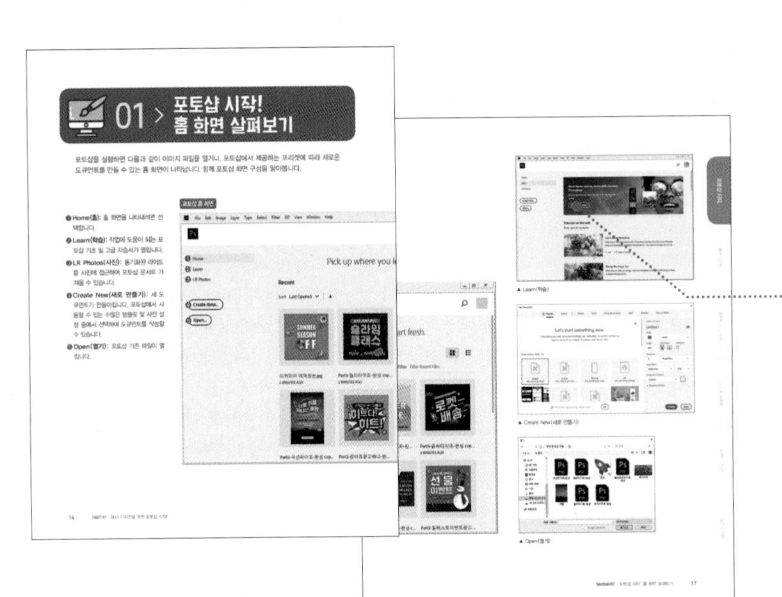


## 페이지 구조

페이지별 설명을 한눈에 볼 수 있도록 구성하였습니다. 복잡한 포토샵 프로그램 구조를 한번에 파악해 보세요.

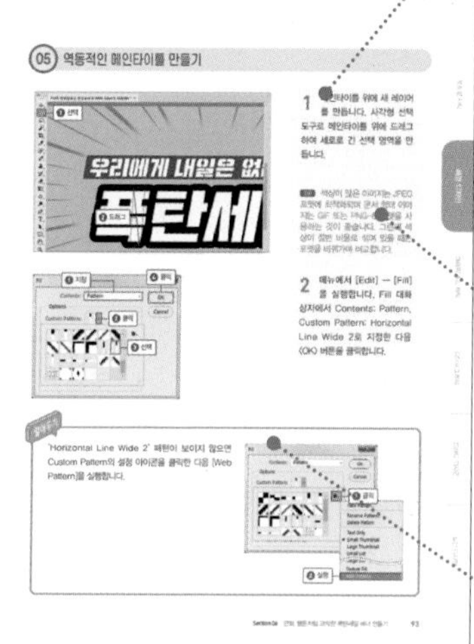

### 따라하기

포토샵으로 SNS 디자인을 만드는 과정을 쉽게 배울 수 있도록 따라하기 방식으로 설명합니다. 과정별로 차근차근 따라하다 보면 어느새 포토샵 금손이 될 수 있을 것입니다.

### 팁

따라하기를 위한 추가 설명을 팁으로 구성하였습니다.

### 알아두기

해당 섹션에서 알아두면 좋은 내용을 알아두기 코너를 두어 쉽게 이해할 수 있습니다.

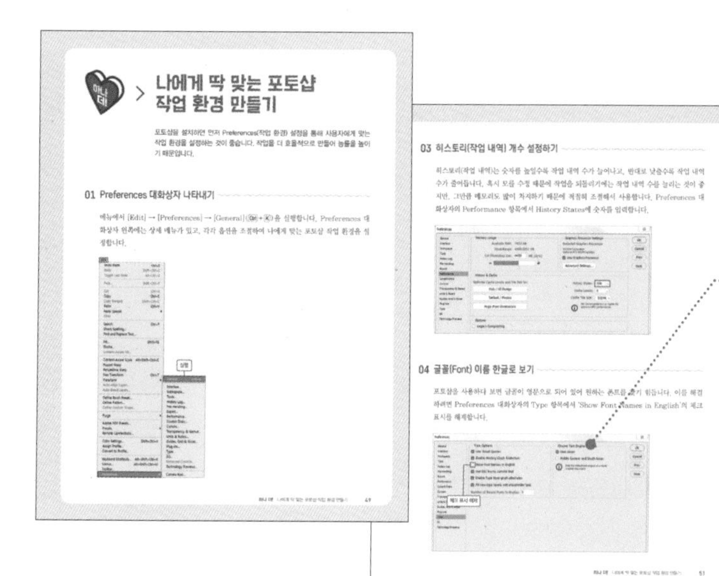

### 하나 더!

포토샵 디자인 시 알아두면 도움이 되는 내용을 스페셜 페이지로 구성하였습니다. 나만의 특별한 SNS 디자인을 만들어 보세요.

# 차례

## 04 개성 있는 타이포그래피 디자인



## 05 트렌디한 그래픽 디자인 키워드

06

# 실전! SNS 포토샵 디자인



### 예제 파일 다운로드

1 성안당 홈페이지(http://www.cyber.co.kr)에 접속하여 회원가입한 다음 로그인하세요.
2 메인 화면 왼쪽의 '자료실'을 클릭하고 '부록 CD'의 바로가기 ▶ 버튼을 클릭한 다음 검색 창에서 '이젠 나도! 포토샵'을 검색하세요.
3 검색된 목록을 클릭하고 자료 다운로드 바로가기 버튼을 클릭하여 예제 파일을 다운로드한 다음 찾기 쉬운 위치에 압축을 풀어 사용하세요.

# SNS PhotoShop

PART 01

# SNS 디자인을 위한 포토샵 시작!

포토샵은 원하는 대로 디자인을 편집할 수 있는 다양한 기능을 제공합니다. 여기서는 포토샵 필수 기초 기능을 익혀 SNS 디자인의 기본을 익힙니다.

# 01 > 포토샵 시작! 홈 화면 살펴보기

포토샵을 실행하면 다음과 같이 이미지 파일을 열거나, 포토샵에서 제공하는 프리셋에 따라 새로운 도큐먼트를 만들 수 있는 홈 화면이 나타납니다. 함께 포토샵 화면 구성을 알아봅니다.

❶ **Home(홈)**: 홈 화면을 나타내려면 선택합니다.

❷ **Learn(학습)**: 작업에 도움이 되는 포토샵 기초 및 고급 자습서가 열립니다.

❸ **LR Photos(사진)**: 동기화된 라이트룸 사진에 접근하여 포토샵 문서로 가져올 수 있습니다.

❹ **Create New(새로 만들기)**: 새 도큐먼트가 만들어집니다. 포토샵에서 사용할 수 있는 수많은 템플릿 및 사전 설정 중에서 선택하여 도큐먼트를 작성할 수 있습니다.

❺ **Open(열기)**: 포토샵 기존 파일이 열립니다.

포토샵 홈 화면

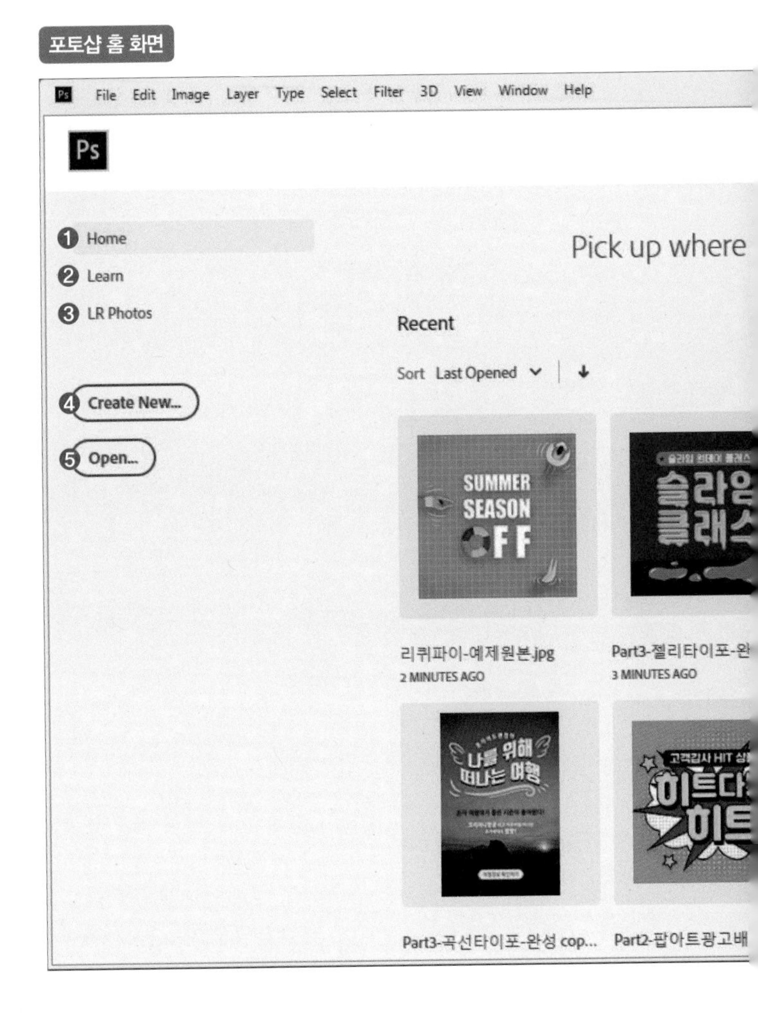

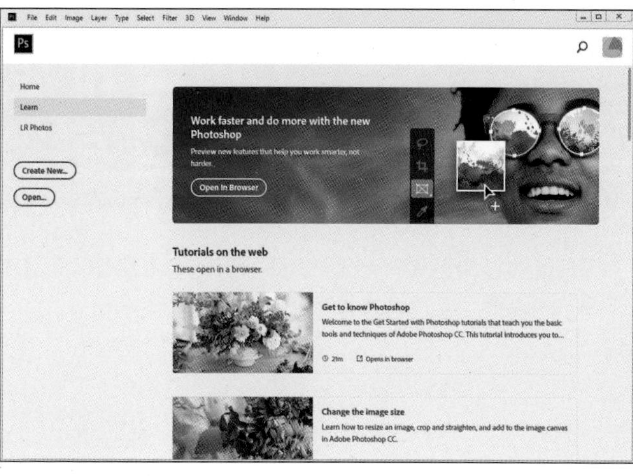


▲ Learn(학습)

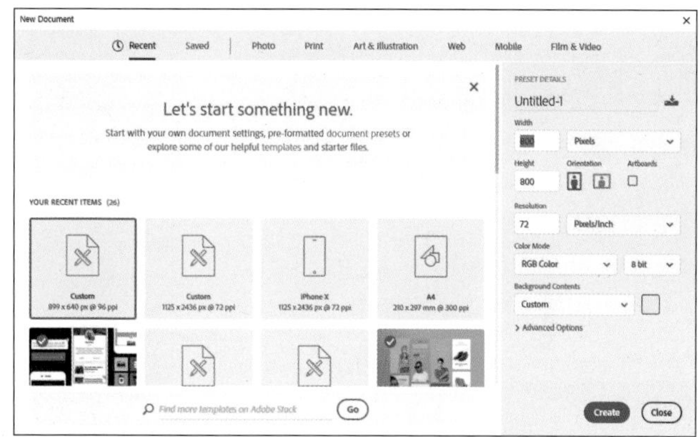


▲ Create New(새로 만들기)

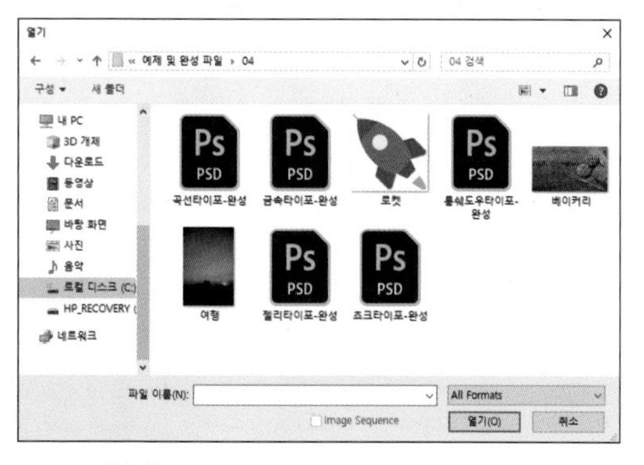


▲ Open(열기)

# 02 > 어떻게 생겼을까? 작업 화면 살펴보기

포토샵 작업 화면은 여러 영역으로 나뉩니다. 포토샵이 어떻게 구성되어 있는지 각 영역 명칭과 각종 도구, 메뉴를 살펴보고 효율적인 작업을 계획합니다.

포토샵 작업 화면

❶ **메뉴 표시줄:** 여러 가지 메뉴를 모은 곳입니다.

❷ **옵션바:** 선택한 도구의 옵션을 설정하는 부분입니다.

❸ **Tools 패널:** 주요 기능을 모아 아이콘 형식으로 만든 도구모음입니다.

❹ **파일 이름 탭:** 작업 이미지 이름과 화면 확대 비율, 색상 모드가 표시되며 다른 이미지로 전환하기 편리합니다.

❺ **도큐먼트:** 이미지 작업을 하는 공간입니다. 이미지를 불러왔을 때 이미지 전체가 캔버스입니다.

❻ **상태표시줄:** 화면 비율을 설정할 수 있고, 작업 중인 이미지 정보를 볼 수 있습니다.

❼ **패널:** 작업에 필요한 옵션이 팔레트 형태로 표시됩니다.

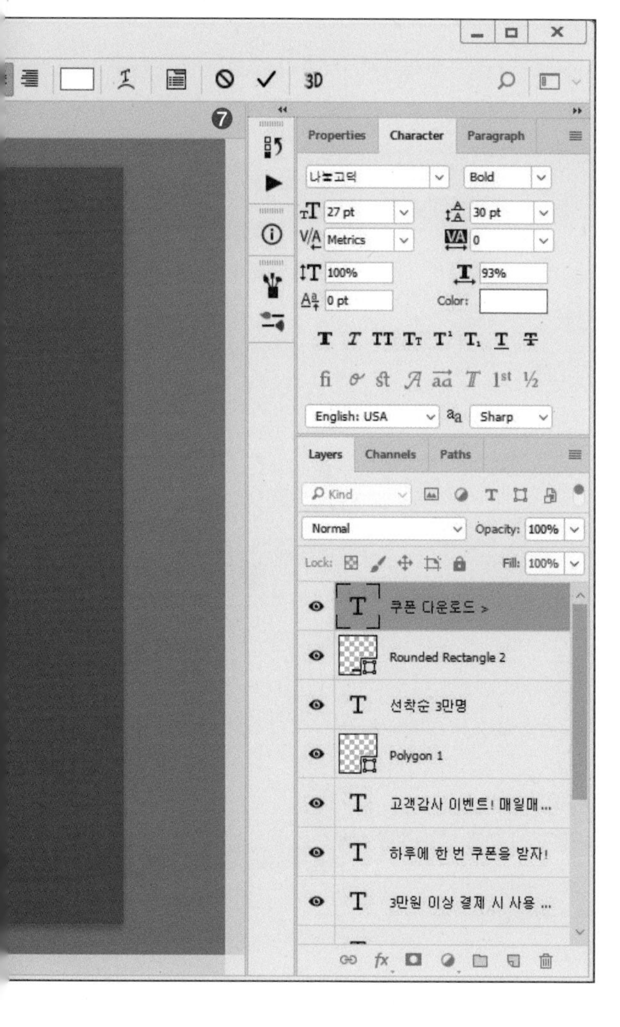


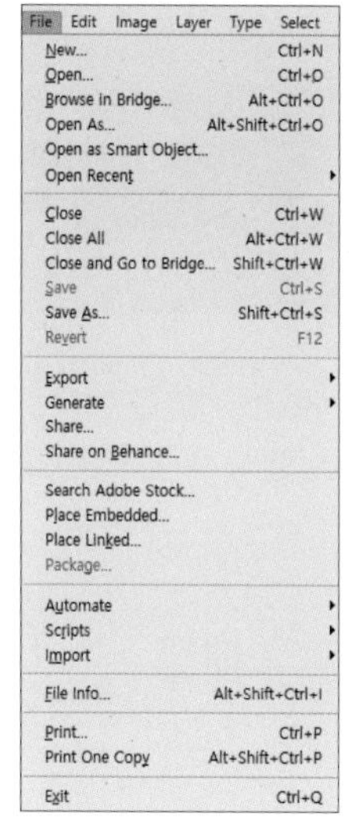


▲ 메뉴 표시줄

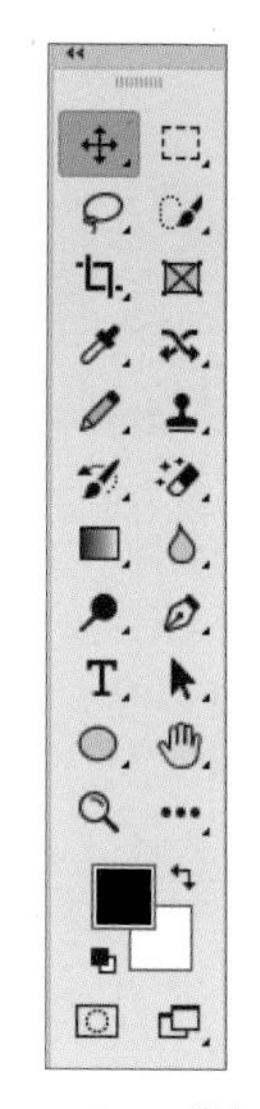

▲ Tools 패널

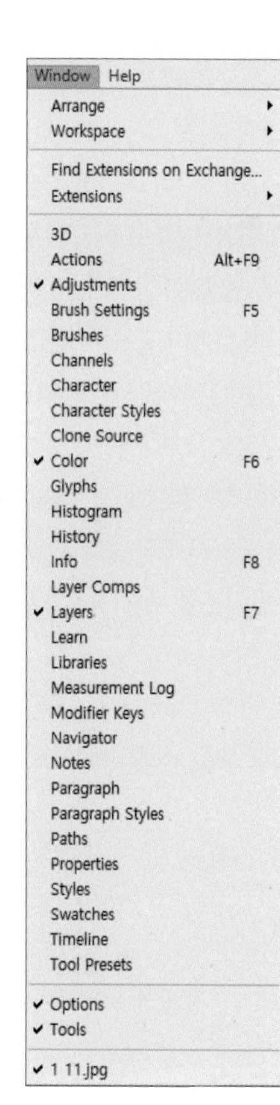


▲ 패널 메뉴

# 03 > 자주 사용하는 도구 패널 살펴보기

포토샵에서 자주 사용하는 기능을 아이콘 형태로 만들어 모은 것이 도구 패널입니다. 도구를 선택해 바로 포토샵 기능을 실행할 수 있으며, 도구를 선택하면 옵션바에서 각 도구에 관한 세부 옵션을 설정할 수 있습니다.

## 01 포토샵 CC 도구 패널

도구는 도구 패널 안에 있으며 위쪽 화살표 아이콘(▸▸, ◂◂)을 클릭하면 두 가지 형태로 바뀝니다. 기본은 작업 화면 왼쪽에 붙어 있으나 분리할 수 있고, 오른쪽 패널에 붙일 수도 있습니다. 포토샵 화면의 모든 패널은 자유롭게 붙였다 떼거나 이동할 수 있습니다.

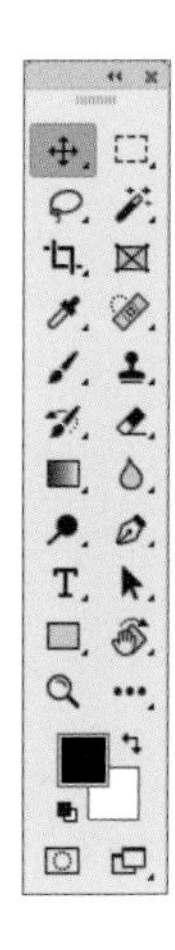

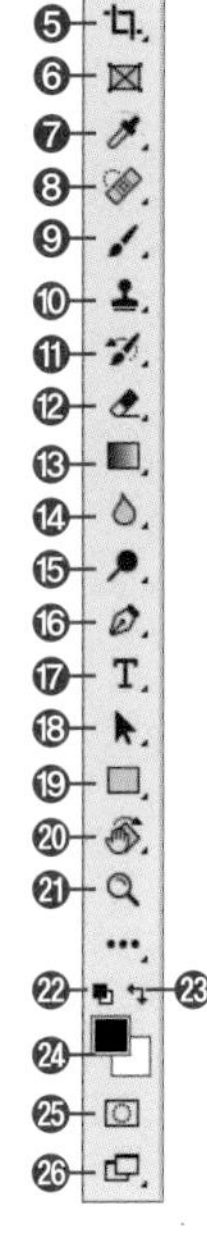

**❶ 이동 도구/아트보드 도구**

선택한 이미지를 드래그하여 이동하고, 아트보드를 만들 때 사용합니다.

**❷ 사각형 선택 도구/원형 선택 도구/단일 행 선택 도구/단일 열 선택 도구**

사각형, 원형, 가로 선, 세로 선 등 선택 영역을 지정할 때 사용합니다.

**❸ 올가미 도구/다각형 올가미 도구/자석 올가미 도구**

불규칙한 형태의 선택 영역을 지정할 때 사용합니다.

**❹ 빠른 선택 도구/마술봉 도구**

클릭 또는 드래그한 부분을 기준으로 빠르게, 비슷한 영역을 선택합니다.

**❺ 자르기 도구/원근 자르기 도구/분할 영역 도구/분할 영역 선택 도구**

이미지에서 원하는 부분을 자르거나 분할하여 선택할 때 사용합니다.

**❻ 프레임 도구**

원형 또는 사각형 프레임을 만들어 이미지를 배치할 수 있습니다.

**❼ 스포이트 도구/3D 재질 스포이트 도구/색상 샘플러 도구/눈금자 도구/메모 도구/카운트 도구**

색상을 추출하거나 이미지 길이, 각도 등을 측정할 때 사용합니다.

**❽ 스팟 복구 브러시 도구/복구 브러시 도구/패치 도구/내용 인식 이동 도구/적목 현상 도구**

이미지를 티 안 나게 수정하거나 적목 현상을 제거할 때 사용합니다.

**❾ 브러시 도구/연필 도구/색상 대체 도구/혼합 브러시 도구**

원하는 색상과 모양의 붓 또는 펜 터치를 이미지에 적용할 때 사용합니다.

**⑩ 복제 도장 도구/패턴 도장 도구**

이미지를 복사하여 다른 위치에 붙여 넣을 때 사용합니다.

**⑪ 작업 내역 브러시 도구/미술 작업 내역 브러시 도구**

독특한 붓 터치를 적용하거나 원본 이미지로 복구할 때 사용합니다.

**⑫ 지우개 도구/배경 지우개 도구/자동 지우개 도구**

이미지를 지우거나 특정 색을 기준으로 제거할 때 사용합니다.

**⑬ 그레이디언트 도구/페인트 통 도구/3D 재질 놓기 도구**

특정한 색이나 특정 색을 혼합하여 채울 때 사용합니다.

**⑭ 흐림 효과 도구/선명 효과 도구/손가락 도구**

이미지를 흐리게 또는 선명하게, 픽셀을 왜곡하여 표현할 때 사용합니다.

**⑮ 닷지 도구/번 도구/스폰지 도구**

이미지 색상 및 채도 등을 조절할 때 사용합니다.

**⑯ 펜 도구/자유 형태 펜 도구/기준점 추가 도구/기준점 삭제 도구/기준점 변환 도구**

벡터 형식 패스를 그리고 수정할 때 사용합니다.

**⑰ 문자 도구/세로 문자 도구/수평 문자 마스크 도구/세로 문자 마스크 도구**

문자, 문자 마스크를 가로/세로 방향으로 입력할 때 사용합니다.

**⑱ 패스 선택 도구/직접 선택 도구**

작성한 패스나 셰이프를 선택하여 수정 또는 이동할 때 사용합니다.

**⑲ 사각형 도구/둥근 사각형 도구/원형 도구/다각형 도구/선 도구/사용자 정의 모양 도구**

다양한 형태의 셰이프 이미지를 제작할 때 사용합니다.

**⑳ 손 도구/회전 보기 도구**

확대된 이미지를 이동하여 볼 때 사용합니다.

**㉑ 돋보기 도구**

이미지를 확대하거나, 축소할 때 사용합니다. Alt를 누른 채 클릭 또는 드래그하면 축소됩니다.

**㉒ 전경색/배경색**

색을 클릭했을 때 나타나는 Color Picker 대화상자를 이용하여 색상을 지정합니다.

**㉓ 전경색과 배경색 전환**

전경색과 배경색을 전환합니다.

**㉔ 기본 전경색과 배경색**

전경색을 '검은색', 배경색을 '흰색'으로 지정합니다.

**㉕ 빠른 마스크 모드로 편집**

표준 모드/빠른 마스크 모드를 전환할 수 있습니다.

**㉖ 화면 모드 변경**

표준 화면 모드/메뉴 막대가 있는 전체 화면 모드/전체 화면 모드로 변경할 수 있습니다.

TIP 모든 패널은 [Window] 메뉴에 포함되어 있습니다. 만약 도구 패널이 안 보이면 당황하지 말고 해당 명령을 실행합니다.

# 04 > 작업할 이미지 또는 파일 불러오기

포토샵 CC의 홈 화면에서 〈Open〉 버튼을 클릭하거나 메뉴에서 [File] → [Open]을 실행하여 파일 또는 이미지를 열어 작업을 진행할 수 있습니다.

## 01 열기 대화상자

메뉴에서 [File] → [Open]을 실행한 다음 열기 대화상자가 나타나면 파일 경로를 지정하고 선택하여 작업할 이미지 또는 파일을 불러옵니다. 선택한 이미지나 파일이 새로운 작업 창으로 열립니다.

**알아두기**

열기 대화상자 또는 탐색기의 이미지가 저장된 폴더에서 불러들일 이미지를 선택한 다음 포토샵 홈 화면이나 파일 이름 탭으로 드래그하면 새로운 창으로 파일이 열립니다.

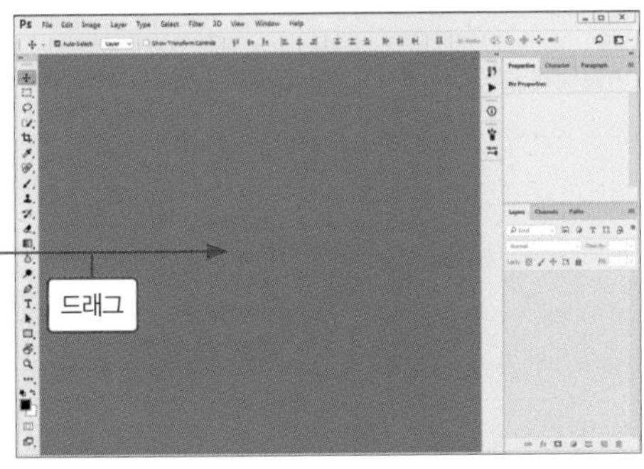

# 05 > 새로운 도큐먼트 (작업 영역) 만들기

포토샵에서 파일 크기, 해상도 등을 작업 환경에 맞게 설정하고, 새로운 도큐먼트를 만드는 것은 가장 기본이자 중요한 작업 과정입니다. 무엇보다 웹 또는 인쇄 환경 등에 맞춰 최적화된 도큐먼트를 제작할 수 있어야 합니다.

## 01 새로운 도큐먼트(New Document) 대화상자

새 도큐먼트를 만들기 위해 [File] → [New]를 실행하면 New Document 대화상자가 나타납니다. 원하는 옵션을 설정하고 〈Create〉 버튼을 클릭하면 새 도큐먼트가 만들어집니다.

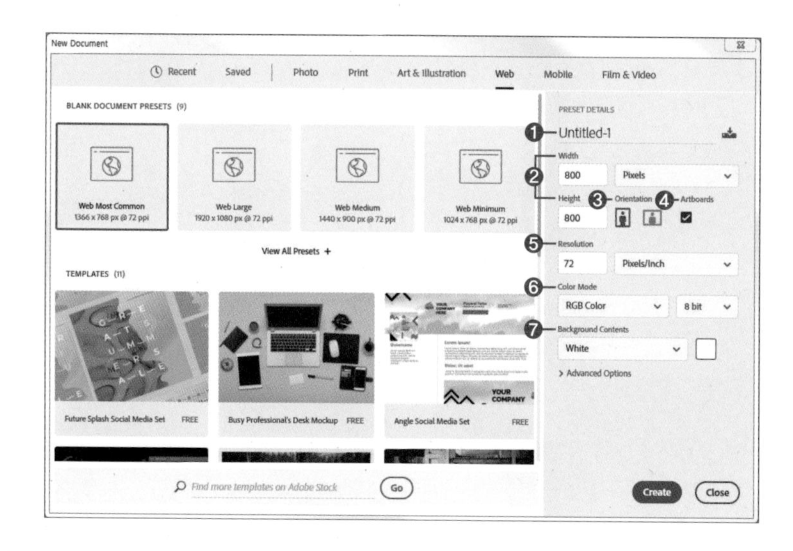


❶ **파일 이름:** 새로운 파일 이름을 지정합니다.

❷ **With/Height:** 도큐먼트 가로/세로 길이를 설정합니다. 오른쪽에서 단위를 선택할 수 있습니다.

❸ **Orientation:** 용지 방향을 가로 또는 세로로 지정합니다.

❹ **Artboards:** 아트보드를 제작합니다.

❺ **Resolution:** 해상도를 설정합니다. 일반 웹용 이미지는 72Pixels/inch, 인쇄용 이미지는 300pixels/Inch로 설정합니다.

❻ **Color Mode:** Bitmap, Grayscale, RGB Color, CMYK Color, Lab Color 중 색상 모드를 지정할 수 있습니다.

❼ **Background Contents:** 도큐먼트 배경색을 지정합니다.

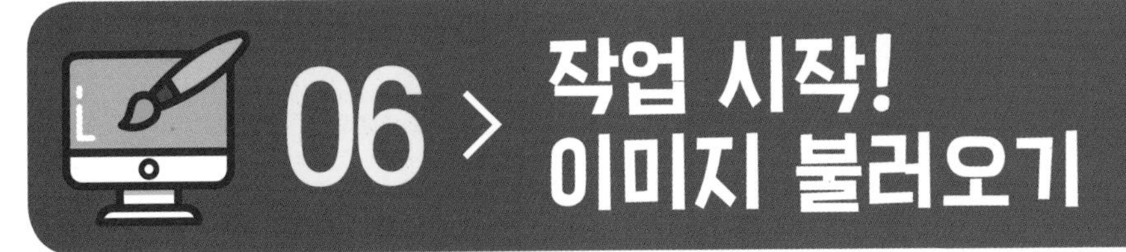

# 06 > 작업 시작! 이미지 불러오기

새로운 도큐먼트를 만든 후에는 작업할 이미지를 불러옵니다. 이때 도큐먼트 위에 레이어 상태로 이미지를 불러오는 것과 이미지 파일을 새 창으로 불러오는 것을 구분해야 합니다.

## 01 도큐먼트에 이미지 삽입하기

**1** 새 도큐먼트를 만든 후 탐색기에서 원하는 이미지를 도큐먼트로 드래그합니다.

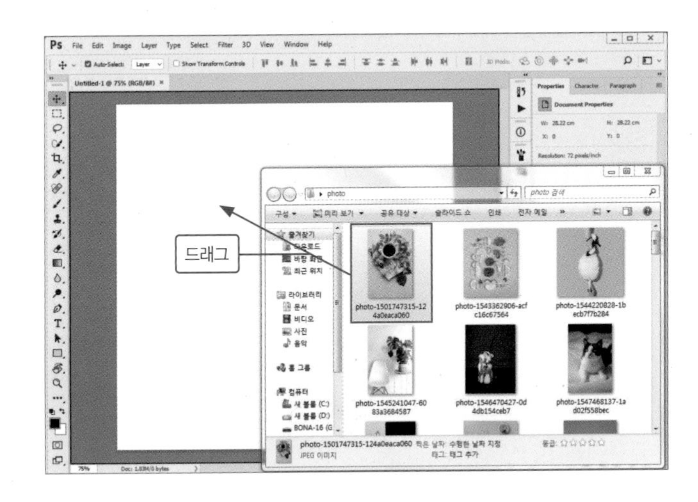


**2** X 형태의 조절점이 생긴 이미지가 나타납니다. 사진 비율에 맞게 크기를 조절한 후 Enter를 누릅니다.

## 02 이미지 파일 불러오기

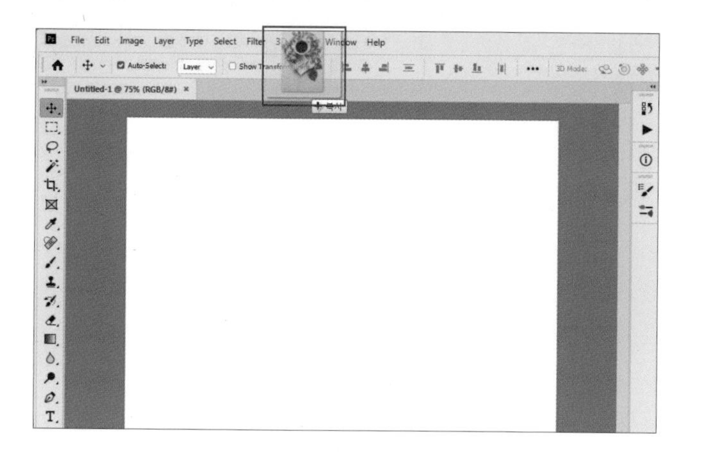


**1** 이미지를 선택한 다음 파일 이름 탭으로 드래그합니다.

**2** 이미지 파일이 새로운 창으로 열립니다.

### 이미지 파일 형식 알아보기

❶ Photoshop(*.PSD; *.PDD): 포토샵 기본 파일 형식으로 레이어, 채널, 패스를 작업 상태 그대로 저장할 수 있습니다.

❷ PNG(*.PNG): 색상 정보와 알파 채널을 보존하고 투명한 이미지로 저장할 수 있으나 압축률이 떨어집니다.

❸ JPEG(*JPG; *.JPEG; *.JPE): 표현할 수 있는 색상이 많고 압축률이 뛰어나지만, 압축을 많이 할수록 이미지가 변형됩니다. 웹에서 많이 사용하는 포맷입니다.

❹ BMP(*BMP; *.RLE; *.DIB): 윈도우 비트맵 이미지로 1,670만 컬러(24비트)까지 표현할 수 있습니다.

# 07 > 저장은 필수! 작업한 파일 저장하기

포토샵에서 작업한 이미지는 메뉴에서 [File] → [Save] 또는 [Save As]를 실행하여 저장합니다. 이때 이미지 저장 방식(Format)을 선택해야 합니다.

## 01 기본 저장하기

**1** 작업 파일을 저장하기 위해 [File] → [Save](Ctrl+S) 또는 [File] → [Save As](Shift+Ctrl+S)를 실행합니다.

**2** 다른 이름으로 저장 대화상자가 나타나면 저장 위치와 파일 이름, 파일 형식을 지정한 다음 〈저장〉 버튼을 클릭합니다.

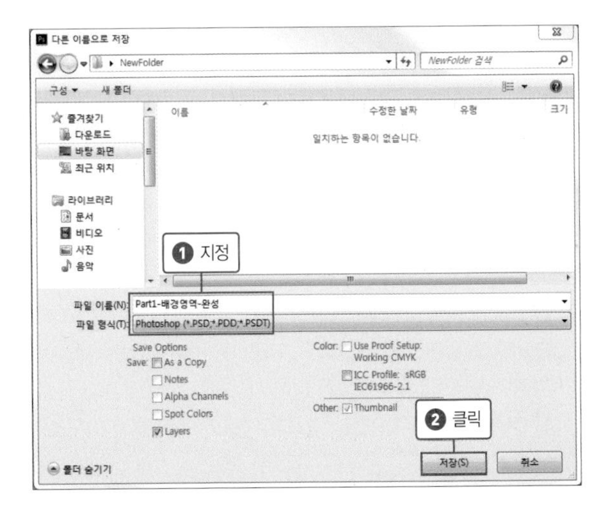

# 08 > SNS에서 사용하려면? 웹용으로 저장하기

포토샵에서 이미지를 저장하는 방법에는 여러 가지가 있습니다. [Save for Web(웹용으로 저장하기)]은 웹에서 사용할 이미지를 저장할 때 사용하며, 이미지 품질을 최대한 유지하면서 적절한 용량으로 최적화해 저장할 수 있습니다.

## 01 웹용 저장하기

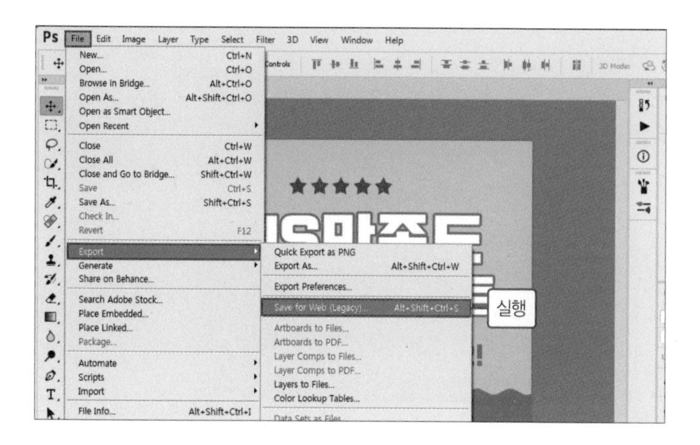


**1** 메뉴의 [File] → [Export] → [Save for Web (Legacy)](Alt+Shift+Ctrl+S)을 실행하여 웹용으로 저장합니다.

**TIP** 색상이 많은 이미지는 JPEG 포맷에 최적화되며 문서 형태 이미지는 GIF 또는 PNG-8 포맷을 사용하는 것이 좋습니다. 그런데 색상이 절반 비율로 섞여 있을 때는 포맷을 바꿔가며 비교합니다.

**2** Save for Web 대화상자가 나타나면 미리보기 방식을 '2-Up', 저장 파일 형식을 'JPEG', 이미지 품질을 'Very High'로 지정한 다음 〈Save〉 버튼을 클릭합니다. 저장 위치를 지정한 다음 〈저장〉 버튼을 클릭합니다.

**TIP** 원본 이미지 용량은 약 1.83 MB인데 저장할 이미지 용량은 약 151KB로 줄어들었습니다. 원본 이미지와 품질은 비슷하지만 용량을 줄여 웹에 최적화된 이미지로 저장할 수 있습니다.

# 09 > 작업 끝! 포토샵 종료하기

포토샵에서 이미지 또는 도큐먼트를 닫는 방법과 작업을 마치고 프로그램을 종료하는 방법에 대해 알아봅니다.

## 01 작업 화면 닫기(Ctrl+W)

**1** 작업 중인 창을 닫으려면 파일 이름 탭 오른쪽 '×' 아이콘을 클릭합니다. 해당 작업 창만 닫힙니다.

## 02 프로그램 종료하기(Ctrl+Q)

**1** 포토샵을 완전히 종료하려면 [File] → [Exit](Ctrl+Q)를 실행하거나 화면 오른쪽 위 '×' 아이콘을 클릭합니다.

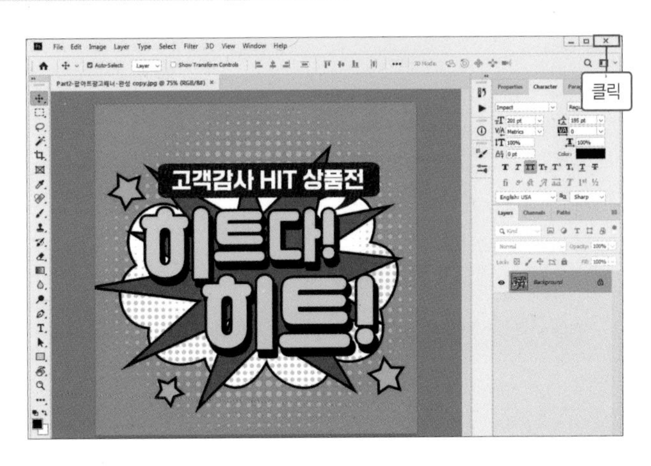

# 10 > 자유자재로 이미지 크기 조절하기



이미지 크기는 포토샵에서 이미지 크기 자체를 변경하거나, 해상도를 조절할 때 사용하는 기능입니다.

## 01 Image Size 기능 실행하기

**1** [File] → [Open]을 실행하여 크기를 조절하려는 이미지 파일을 불러온 후 [Image] → [Image Size](Alt+Ctrl+I)를 실행합니다.

**2** Image Size 대화상자에서 단위를 'Pixels'로 변경하고 조절하고 싶은 Width를 설정합니다. 변경된 가로 크기에 따라 세로 크기도 비율에 맞게 자동 조정됩니다. 조정을 마치면 〈OK〉 버튼을 클릭합니다.

TIP Width와 Height 왼쪽에 링크 아이콘이 활성화된 상태에서만 가로/세로 비율이 유지되면서 이미지 크기가 조정됩니다.

**3** 이미지 크기가 줄어들면서 작업 화면이 축소되는 것을 확인할 수 있습니다.

### Image Size 대화상자 살펴보기

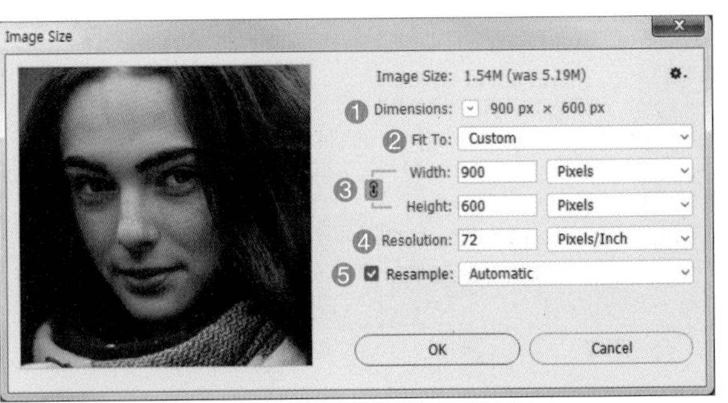


❶ **Dimensions:** 현재 이미지의 가로/세로 길이를 나타냅니다. 크기를 변경하면 바뀔 파일 용량도 표시됩니다.

❷ **Fit To:** 자주 사용하는 이미지 규격을 제공합니다. 변경하려는 이미지 크기를 지정할 수 있습니다.

❸ **Width/Height:** 조절하고 싶은 가로/세로 크기를 입력합니다.

❹ **Resolution:** 해상도를 나타냅니다. 웹용 이미지라면 '72', 인쇄용 이미지라면 '300'으로 설정합니다. 'Resample'에 체크 표시되어 있을 때 해상도가 높아지면 이미지 용량 및 가로/세로 크기 자체가 커집니다.

❺ **Resample:** 이미지 크기를 변경하면서 새로 만들어지는 영역에 픽셀을 채우는 방식을 지정합니다. 이 옵션을 사용하면 이미지를 확장할 때 픽셀이 뭉개지는 현상을 줄일 수 있습니다.

ⓐ Automatic: 자동으로 픽셀 간격을 채워 이미지를 표현합니다.

ⓑ Preserve Details: 세밀하게 픽셀을 채워 이미지를 표현합니다. 이미지를 확장할 때 유용하게 사용할 수 있습니다.

ⓒ Bicubic Smoother: 이미지 픽셀 간격을 부드럽게 채워 표현합니다.

ⓓ Bicubic Sharper: 선명하게 픽셀 간격을 채워 표현합니다.

ⓔ Bicubic: 색상 띠 형태로 픽셀 간격을 채워 표현합니다.

ⓕ Nearest Neighbor: 주변 색상을 기준으로 픽셀 간격을 채워 표현합니다.

ⓖ Bilinear: 주변 평균값을 기준으로 픽셀 간격을 채워 표현합니다.

# 11 > 내맘대로 도큐먼트 크기 조절하기



Canvas Size 기능은 이미지 크기를 그대로 유지하면서 도큐먼트(작업 영역) 크기를 변경할 때 사용합니다.

## 01 Canvas Size 기능 실행하기

**1** 메뉴에서 [Image] → [Canvas Size](Alt+Ctrl+C)를 실행합니다.

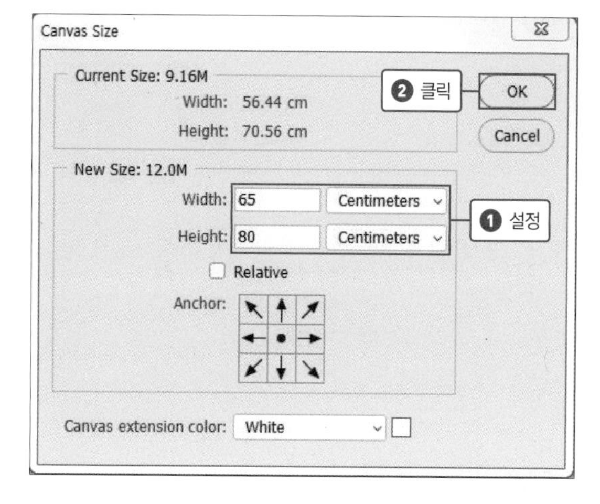


**2** Canvas Size 대화상자가 나타나면 Width(가로), Height(세로) 크기를 설정하고 〈OK〉 버튼을 클릭합니다.

TIP Anchor에서 기준점을 클릭하여 캔버스가 확장될 방향을 지정합니다.

**3** 이미지 크기는 변경되지 않고, 지정한 Anchor 방향에 따라 지정한 크기만큼 도큐먼트 크기가 조정됩니다.

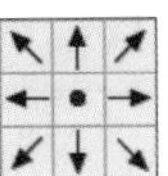

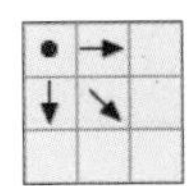

알아두기

## Canvas 대화상자 살펴보기

❶ **Current Size:** 현재 캔버스 크기입니다.

❷ **New Size:** 새 캔버스 크기를 설정합니다.

❸ **Relative:** 캔버스 크기가 아닌, 상하좌우 여백 크기를 설정합니다.

❹ **Anchor:** 캔버스가 확장되는 방향을 지정합니다.

❺ **Canvas extension color:** 확장할 영역 색상을 지정합니다.

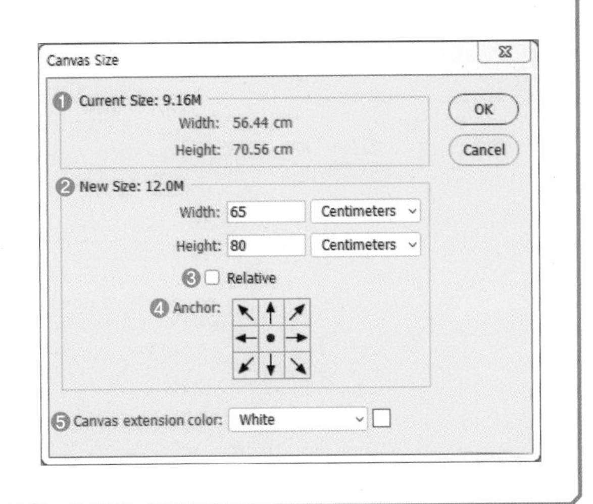

# 12 > 층층이 이뤄지는 작업, 레이어 이해하기

레이어는 투명한 셀로판지라고 생각하면 이해하기 쉽습니다. 포토샵에서는 투명한 필름에 그림을 그리고, 이를 층층이 겹쳐서 완성하는 방식으로 작업이 이루어집니다. 이때 겹쳐지는 투명한 필름 층을 레이어라고 합니다.

## 01 레이어 개념 알아보기

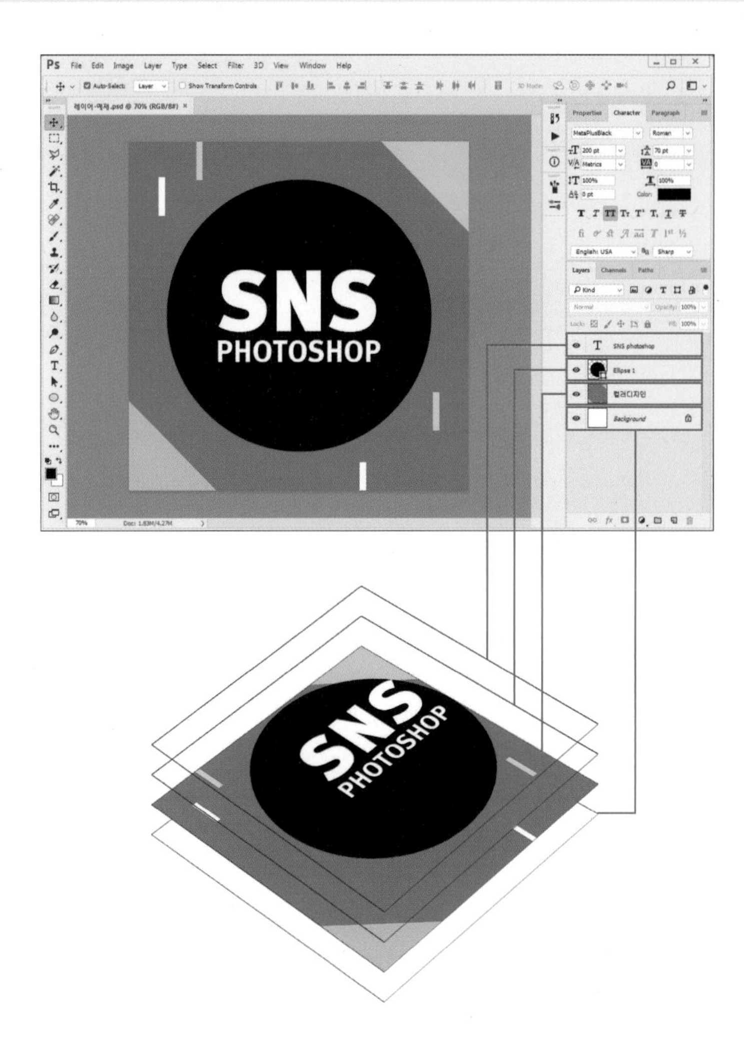

# 13 > 합성과 보정의 핵심! Layers 패널 살펴보기

Layers 패널은 작업 중인 이미지에 포함된 모든 레이어 정보를 표시하는 패널입니다. 포토샵에서 가장 핵심 패널인 Layers 패널의 명칭과 기본 사용 방법을 알아봅니다.

## 01 Layers 패널 기능 알아보기

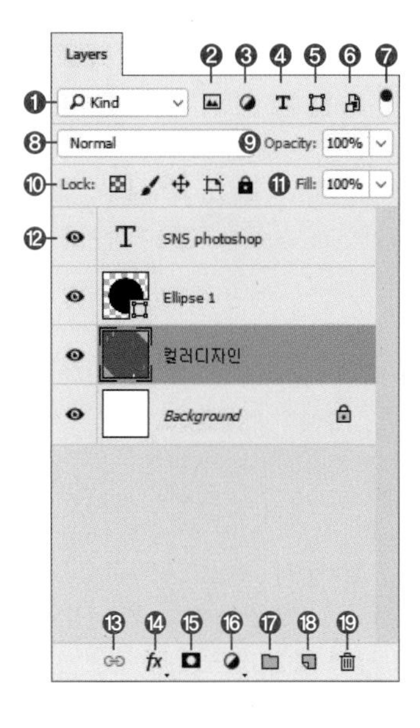


❶ **Pick a filter type:** 레이어를 검색할 때 필터를 이용하여 레이어를 찾습니다.

ⓐ Kind: 레이어 종류를 기준으로 검색합니다.

ⓑ Name: 레이어 이름을 기준으로 검색합니다.

ⓒ Effect: 이펙트 효과가 적용된 레이어를 기준으로 검색합니다.

ⓓ Mode: 모드가 적용된 레이어를 기준으로 검색합니다.

ⓔ Attribute: 레이어 속성을 기준으로 검색합니다.

ⓕ Color: 레이어 색상을 기준으로 검색합니다.

❷ **Filter for pixel Layers:** 픽셀로 구성된 레이어를 검색합니다.

❸ **Filter for adjustments Layers:** 색상 보정을 한 레이어를 검색합니다.

❹ **Filter for type Layers:** 문자 레이어를 검색합니다.

❺ **Filter for shape Layers:** 셰이프 레이어를 검색합니다.

❻ **Filter for smart objects:** 스마트 오브젝트 레이어를 검색합니다.

❼ **Turn layer filtering on/off:** 레이어를 검색하는 기능을 켜거나 끕니다.

❽ **블렌딩 모드:** 선택한 레이어와 아래 위치한 레이어 합성 방식을 지정합니다.

❾ **Opacity(불투명도):** 선택한 레이어의 불투명도를 설정할 수 있습니다. 기본 값은 100%로, 0~100% 사이 수치를 설정합니다.

❿ **Lock(잠그기):** 선택된 레이어에 작업이 적용되지 않도록 기능별로 잠글 수 있습니다.

ⓐ 투명 영역 잠그기: 투명 영역에 작업을 수행할 수 없습니다.

ⓑ 브러시 잠그기: 브러시 도구를 이용하여 작업을 수행할 수 없습니다.

ⓒ 위치 잠그기: 이동할 수 없습니다.

ⓓ 아트보드와 프레임 잠그기: 아트보드와 프레임 외에는 작업을 수행할 수 없습니다.

ⓔ 모두 잠그기: 어떤 작업도 수행할 수 없습니다.

⓫ **Fill:** Opacity와 마찬가지로 불투명도를 조절하는 옵션이지만, 선택된 레이어의 전체 불투명도를 조절하는 Opacity와 달리 Fill은 색상 영역 불투명도만 조절합니다.

⓬ **눈 아이콘:** 해당 레이어를 화면에 표시하거나 감출 때 사용합니다. 눈 아이콘을 한 번 클릭하면 아이콘이 비활성화되면서 해당 레이어 이미지가 화면에 보이지 않습니다.

⓭ **Link layers:** Ctrl이나 Shift를 이용하여 두 개 이상 레이어를 선택한 다음 선택한 레이어를 연결하여 함께 이동할 수 있습니다.

⓮ **Add a layer style:** 메뉴에서 [Layer] → [Layer Style]을 실행한 것과 같은 기능으로, 레이어에 다양한 스타일을 적용할 수 있습니다.

⓯ **Add a mask:** 메뉴에서 [Layer] → [Layer Mask]를 실행한 것과 같은 기능으로, 해당 레이어에 마스크 효과를 적용할 수 있습니다.

⓰ **Create new fill or adjustment layer:** 메뉴에서 [Layer] → [New Adjustments Layer]를 실행한 것과 같은 기능으로, 아래 레이어의 색상, 밝기, 채도 등을 설정할 수 있는 보정 레이어가 만들어집니다.

⓱ **Create a new group:** 레이어들을 하나의 묶음으로 관리할 수 있는 그룹을 만듭니다.

⓲ **Create a new Layer:** 새로운 레이어를 만드는 기능으로 투명한 배경 레이어를 만들 수 있습니다.

⓳ **Delete layer:** 선택한 레이어를 삭제합니다.

# 14 > 다양한 속성의 레이어 종류 알아보기

Layers 패널에는 다양한 속성의 여러 레이어가 존재합니다. 이번에는 레이어 종류와 속성에 대해 알아보겠습니다.

## 01 레이어 종류 살펴보기

❶ **일반 레이어:** 새로운 레이어를 만들거나 복사한 이미지를 붙여 넣었을 때 생기는 가장 기본 레이어입니다.

❷ **문자 레이어:** 문자를 입력하면 만들어지는 레이어입니다. 섬네일 부분에 'T' 자가 표시되어 일반 레이어와 구분할 수 있습니다.

❸ **셰이프 레이어:** 도형이나 선 등 사용자 셰이프 도구로 여러 가지 오브젝트를 만들면서 생기는 레이어입니다.

❹ **스마트 오브젝트 레이어:** 외부 프로그램에서 만든 이미지나 도구 영상을 포토샵에 불러올 때 고유 속성을 유지할 경우 만들어지는 레이어입니다. 스마트 오브젝트 레이어 섬네일에는 작은 사각형이 표시되어 일반 레이어와 구분할 수 있습니다.

❺ **배경 레이어:** 포토샵에서 새로운 도큐먼트를 만들면 기본으로 나타나는 레이어입니다. 흰색, 현재 지정된 배경색, 투명 중 하나를 지정할 수 있습니다.

# 15 > 가장 쉬운 합성! 레이어 블렌딩 모드 살펴보기

블렌딩 모드란 말 그대로 혼합 모드를 말합니다. 레이어끼리 색상 값을 더하거나, 빼고, 곱하거나 나눕니다. 이미지 합성을 위해 사용하는 기능으로, 블렌딩 모드를 통해 다양한 특수 효과를 연출할 수 있습니다.

## 01 블렌딩 모드 종류 알아보기

포토샵 CC의 블렌딩 모드는 총 27가지이며, 기능이 비슷한 모드끼리 모아 선으로 구분하여 표시하고 있습니다.

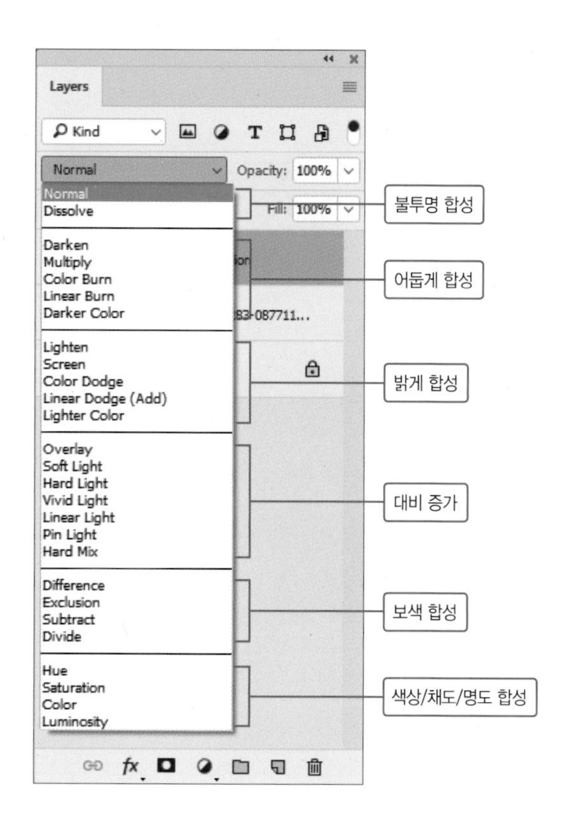

• 불투명 합성(Normal, Dissolve)

• 어둡게 합성(Darken, Multiply, Color Burn, Linear Burn, Darker Color)

• 밝게 합성(Lighten, Screen, Color Dodge, Linear Dodge, Lighter Color)

• 대비를 증가시키는 효과(Overlay, Soft Light, Hard Light, Vivid Light, Linear Light, Pin Light, Hard Mix)

• 보색 합성(Difference, Exclusion, Subtract, Divide)

• 색상/채도/명도 합성(Hue, Saturation, Color, Luminosity)

# 16 > 다양한 그래픽 효과! 레이어 스타일 살펴보기

레이어 스타일을 이용하면 레이어 속 이미지 전체에 그림자, 빛, 외곽선, 입체감 등 다양한 효과를 적용할 수 있습니다. 포토샵 디자인을 위해 반드시 익혀야 하는 기능이므로 알아둡니다.

## 01 레이어 스타일 알아보기

Layers 패널에서 'Add a layer style' 아이콘(fx)을 클릭하면 레이어 스타일을 적용할 수 있습니다. Layer Style 대화상자 왼쪽에는 레이어 스타일에 관한 Styles 항목이 있으며, 오른쪽에는 설정할 수 있는 각종 옵션과 그래프, 슬라이더로 구성됩니다.

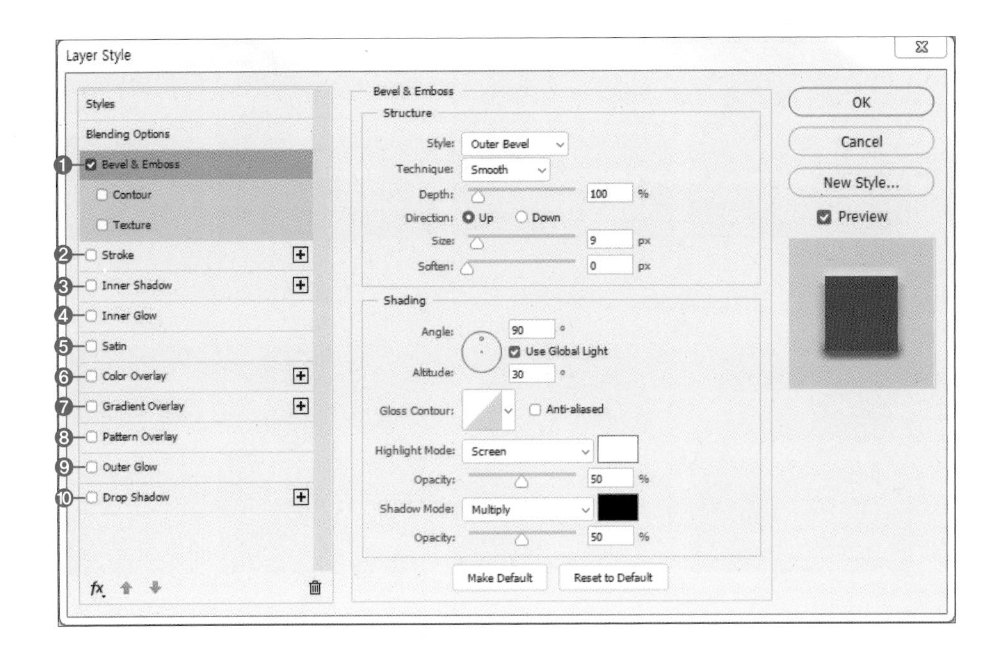


❶ **Bevel and Emboss(경사와 엠보싱)**: 밝은 영역(Highlights)과 그림자(Shadows)를 다양하게 결합하여 입체 효과를 줄 수 있습니다.

PHOTOSHOP

❷ **Stroke(외곽선)**: 색(Color), 그레이디언트(Gradient), 패턴(Pattern) 등을 사용하여 레이어 외곽선을 만듭니다.

❸ **Inner Shadow(내부 그림자)**: 레이어 안쪽에 그림자 효과를 적용합니다. 음각 효과처럼 파인 느낌을 연출할 수 있습니다.

❹ **Inner Glow(내부 광선)**: 레이어 안쪽에 광선 효과를 적용합니다.

❺ **Satin(광택)**: 매끈한 표면을 연출할 수 있게 레이어에 광택 효과를 적용합니다.

❻ **Color Overlay(색상 오버레이)**: 해당 레이어에 색상을 덧씌우는 기능으로 불투명도를 설정할 수 있습니다.

❼ **Gradient Overlay(그러데이션 오버레이)**: 해당 레이어에 그러데이션을 덧씌우는 기능으로 불투명도를 설정할 수 있습니다.

❽ **Pattern Overlay(패턴 오버레이)**: 해당 레이어에 패턴을 덧씌우는 기능입니다.

❾ **Outer Glow(외부 광선)**: 레이어 테두리 외곽에 발광 효과를 적용하는 기능으로 색상, 발광 정도, 블렌딩 모드를 지정할 수 있습니다.

❿ **Drop Shadow(그림자)**: 콘텐츠 뒤에 그림자를 적용하는 기능입니다. 위에 떠 있는 듯한 입체감을 표현할 수 있습니다.

# 17 > 한번에 자동으로 이미지 보정하기

메뉴에서 [Image] → [Auto Tone] 또는 [Auto Contrast] 또는 [Auto Color]를 실행하면 자동으로 이미지 명도, 대비, 색상을 보정할 수 있어 편리합니다.

## 01 Auto Tone을 활용해 자동 보정하기

▲ 적용 전

▲ 적용 후

# 18 > 밝고 선명하게! 명도와 대비 보정하기



포토샵의 최대 장점은 손쉬운 이미지 편집 기술입니다. 간단한 방법으로 사진을 선명하게 보정할 수 있는 기능을 소개합니다.

## 01 명도/대비(Brightness/Contrast)

메뉴에서 [Image] → [Adjustments] → [Brightness/Contrast]를 실행하면 Brightness/Contrast 대화상자가 나타납니다. 여기서는 명도와 대비를 손쉽게 보정할 수 있으며, 작업이 간단하고 결과도 쉽게 얻을 수 있습니다. 주로 이미지를 밝고 선명하게 조정할 때 사용하지만 세밀한 보정은 어렵습니다.

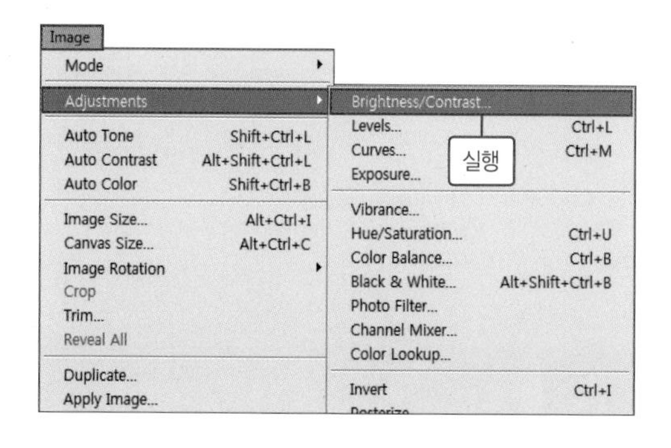


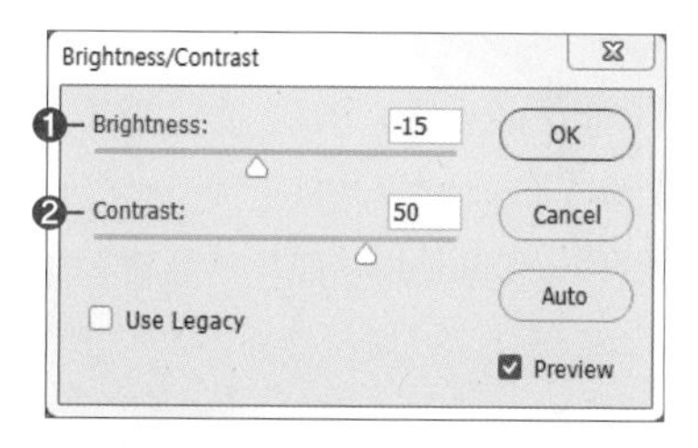


❶ **Brightness:** 이미지 밝기를 조절하는 기능으로, −100부터 100까지 설정할 수 있습니다.

❷ **Contrast:** 이미지 대비를 조절하는 기능으로, 100부터 100까지 설정할 수 있습니다.

## 02 레벨(Levels, Ctrl+L)

메뉴에서 [Image] → [Adjustments] → [Levels]를 실행하여 Levels 대화상자가 나타나면 어두운 부분, 중간색 부분, 밝은 부분으로 나누어 명도와 대비를 조정할 수 있습니다.

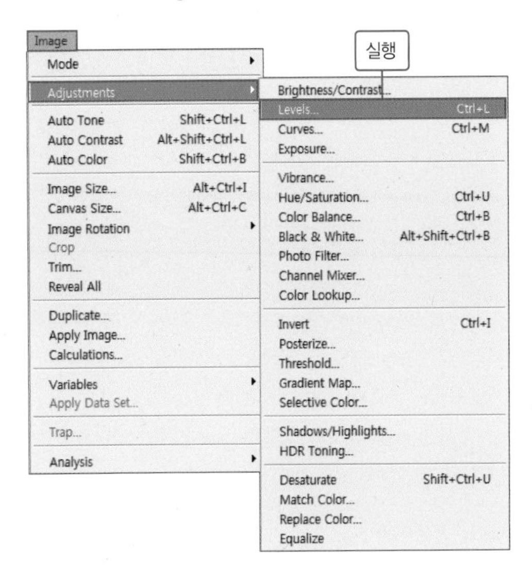


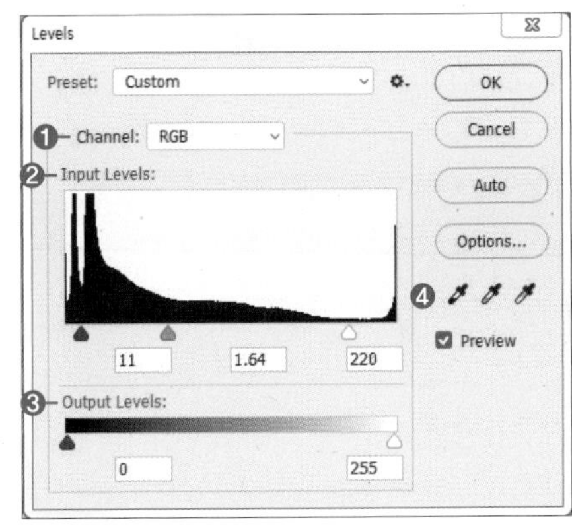


❶ **Channel:** 작업할 채널을 선택합니다.

❷ **Input Levels:** Shadow, Midtone, Highlight를 설정하여 색상 대비를 조절합니다.

❸ **Output Levels:** 이미지의 전체 명도를 조절합니다.

❹ **스포이트:** 이미지에서 톤을 선택하여 보정합니다.

이미지 색상 보정은 포토샵에서 중요한 기능입니다. 포토샵이 보유하고 있는 여러 색상 강조 기능 중에서 가장 많이 사용하는 Hue/Saturation과 색상, 채도, 명도를 조절하는 Color Balance에 대해 알아봅니다.

## 01 Hue/Saturation (Ctrl + U)

색의 3요소인 색상, 채도, 명도를 함께 조절할 때 사용하면 편리합니다.

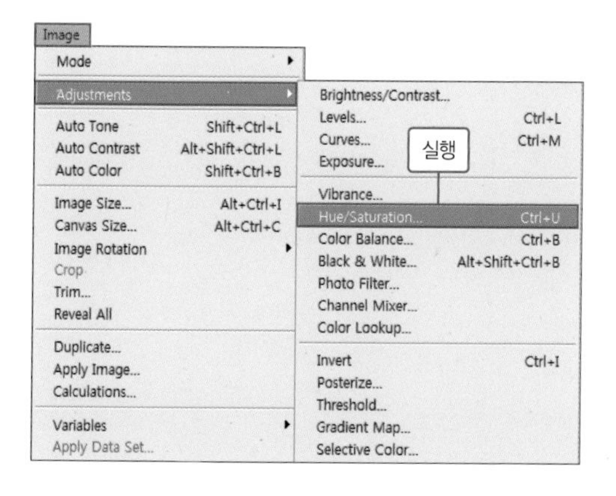


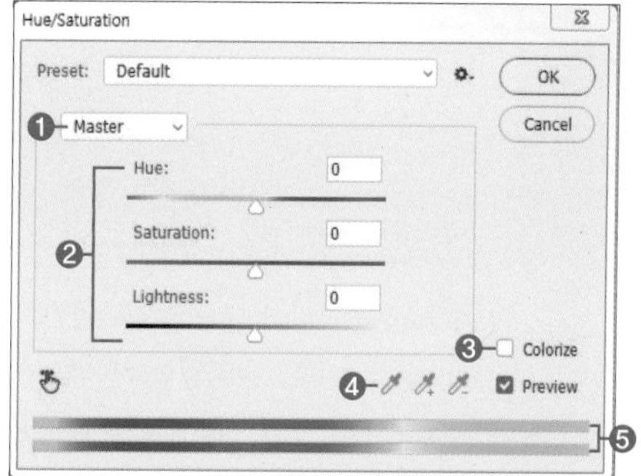


❶ **Edit 옵션**: 교체 작업이 진행될 영역을 지정합니다.

❷ **슬라이더**: 색상, 채도, 명도를 조절합니다.

❸ **Colorize**: 컬러 이미지를 모노톤으로 바꿉니다.

❹ **스포이트**: 색상 교체 작업이 진행될 영역을 추가하거나 제거할 때 사용합니다.

❺ **한계치 슬라이더**: 원래 색상과 바뀔 색상을 눈으로 확인하면서 작업합니다.

## 02 Color Balance(Ctrl+B)

컬러 사진에 색감을 추가하거나 변화시킬 때 주로 사용하며, 색감을 더하고 강조할 수 있습니다.

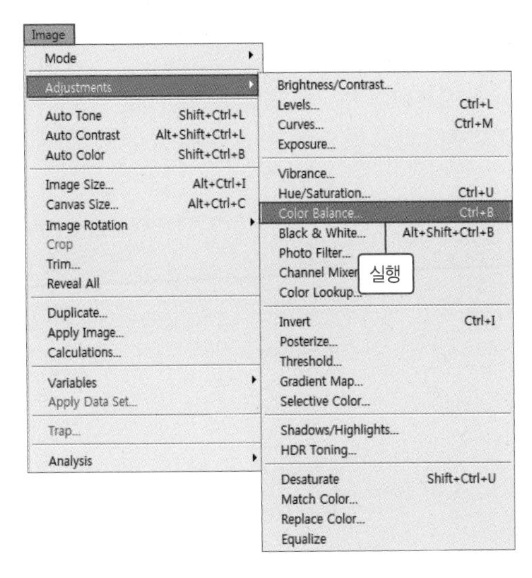


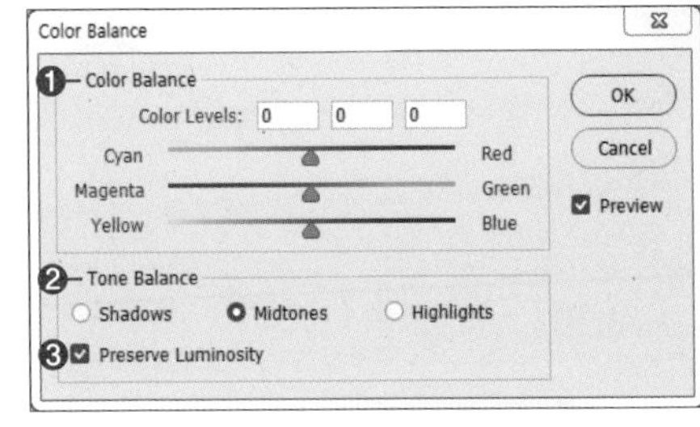


❶ **Color Balance**: 슬라이더를 이용하여 색상을 더하거나 뺍니다.

❷ **Tone Balance**: 작업이 적용될 영역을 지정합니다.

ⓐ Shadows: 어두운 부분에 색상을 추가합니다.

ⓑ Midtones: 중간 부분에 색상을 추가합니다.

ⓒ Highlights: 밝은 부분에 색상을 추가합니다.

❸ **Preserve Luminosity**: 원본 이미지 명도를 유지한 채 색감을 더하거나 뺄 수 있습니다.

▲ Color Levels: −100, 0, +100

# 20 > 드래그하는 대로 이미지 변형 및 보정하기



Liquify 기능은 이미지 표면을 잡아당기는 방식으로 유동적인 변화를 줄 수 있으며, 드래그하는 대로 자유롭게 변형할 수 있어 이미지 형태 변형과 수정이 편리합니다.

## 01 Liquify(Shift+Ctrl+X)

메뉴에서 [Filter] → [Liquify(Shift+Ctrl+X)]를 실행하면 Liquify 대화상자가 나타납니다.

❶ **변형 도구(Forward Warp Tool):** 브러시를 사용하는 것처럼 드래그하여 이미지를 변형합니다.

❷ **복구 도구(Reconstruct Tool):** 복구 기능으로, 변형된 영역을 드래그하면 차츰 복구됩니다.

❸ **스무드 도구(Smooth Tool):** 형태를 부드럽게 합니다.

❹ **회전 도구(Twirl Clockwise Tool):** 시계 방향으로 회전하는 것처럼 변형합니다.

❺ **축소 도구(Pucker Tool):** 수축하는 방식으로 변형합니다.

❻ **확대 도구(Bloat Tool):** 축소 도구와 반대로 이미지를 팽창하여 변형합니다.

❼ **왜곡 도구(Push Left Tool):** 위로 드래그하면 픽셀을 왼쪽으로 밀고, 아래로 드래그하면 픽셀을 오른쪽으로 밀어 이미지를 변형합니다.

⑧ **마스크 도구(Freeze Mask Tool):** 이미지가 변형되지 않도록 고정하는 도구입니다. 이미지를 마스크 도구로 드래그하면 해당 영역에 빨간색이 칠해져 다른 영역과 구분되며 이미지가 변형되지 않습니다.

⑨ **마스크 해제 도구(Thawed Mask Tool):** 고정 영역을 제거하여 변형 작업을 적용합니다.

⑩ **페이스 도구(Face Tool):** 얼굴을 조절할 때 최적화된 도구로, 인물 사진의 눈, 코, 입, 얼굴 형태를 자동으로 인식하고 손쉽게 변형할 수 있습니다.

⑪ **손 도구(Hand Tool):** 작업 화면을 이동할 때 사용합니다.

⑫ **돋보기 도구(Zoom Tool):** 화면을 확대할 때 사용하는 도구로, Alt를 누른 채 클릭하면 화면이 축소됩니다.

⑬ **Brush Tool Options:** 브러시 크기, 농도, 강약, 비율, 난류 도구 변형도, 태블릿 압력 인식 등을 조절합니다.

⑭ **Face-Aware Liquify:** 얼굴을 부분 선택하여 코 높이를 올리거나, 미소를 크게 만들거나, 얼굴 형태를 변형할 수 있습니다.

⑮ **Load Mesh Options:** 메시를 이용해 변형 작업을 진행하는 기능입니다.

⑯ **Mask Options:** 이미지가 변형되지 않는 마스크 영역을 설정합니다.

⑰ **View Options:** 작업 화면 보기 상태를 설정합니다.

⑱ **Brush Reconstruction Options:** 왜곡된 이미지를 복구할 때 사용할 옵션을 선택합니다.

▲ 원본 이미지

▲ 변형 도구(Forward Warp Tool)

▲ 축소 도구(Pucker Tool)

▲ 확대 도구(Bloat Tool)

# 나에게 딱 맞는 포토샵 작업 환경 만들기

포토샵을 설치하면 먼저 Preferences(작업 환경) 설정을 통해 사용자에게 맞는 작업 환경을 설정하는 것이 좋습니다. 작업을 더 효율적으로 만들어 능률을 높이기 때문입니다.

## 01 Preferences 대화상자 나타내기

메뉴에서 [Edit] → [Preferences] → [General](Ctrl+K)을 실행합니다. Preferences 대화상자 왼쪽에는 상세 메뉴가 있고, 각각 옵션을 조절하여 나에게 맞는 포토샵 작업 환경을 설정합니다.

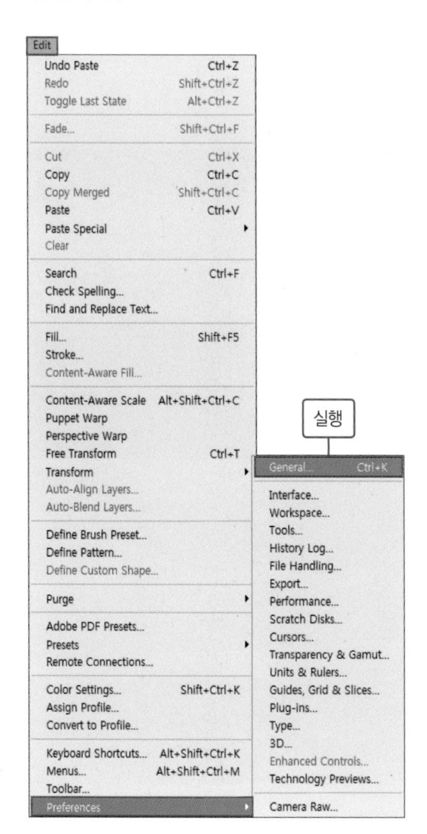

## 02 인터페이스 색상 변경하기

포토샵 초보자 중 교재나 강의 자료를 보다가 자신의 인터페이스 색상과 강의 자료의 인터페이스 색상이 달라 어리둥절해하는 경우가 종종 있습니다. 포토샵 CC에서는 네 가지 색상 테마를 제공하므로 Preferences 대화상자에서 Interface 항목의 Color Theme에서 원하는 인터페이스 색상을 선택하여 사용합니다.

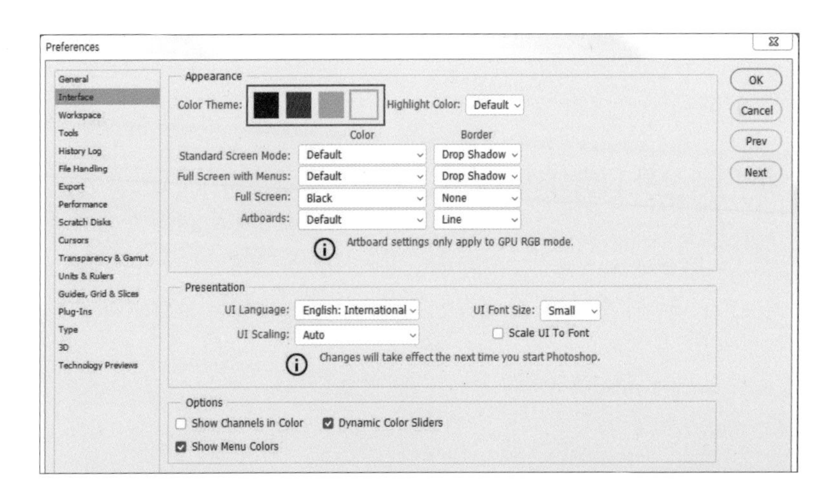


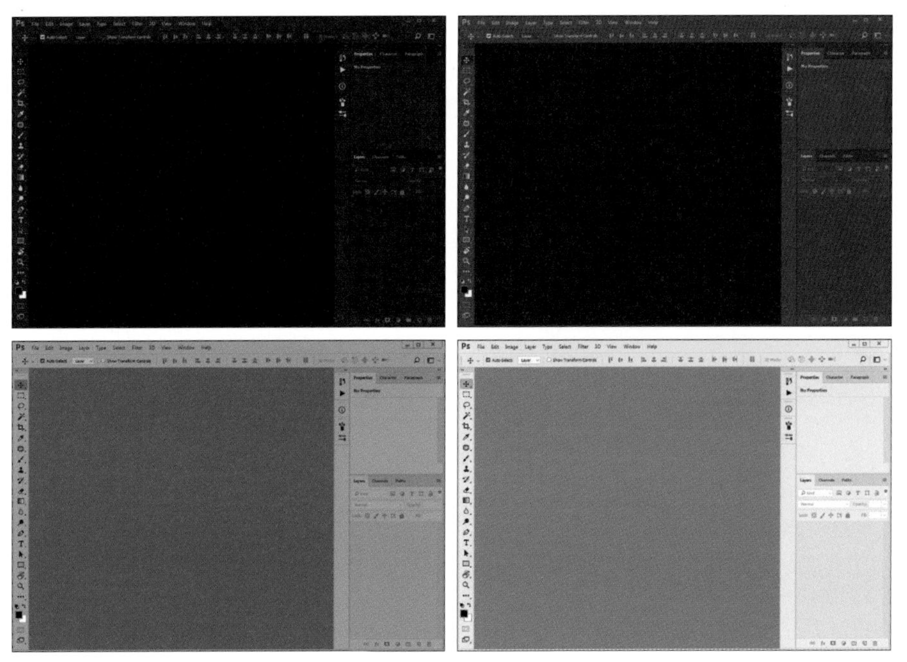

▲ 인터페이스 Color Theme

## 03 히스토리(작업 내역) 개수 설정하기

히스토리(작업 내역)는 숫자를 높일수록 작업 내역 수가 늘어나고, 반대로 낮출수록 작업 내역 수가 줄어듭니다. 혹시 모를 수정 때문에 작업을 되돌리기에는 작업 내역 수를 늘리는 것이 좋지만, 그만큼 메모리도 많이 차지하기 때문에 적절히 조절해서 사용합니다. Preferences 대화상자의 Performance 항목에서 History States에 숫자를 입력합니다.

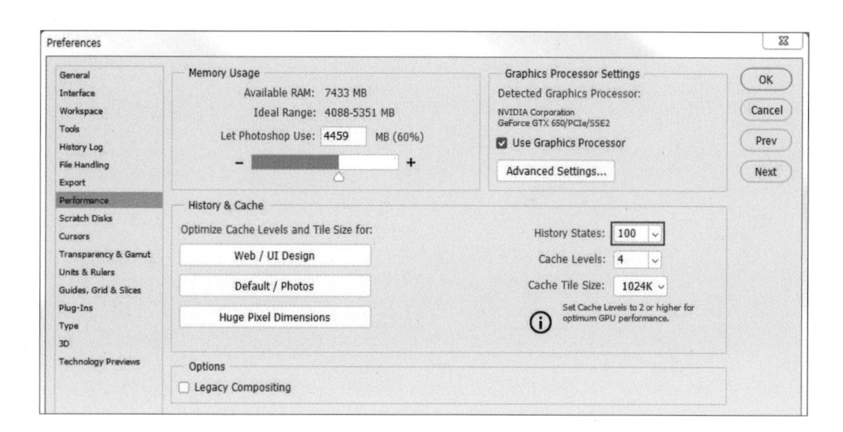

## 04 글꼴(Font) 이름 한글로 보기

포토샵을 사용하다 보면 글꼴이 영문으로 되어 있어 원하는 폰트를 찾기 힘듭니다. 이를 해결하려면 Preferences 대화상자의 Type 항목에서 'Show Font Names in English'의 체크 표시를 해제합니다.

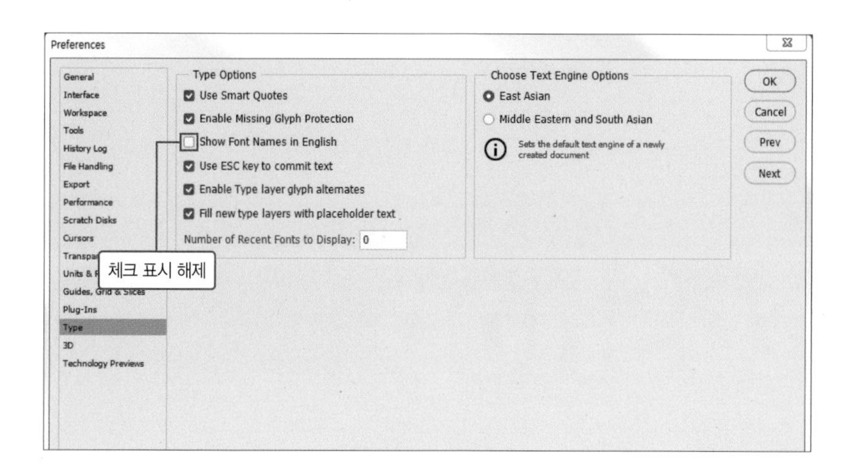

# SNS PhotoShop

# PART 02

# 콘텐츠가 돋보이는 감각적인 배경 디자인

우리는 SNS에서 다양한 스타일의 많은 콘텐츠 디자인을 접하게 됩니다. 그중 은은한 그러데이션 배경이나 사진 텍스처로 타이틀을 부각시키는 적절한 배색, 역동적이고 코믹한 느낌 등 디자인 집중도를 높여 눈길을 사로잡는 기본 배경을 포토샵 기능을 통해 비교적 간단하게 만들어 봅니다.

# 01 > 세련된 그라데이션 배경의 오픈 이벤트 만들기

많은 콘텐츠 디자인 중에서 그라데이션 배경에 깔끔한 인상을 주는 디자인이 눈길을 사로잡는 경우가 많습니다. 그라데이션을 잘 활용한 배너 디자인은 가독성이 좋으면서 세련된 느낌을 줍니다. 특히 색상 조합이 좋은 그라데이션은 복잡한 디자인 요소 없이도 눈에 띄는 효과를 발휘합니다. 포토샵 초보자들도 쉽게 따라 할 수 있는 그라데이션 배경을 만들어 보겠습니다.

완성 이미지

완성 파일 02\그라데이션배경-완성.psd

## 01 새 도큐먼트 만들기

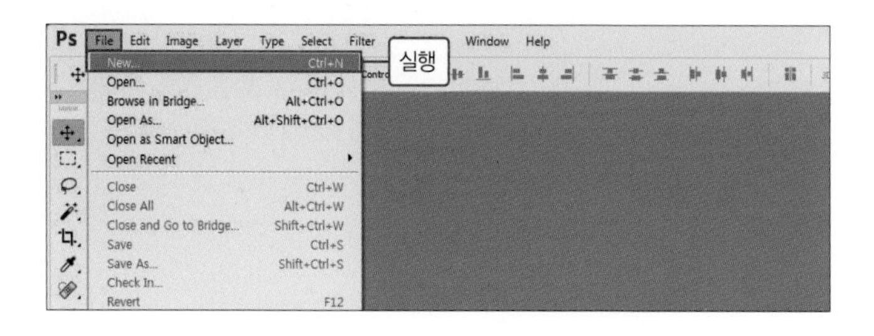


**1** 새 도큐먼트를 만들기 위해 메뉴에서 [File] → [New] (Ctrl+N)를 실행합니다.

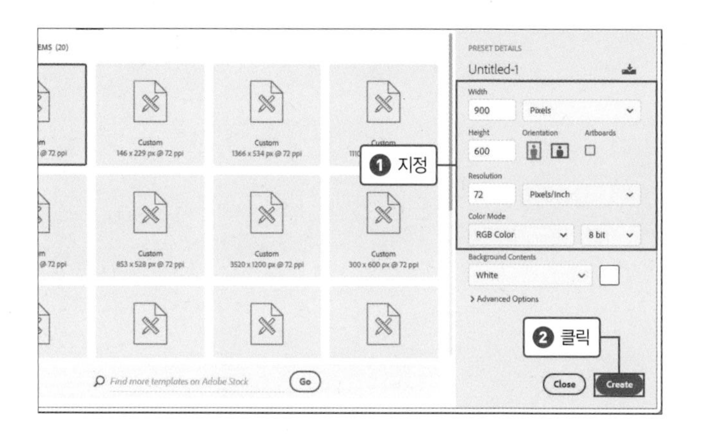


**2** New Document 대화상자에서 Width : 900Pixels, Height : 600Pixels, Resolution : 72Pixels/Inch, Color Mode : RGB Color로 지정한 다음 〈Create〉 버튼을 클릭합니다.

## 02 그러데이션 배경 만들기

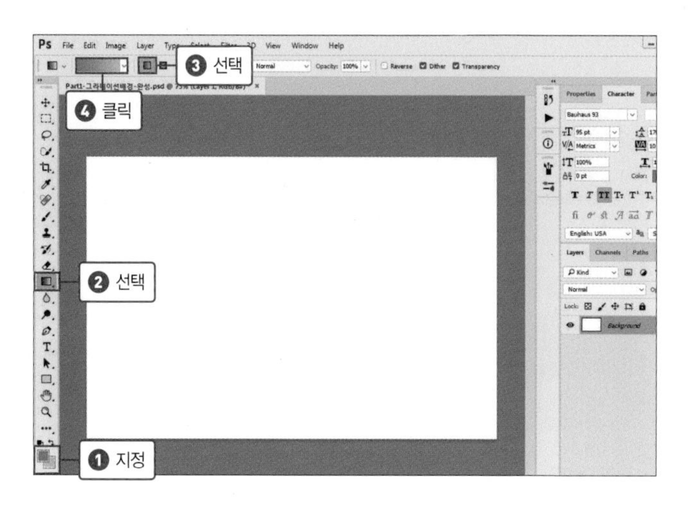


**1** 도구 패널에서 전경색 : #f96f64, 배경색 : #ffd34c로 지정하고 그레이디언트 도구를 선택합니다. 옵션바에서 그러데이션 형태를 'Linear'로 지정한 다음 그러데이션 스타일을 클릭합니다.

**2** Gradient Editor 대화상자가 나타나면 Presets에서 'Foreground to Background (전경색과 배경색)'를 선택한 다음 〈OK〉 버튼을 클릭합니다.

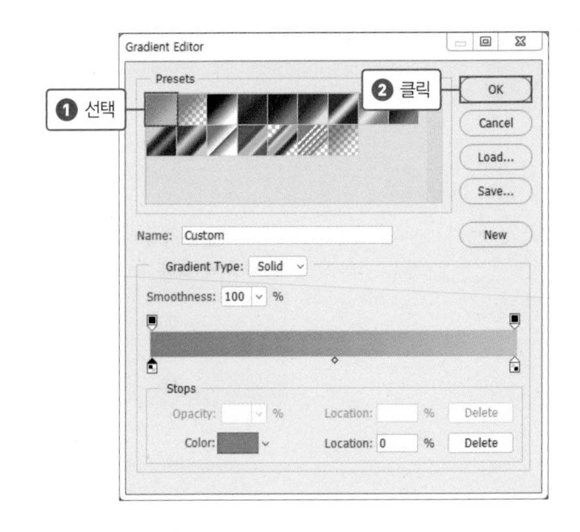


TIP 그러데이션 색상은 그러데이션 바 아래의 색상 탭을 클릭한 다음 원하는 색상을 지정해 자유롭게 편집할 수도 있습니다.

**3** Layers 패널에서 'Create a new layer' 아이콘(  )을 클릭하여 새 레이어를 만듭니다. 도큐먼트 왼쪽 위에서 오른쪽 아래를 대각선으로 드래그하여 그러데이션을 적용합니다.

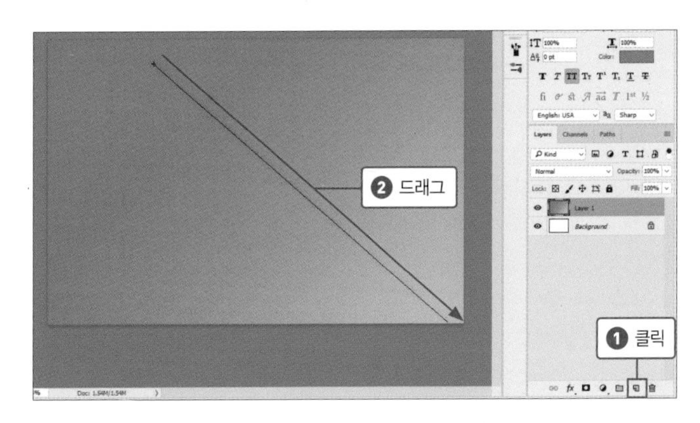


## 03 그러데이션 도형 추가하기

**1** 전경색: #ffe296로 지정하고 원형 도구를 선택합니다. 옵션바에서 Shape, Fill: Foreground to Transparent로 지정합니다. Alt+Shift를 누른 채 도큐먼트에 드래그하여 원을 그립니다.

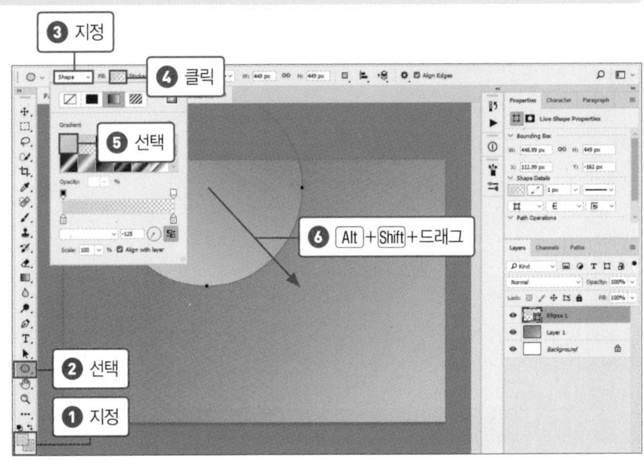

**2** 자연스럽게 합성하기 위해 Layers 패널의 Opacity(불투명도): 40%로 낮춥니다.

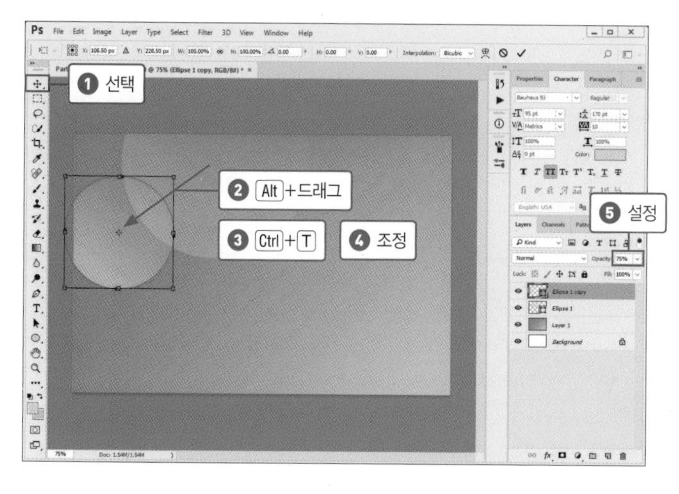


**3** 이동 도구를 선택한 다음 Alt를 누른 채 원을 클릭하고, 원하는 위치에 드래그하여 복제합니다. Ctrl+T를 누른 다음 그림과 같이 크기를 변경하고, Opacity: 75%로 설정합니다.

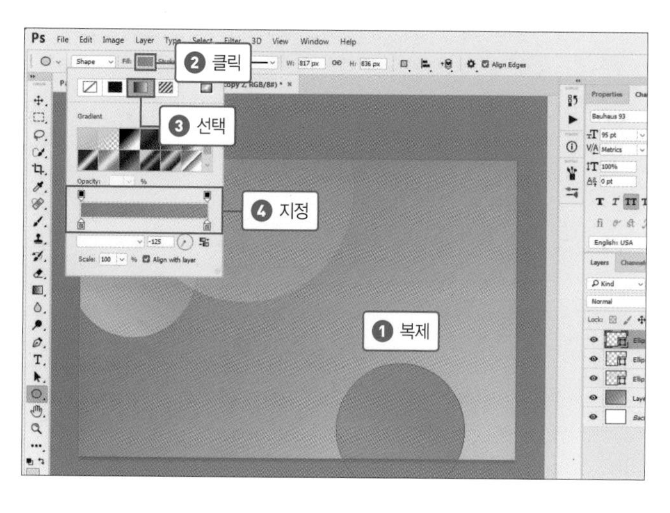


**4** 같은 방법으로 오브젝트를 복제합니다. 옵션바에서 Fill: Gradient로 지정하고 아래쪽 색상 탭을 클릭하여 원하는 그러데이션 색상 값을 설정합니다.

5 이동 도구를 선택한 다음 Alt를 누른 채 원을 클릭하고, 원하는 위치로 드래그하여 복제합니다. Ctrl+T를 누른 다음 그림과 같이 크기를 변경하고 Enter를 누릅니다.

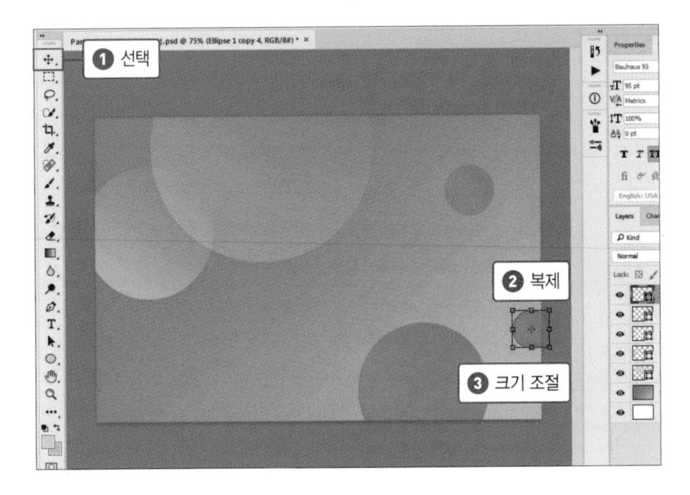


6 둥근 사각형 도구를 선택하고 옵션바에서 Shape, Fill: Foreground to Transparent, Radius: 25px로 설정한 다음 도큐먼트에 그림과 같이 가로로 길게 드래그합니다.

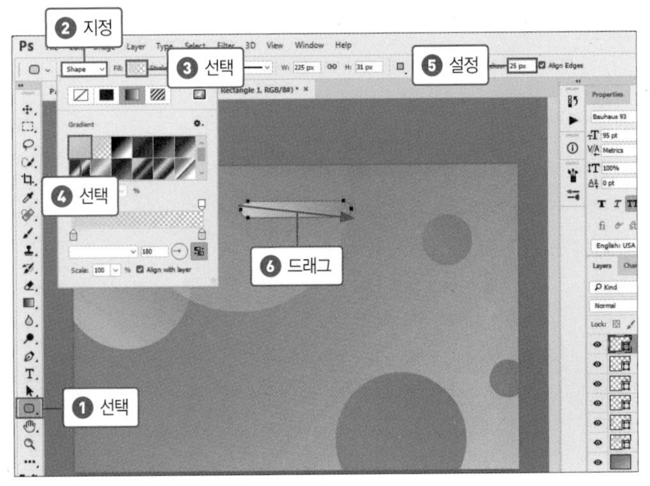


7 Layers 패널에서 Opacity: 50%로 설정합니다. Ctrl+T를 누르고 조절점을 드래그하여 둥근 사각형을 45° 정도 기울입니다. 작업을 마치면 Enter를 눌러 해제합니다.

TIP 옵션바에서 Rotate에 회전 각도를 입력할 수 있습니다. 또한 Shift를 누른 채 드래그해 회전하면 15° 단위로 정확하게 회전할 수 있어 편리합니다.

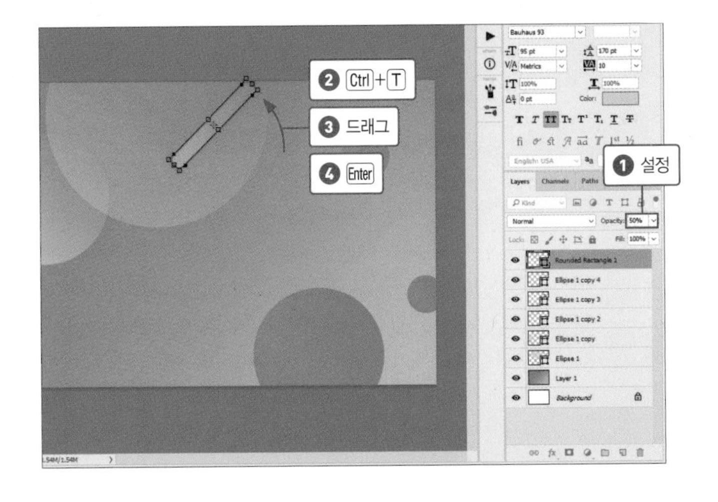

**8** 이동 도구로 Alt를 누른 채 오브젝트를 클릭하고, 원하는 위치에 드래그하여 복제합니다. Ctrl+T를 누른 다음 크기를 다양하게 변경하고 Enter를 누릅니다.

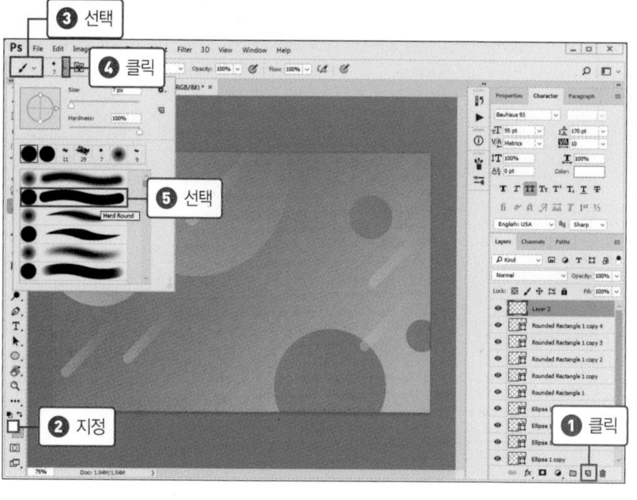


**9** Layers 패널의 'Create a new layer' 아이콘(  )을 클릭하여 새 레이어를 만듭니다. 전경색: 흰색으로 지정한 다음 브러시 도구를 선택하고 옵션바에서 브러시 종류를 'Hard Round'로 지정합니다.

**10** 브러시 Size를 각각 7px, 5px로 조절하며 도큐먼트 위쪽에 클릭합니다. 별 하늘 이미지가 만들어집니다.

## 04 메인타이틀 문구 입력하기

**1** 문자 도구를 선택하고, 옵션바에서 폰트: Bauhaus 93, 글자 크기: 95pt, 색상: 흰색, 정렬: 가운데 정렬로 지정한 다음 그림과 같이 메인타이틀 문구를 입력합니다.

**2** 이번에는 옵션바에서 폰트: Din_light, 글자 크기: 60pt, 색상: #8c043e(자주색)로 지정한 다음 아래에 서브타이틀 문구를 입력합니다.

**3** 숫자 '2'를 드래그하여 선택한 다음 Character 패널에서 폰트: Din_Black, 글자 크기: 80pt로 수정하여 강조합니다.

## 05 서브타이틀 문구 입력하기

**1** 옵션바에서 폰트 : Din_Blod/Regular, 글자 크기 : 30pt로 설정하고 도큐먼트 아래에 클릭한 다음 쇼핑몰 이름을 입력합니다.

**2** 사각형 도구를 선택한 다음 옵션바에서 Fill : None(색상 없음), Stroke : #8c043e(자주색)/3px로 설정합니다. 쇼핑몰 이름 위에 대각선으로 드래그해 사각형 테두리를 만들어 마무리합니다.

# 02 > 공감 백배! 감성적인 카드뉴스 디자인하기

포토샵을 사용한다면 블러 효과는 꼭 알아두어야 할 이펙트 중 하나입니다. 특히 배경 처리를 할 때 이미지가 두드러지지 않으면서 은은한 느낌을 낼 수 있어 자주 사용하므로 함께 블러 효과로 감성적인 배경을 만들어 봅니다.

완성 이미지

예제 파일 02\photo.jpg 완성 파일 02\감성카드뉴스-완성.psd

## 01 새 도큐먼트 만들고 이미지 불러오기

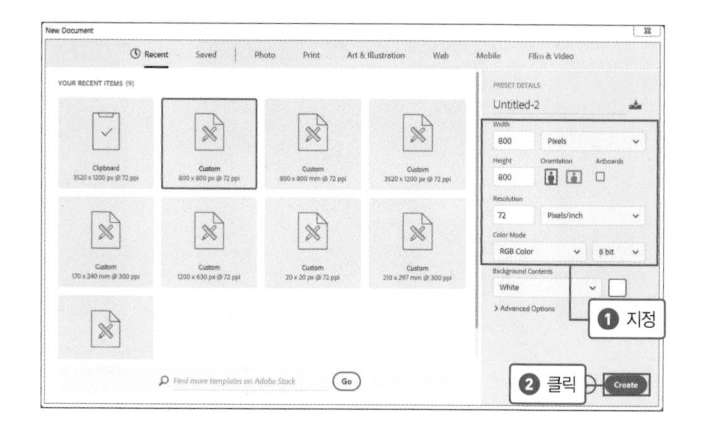


**1** Ctrl+N을 누릅니다. New Document 대화상자에서 Width/Height: 800Pixels, Resolution: 72Pixels/Inch, Color Mode: RGB Color로 지정한 다음 〈Create〉 버튼을 클릭합니다.

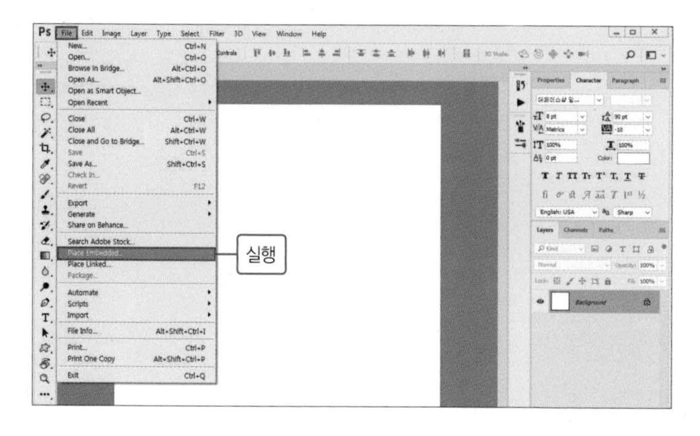


**2** 감성적인 이미지를 불러오기 위해 메뉴에서 [File] → [Place Embedded]를 실행합니다.

### Place 명령의 차이점

❶ **Place Embedded**: Embedded의 뜻처럼 이미지를 문서에 포함한 상태입니다.

❷ **Place Linked**: Linked의 뜻처럼 이미지가 문서에 완전히 들어온 것이 아니라 외부에 있는 그림 파일과 경로를 인식하여 연결된 상태, 즉 미리보기 상태입니다.

[Place Embedded]를 실행하여 불러온 파일은 이미지가 저장된 상태라 용량이 크고, [Place Linked]를 실행하여 불러온 파일은 이미지가 연결된 상태이므로 용량이 작습니다. 또한 [Place Linked]는 파일이 연동된 상태로 작업 중 도큐먼트에서 파일을 수정하면 원본 파일에도 이미지 변형이 오며, 2차 작업 시 반드시 이미지 원본 파일을 함께 제출해야 한다는 번거로움이 있습니다.

**3** Place Embedded 대화상자가 나타나면 02 폴더의 'photo.jpg' 이미지를 선택한 다음 〈Place〉 버튼을 클릭합니다. 배경 이미지가 도큐먼트에 나타납니다.

## 02 이미지 구도 조절하고 흐리게 만들기

**1** 이미지를 선택하여 바운딩 박스가 활성화된 상태에서 Shift+Alt를 누른 채 조절점을 바깥쪽으로 드래그하여 이미지를 확대하고 도큐먼트에서 이미지 구도를 조정합니다. Enter를 눌러 작업을 마칩니다.

**2** 이번에는 배경 이미지를 흐리게 만들기 위해 메뉴에서 [Filter] → [Blur] → [Gaussian Blur]를 실행합니다.

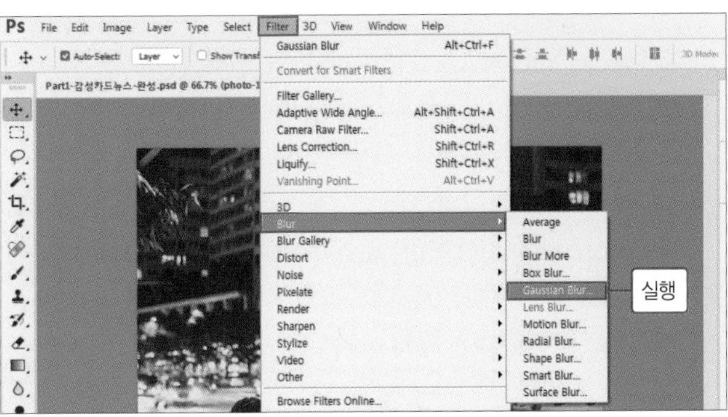

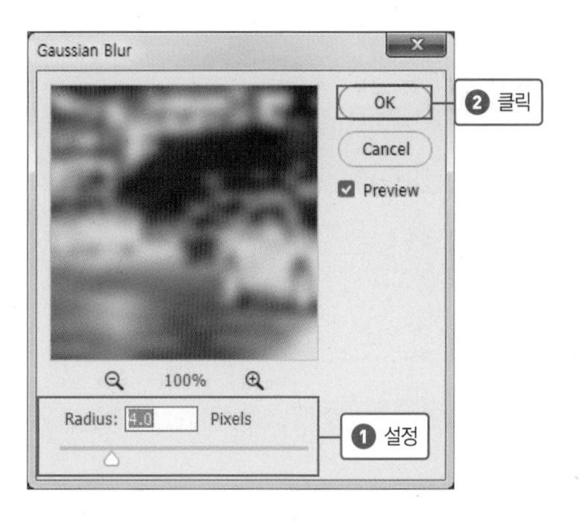


**3** Gaussian Blur 대화상자가 나타나면 Radius를 '4Pixels'로 설정한 다음 〈OK〉 버튼을 클릭합니다.

**4** 이미지가 블러 효과로 인해 흐려집니다.

**5** 도구 패널에서 전경색: #1e3139로 지정한 다음 그레이디언트 도구를 선택합니다. 옵션바에서 그러데이션 형태를 'Linear'로 지정하고, 그러데이션 스타일을 클릭합니다.

**6** Gradient Editor 대화상자가 나타나면 Presets에서 전경색에서 투명 배경으로 이어지는 'Foreground to Transparent'를 선택하고 〈OK〉 버튼을 클릭합니다.

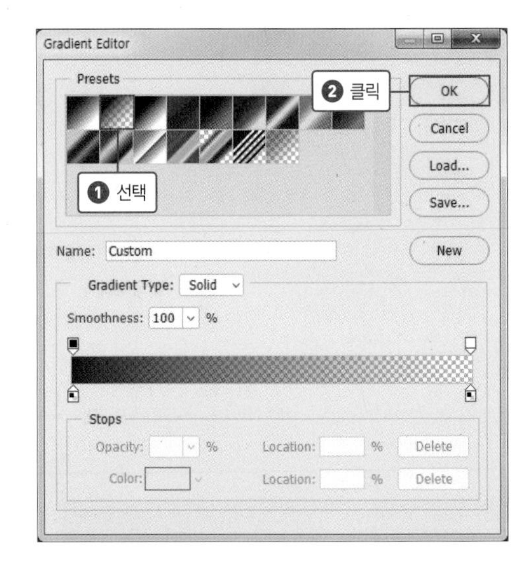


**7** Layers 패널의 'Create a new layer' 아이콘(▣)을 클릭하여 새 레이어를 만듭니다. Shift를 누른 채 도큐먼트 위에서 아래로 드래그합니다. 지정한 그러데이션 색상이 적용됩니다.

**8** 문자 도구를 선택한 다음 Character 패널에서 폰트: 더페이스샵 잉크립퀴드체, 글자 크기: 64pt, 행간: 90pt로 설정합니다. 이미지 위에 감성 글귀를 입력하여 완성합니다.

# 03 > 생생한 텍스처의 세일 이벤트 디자인하기

텍스처가 살아 있는 배경 사진을 활용하면 단조롭지 않으면서 세련된 느낌의 디자인 결과물을 만들 수 있습니다. 사진의 텍스처를 부각시켜 메인타이틀 문구를 더 강조할 수 있는 디자인 팁을 알아봅니다.

완성 이미지

예제 파일 02\배경.jpg  완성 파일 02\사진백그라운드-완성.psd

## 01 새 도큐먼트 만들고 이미지 불러오기

**1** 메뉴에서 [File] → [New]를 실행합니다.
New Document 대화상자가 나타나면 Width/Height: 800Pixels, Resolution: 72Pixels/Inch, Color Mode: RGB Color로 지정한 다음 〈Create〉 버튼을 클릭합니다.

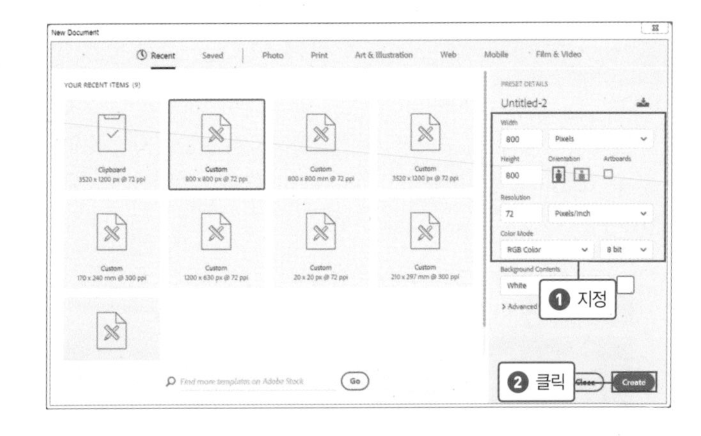


**2** 배경 사진을 불러오기 위해 메뉴에서 [File] → [Place Embedded]를 실행합니다.

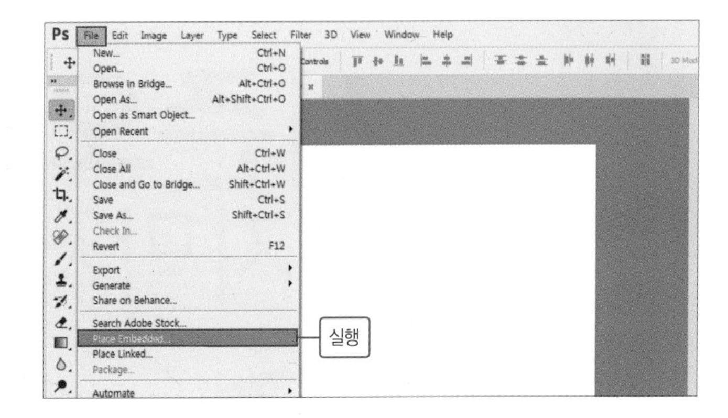


**3** Place Embedded 대화상자가 나타나면 02 폴더의 '배경.jpg' 사진을 선택하고 〈Place〉 버튼을 클릭합니다. 배경 이미지가 작업 도큐먼트 위에 나타납니다.

## 02 이미지 크기 조절하고 흰색 배경 만들기

1 이미지를 선택하여 바운딩 박스가 활성화된 상태에서 Shift+Alt를 누른 채 조절점을 드래그하여 확대하고 도큐먼트에서 이미지 구도를 조정합니다. Enter를 눌러 작업을 마칩니다.

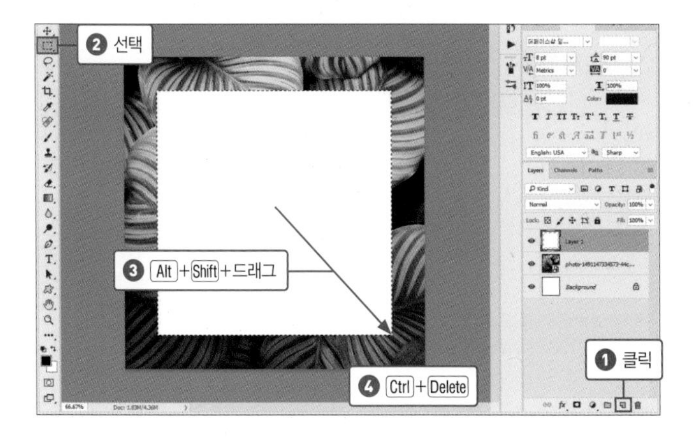


2 Layers 패널에서 'Create a new layer' 아이콘()을 클릭하여 새 레이어를 만듭니다. 사각형 선택 도구를 선택하고 Alt+Shift를 누른 채 도큐먼트 가운데에 드래그하여 정사각형 선택 영역을 만듭니다. Ctrl+Delete를 눌러 흰색 배경색을 채웁니다.

## 03 글자 입력하고 형태대로 오려내기

1 문자 도구를 선택합니다. Character 패널에서 폰트: 나눔고딕 ExtraBold/Regular, 글자 크기: 100/80pt, 행간: 90pt, 색상: #002c15로 지정합니다. 옵션바에서 정렬: 가운데 정렬로 지정한 다음 그림과 같이 글자를 입력합니다.

**2** Character 패널에서 폰트: Bodoni Bd BT, 글자 크기: 400/97pt, 자간: -25pt로 설정하고 그림과 같이 아래쪽에 '80%'를 입력합니다.

**3** Layers 패널에서 Ctrl을 누른 채 '80' 문자 레이어의 'T'를 클릭합니다. 글자 형태대로 선택 영역이 만들어지면 해당 레이어의 눈 아이콘(👁)을 클릭하여 글자를 숨깁니다.

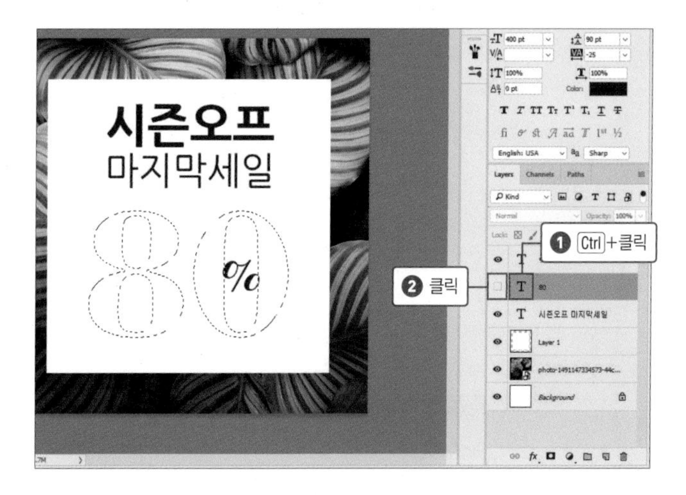


**4** Layers 패널의 흰색 배경 레이어를 선택하고 Delete를 누릅니다. 흰색 배경에서 선택 영역이 삭제됩니다.

## 04 그림자 효과 적용하기

1 그림자 효과를 주기 위해 Layers 패널의 흰색 배경 레이어가 선택된 상태에서 'Add a layer style(레이어 스타일 추가)' 아이콘(fx)을 클릭하고 [Drop Shadow]를 실행합니다.

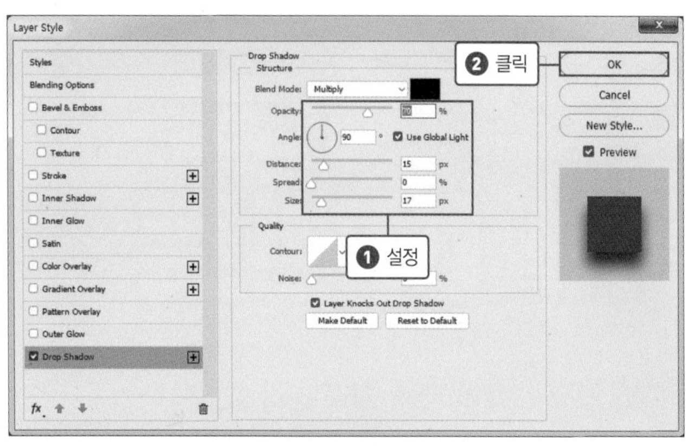


2 Layer Style 대화상자가 나타나면 Opacity(불투명도): 20%, Angle(각도): 90°, Distance(거리): 15px, Size(크기): 17px로 설정한 다음 〈OK〉 버튼을 클릭합니다.

3 글자가 더욱 선명해진 배너 디자인이 완성됩니다.

# 04 > 심플한 배색이 돋보이는 설문조사 이벤트 만들기

레이아웃 디자인에서 컬러를 이용하여 단을 나누는 방식은 기본 스타일입니다. '베이직하다'는 간편하면서도 실용적으로 활용할 수 있다는 뜻이기도 하지요. 적절한 배색과 간단한 물결무늬 효과로 심플하지만, 뻔하지 않은 배경 이미지를 만들어 봅니다.

**완성 이미지**

완성 파일 02\배경영역-완성.psd

## 01 새 도큐먼트 만들고 컬러 단 구성하기

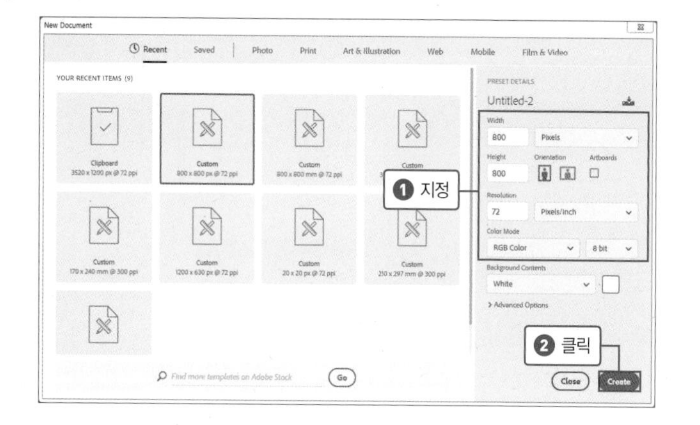


**1** 메뉴의 [File] → [New]를 실행해 New Document 대화상자에서 Width/Height: 800Pixels, Resolution: 72Pixels/Inch, Color Mode: RGB Color로 지정한 다음 〈Create〉 버튼을 클릭합니다.

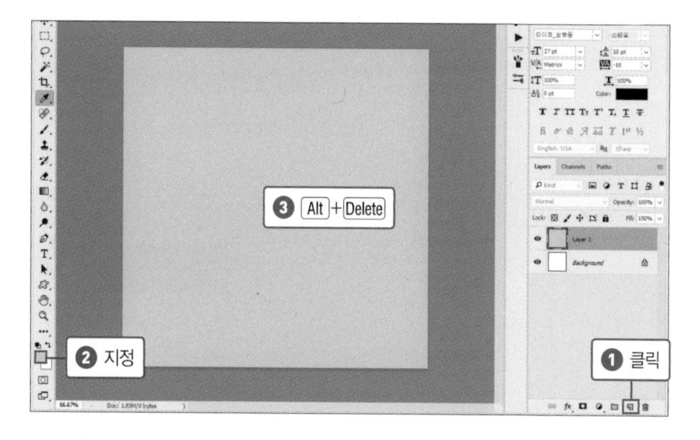


**2** Layers 패널에서 'Create a new layer' 아이콘(◻)을 클릭하여 새 레이어를 만듭니다. 전경색: #ffdd00으로 지정한 다음 Alt+Delete를 눌러 도큐먼트에 색상을 채웁니다.

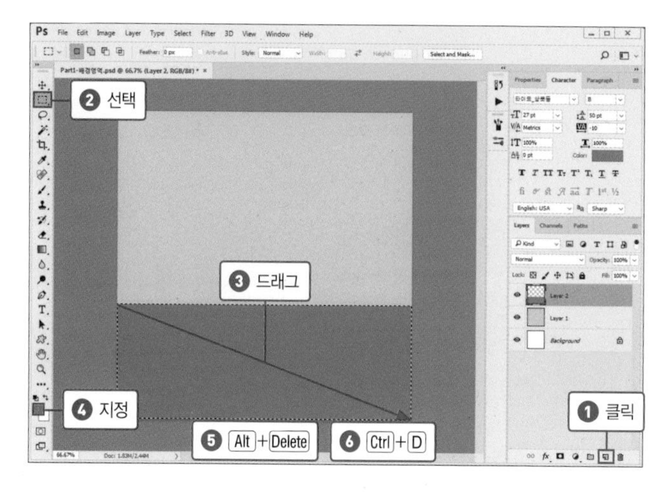


**3** 다시 'Create a new layer' 아이콘(◻)을 클릭하여 새 레이어를 추가합니다. 사각형 선택 도구를 선택한 다음 도큐먼트 아래로 드래그하여 그림과 같이 직사각형 선택 영역을 만듭니다. 전경색: #2e8c5a로 지정한 다음 Alt+Delete를 눌러 선택 영역에 색상을 채웁니다. Ctrl+D를 눌러 선택 영역을 해제합니다.

## 02 물결무늬 만들기

1 컬러 경계 부분에 물결무늬를 추가하기 위해 메뉴에서 [Filter] → [Distort] → [Wave]를 실행합니다.

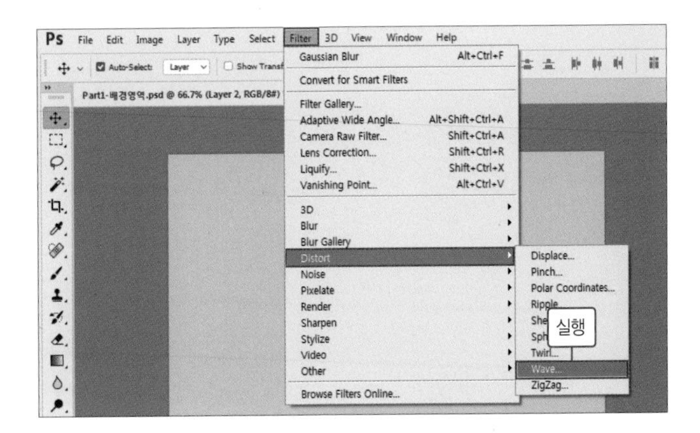


2 Wave 대화상자가 나타나면 Wavelength: 1/75, Amplitude: 1/35로 설정하고 〈OK〉 버튼을 클릭합니다.

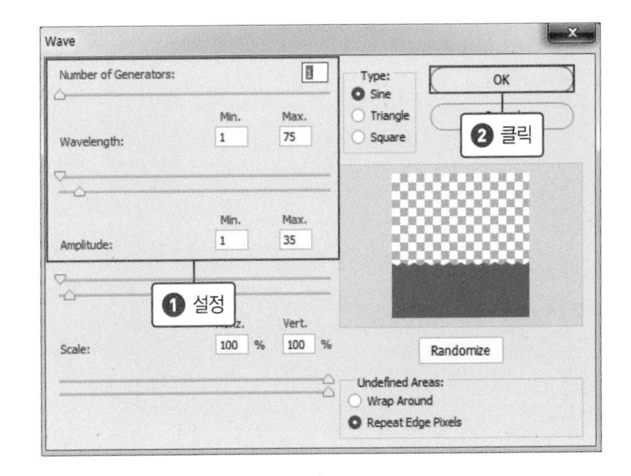


TIP 미리보기 창에서 단조로웠던 경계면에 구불구불한 물결무늬가 추가된 것을 확인할 수 있습니다.

## 03 메인타이틀 문구 입력하고 꾸미기

1 문자 도구를 선택한 다음 Character 패널에서 폰트: 타이포_쌍문동 B, 글자 크기: 115/90pt, 행간: 105pt, 색상: 흰색으로 지정합니다. 옵션바에서 정렬: 가운데 정렬로 지정하고 그림과 같이 메인타이틀 문구를 입력합니다.

**2** 글자에 테두리를 적용하기 위해 Layers 패널 아래 'Add a layer style(레이어 스타일 추가)' 아이콘(fx)을 클릭한 다음 [Stroke]를 실행합니다.

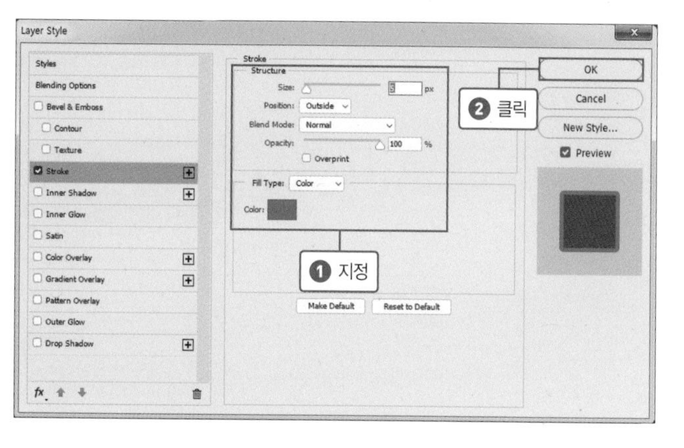


**3** Layer Style 대화상자가 나타나면 Size(크기): 5px, Position(위치): Outside, Color: #2e8c5a로 지정한 다음 〈OK〉 버튼을 클릭합니다.

**4** 사용자 셰이프 도구를 선택하고 옵션바에서 Shape, Fill: #ed1b24, Stroke: None, Shape: 5 Point Star(별)로 지정합니다.

**5** 도큐먼트에 드래그하여 그림과 같이 빨간색 별을 그립니다.

TIP 사용자 셰이프 도구( )를 선택하고 옵션바에서 Shape의 팝업 아이콘을 클릭한 다음 [All]을 실행해서 다양한 셰이프를 확인할 수 있습니다.

**6** 이동 도구를 선택한 다음 Alt+Shift를 누른 채 별을 오른쪽으로 드래그하여 복제합니다. 같은 방법으로 복제하여 별 5개를 만듭니다.

**7** Shift를 누른 채 별들을 모두 선택한 다음 옵션바의 'Distribute horizontal centers' 아이콘( )을 클릭하여 정렬합니다. 별 사이 간격이 균등하게 조절됩니다.

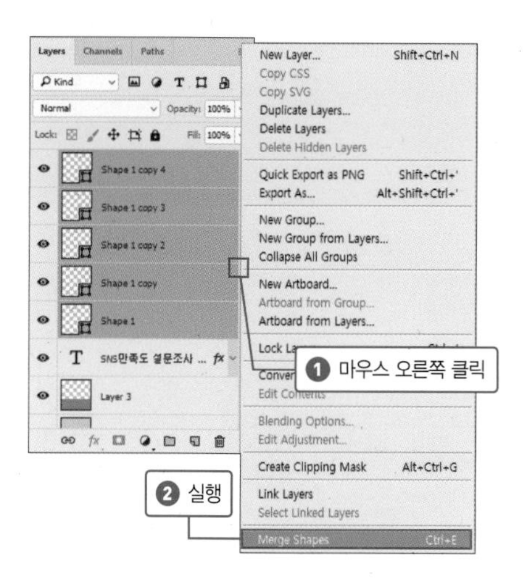


**8** Layers 패널에서 별 레이어들이 선택된 상태로 마우스 오른쪽 버튼을 클릭한 다음 [Merge Shapes(Ctrl+E)]를 실행하여 별 레이어를 하나로 합칩니다.

## 04 서브타이틀 입력하기

**1** 문자 도구를 선택한 다음 옵션바에서 폰트: 타이포_쌍문동 B, 글자 크기: 51pt, 색상: #2e8c5a로 지정합니다. 문자 아래에 그림과 같이 서브타이틀 문구를 입력합니다.

**2** Character 패널에서 폰트: 나눔고딕 Bold, 글자 크기: 33pt, 행간: 49pt, 색상: #ffdd00으로 지정합니다. 초록색 배경 부분을 클릭한 다음 그림과 같이 나머지 서브타이틀 문구를 입력합니다.

## 05 참여 버튼 만들기

**1** 둥근 사각형 도구를 선택하고 옵션바에서 Shape, Fill: #ed1b24, Stroke: None, Radius: 10px로 설정한 다음 아래에 드래그하여 버튼 형태를 만듭니다.

**2** 문자 도구를 선택하고 옵션바에서 폰트: 타이포_쌍문동 스텐실, 글자 크기: 27pt, 색상: 흰색으로 지정한 다음 버튼 위에 클릭해 글자를 입력합니다.

**3** 이동 도구를 선택한 다음 Shift를 누른 채 Layers 패널에서 모든 레이어를 선택합니다. 옵션바에서 'Align horizontal centers' 아이콘(⧧)을 클릭하여 디자인 요소들을 가운데 정렬해서 마무리합니다.

# 05 > 시선 집중! 쇼핑 이벤트 배너 디자인하기

방사형 배경은 디자인 집중도를 높여 소비자들의 시선을 쉽게 사로잡을 수 있어 마케팅 디자인에서 자주 사용하는 스타일입니다. 특히 빈티지 이미지와 잘 어울리므로 레트로 감성이 느껴지는 배너를 디자인해 봅니다.

완성 이미지

예제 파일 02\unit.psd 완성 파일 02\방사형배경-완성.psd

포토샵 시작
배경 디자인
그래픽 소스 제작
타이포그래피
트렌드 디자인
실전 디자인

## 01 새 도큐먼트 만들기

**1** 메뉴의 [File] → [New]를 실행하여 New Document 대화상자에서 Width/Height: 800Pixels, Resolution: 72Pixels /Inch, Color Mode: RGB Color로 지정한 다음 〈Create〉 버튼을 클릭합니다.

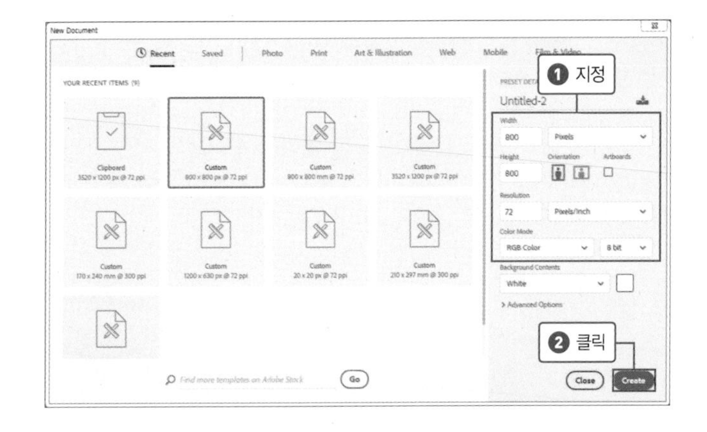


**2** Layers 패널에서 'Create a new layer' 아이콘(  )을 클릭하여 새 레이어를 만듭니다. 전경색: #a1f0da로 지정한 다음 Alt+Delete를 눌러 색상을 채웁니다.

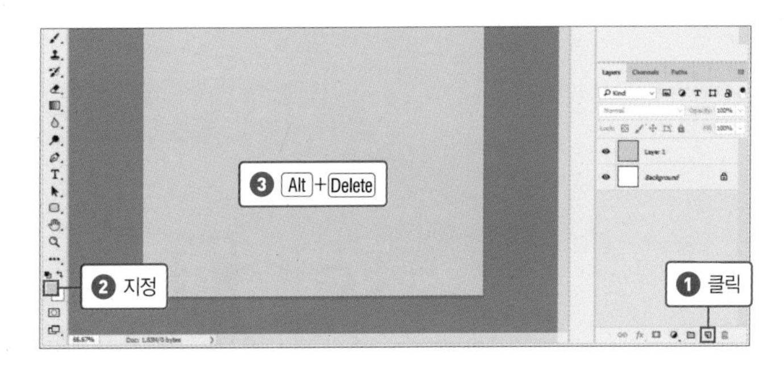


## 02 패턴 만들고 등록하기

**1** 새 도큐먼트에 패턴을 만들기 위해 메뉴에서 [File] → [New]를 실행합니다. New Document 대화상자가 나타나면 Width/Height: 30Pixels로 지정한 다음 〈Create〉 버튼을 클릭합니다.

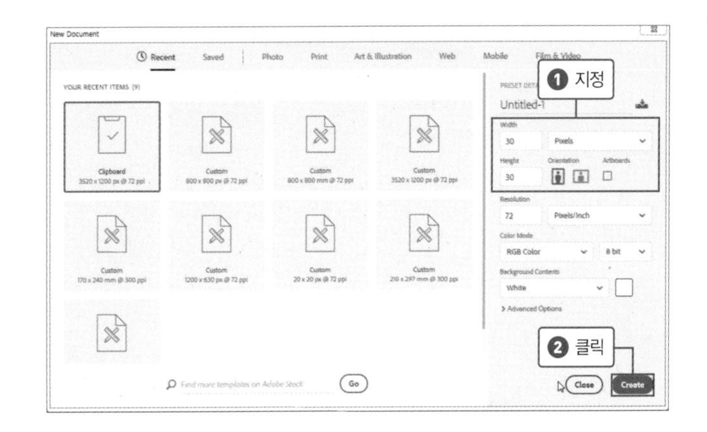

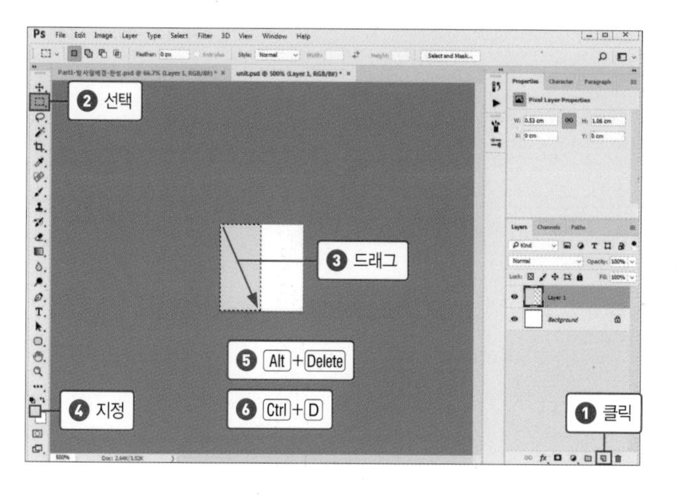


**2** Layers 패널에서 'Create a new layer' 아이콘(◨)을 클릭하여 새 레이어를 만듭니다. 사각형 선택 도구를 선택한 다음 그림과 같이 도큐먼트 왼쪽에 드래그하여 선택 영역을 만듭니다. 전경색: #ccf8eb로 지정하고 Alt+Delete를 눌러 색상을 채웁니다. Ctrl+D를 눌러 선택 영역을 해제합니다.

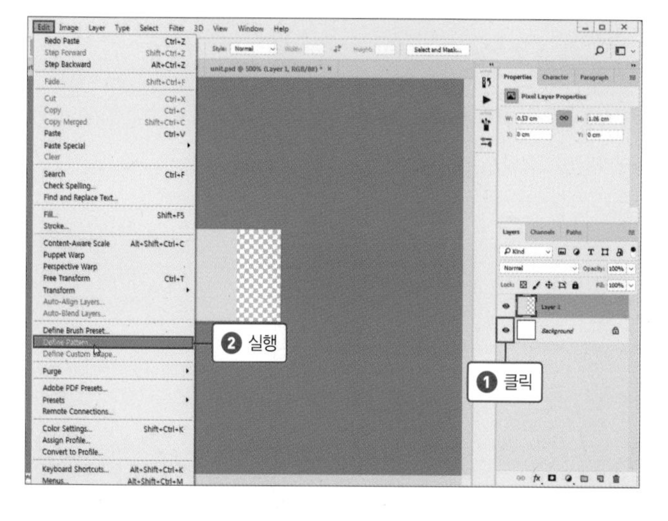


**3** Layers 패널에서 'Back-ground' 레이어 눈 아이콘(◉)을 클릭하여 흰색 배경을 숨깁니다. 패턴을 등록하기 위해 메뉴에서 [Edit] → [Define Pattern]을 실행합니다.

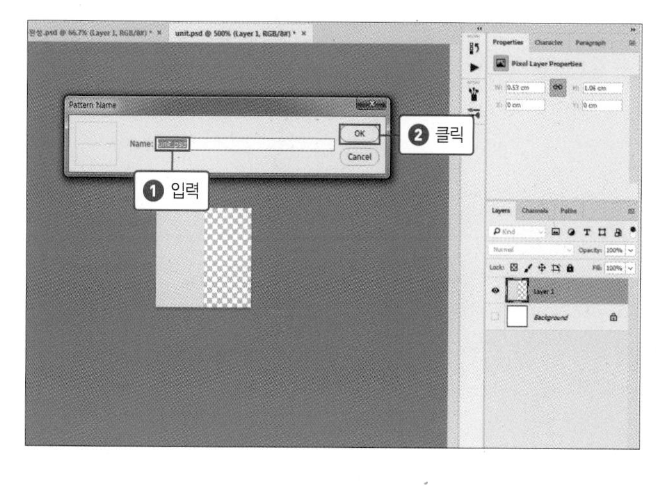


**4** Pattern Name 대화상자에서 Name에 'unit.psd'를 입력한 다음 〈OK〉 버튼을 클릭합니다.

## 03 패턴을 적용하여 방사형 배경 만들기

**1** 작업 도큐먼트를 선택하고 Layers 패널에서 'Create a new layer' 아이콘( )을 클릭하여 새 레이어를 만듭니다.

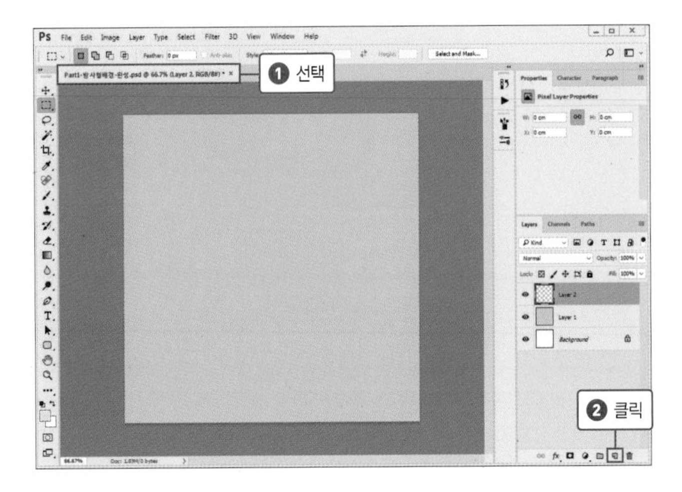


**2** 패턴을 적용하기 위해 메뉴에서 [Edit] → [Fill]을 실행합니다.

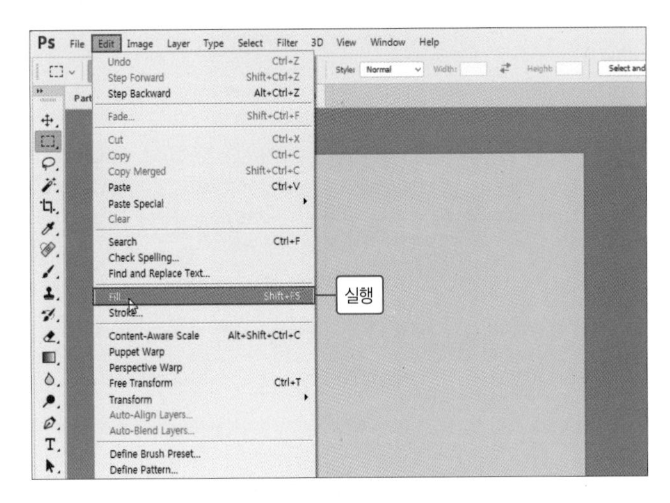


**3** Fill 대화상자의 Contents: Pattern, Custom Pattern: unit.psd로 지정하고 〈OK〉 버튼을 클릭합니다.

TIP 새로 등록한 패턴은 Custom Pattern 맨 아래에 저장되어 있습니다.

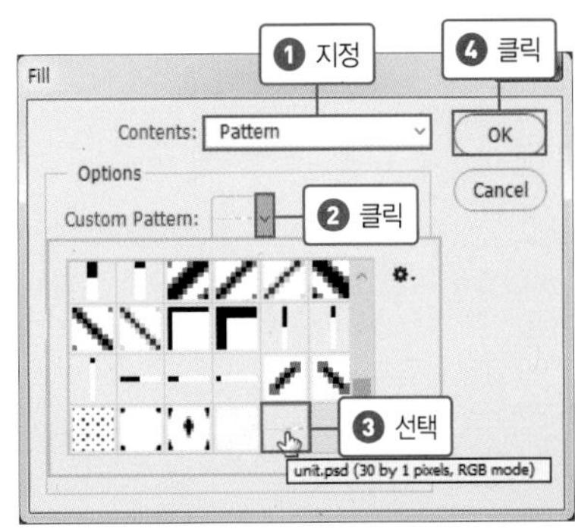

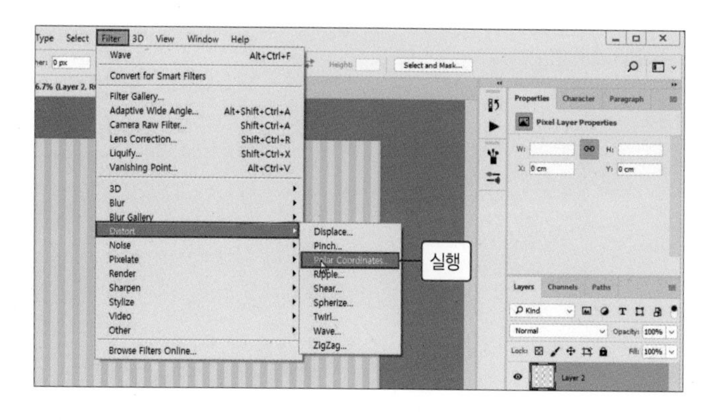


**4** 세로 줄 패턴이 적용되면 방사형 배경을 만들기 위해 메뉴에서 [Filter] → [Distort] → [Polar Coordinates]를 실행합니다.

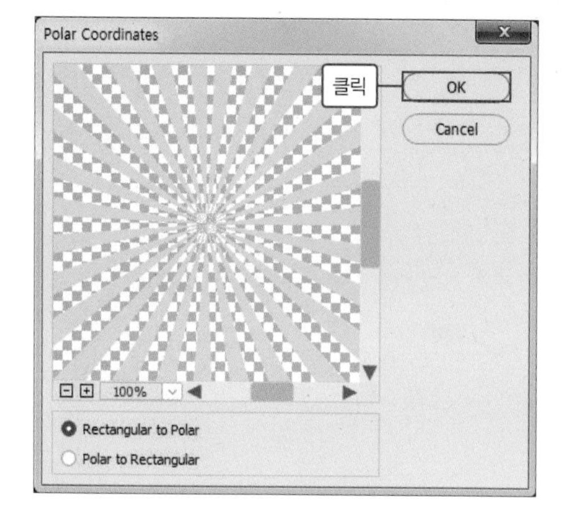


**5** Polar Coordinates 대화상자가 나타나면 방사형을 확인한 다음 〈OK〉 버튼을 클릭합니다.

## 04 입체 메인타이틀 만들기

**1** 문자 도구를 선택한 다음 Character 패널에서 폰트: Sandoll 국대떡볶이 Bold, 글자 크기: 155pt, 행간: 170pt, 색상: #ffffff/#ff4c4d로 지정합니다. 옵션바에서 정렬: 가운데 정렬로 지정합니다. 그림과 같이 메인타이틀을 입력합니다.

**2** 글자에 테두리를 적용하기 위해 Layers 패널 아래의 'Add a layer style(레이어 스타일 추가)' 아이콘(fx)을 클릭한 다음 [Stroke]를 실행합니다.

**3** Layer Style 대화상자가 나타나면 Size: 4px, Color: #55320c로 지정한 다음 〈OK〉 버튼을 클릭합니다.

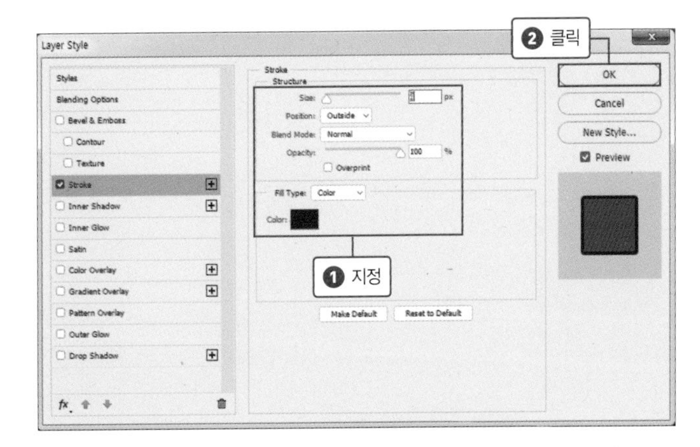


**4** 메인타이틀 문자 레이어를 선택한 상태에서 Ctrl+J를 눌러 레이어를 복제합니다. 문자 색상을 선 색상과 같은 '#55320c'로 지정합니다.

**5** Layers 패널에서 복제한 문자 레이어를 기존 문자 아래로 드래그하여 순서를 변경합니다. 이동 도구를 선택하고 [↓]를 눌러 복제한 문자를 아래로 이동합니다.

## 05 서브타이틀 장식하고 복잡한 배경 정리하기

**1** 문자 도구를 선택하고 옵션바에서 폰트: Sandoll 국대떡볶이 Bold, 글자 크기: 41pt, 색상: #55320c, 정렬: 가운데 정렬로 지정한 다음 그림과 같이 서브타이틀 문구를 입력합니다.

**2** 사용자 셰이프 도구를 선택하고 옵션바에서 Shape, Fill: #55320c, Stroke: None, Shape: Banner 2로 지정합니다.

**3** 메인타이틀 위에 드래그해 리본 모양 띠를 만듭니다.

**4** 문자 도구를 선택한 다음 Character 패널에서 폰트: 코어 고딕 D_6 B, 글자 크기: 28pt, 자간: -15pt, 색상: 흰색으로 지정합니다. 리본 위에 클릭하여 글자를 입력합니다.

**5** 원형 선택 도구를 선택하고 옵션바에서 Feather: 50px로 설정합니다. Layers 패널에서 메인타이틀 레이어 아래에 새 레이어를 만들고, Alt+Shift를 누른 채 드래그하여 도큐먼트 가운데에 정원형 선택 영역을 만듭니다. 바탕색과 같게 전경색: #a1f0da로 지정하고 Alt+Delete를 눌러 마무리합니다.

# 06 > 만화, 웹툰처럼 코믹한 폭탄세일 배너 만들기

만화처럼 집중선을 활용한 배경은 주로 역동적이고 코믹한 느낌을 표현할 때 많이 사용합니다. 포토샵 기능을 통해 비교적 간단하게 만들 수 있고, 수고에 비해 큰 효과를 내는 유용한 팁이므로 활용해 봅니다.

완성 이미지

완성 파일 02\만화집중선-완성.psd

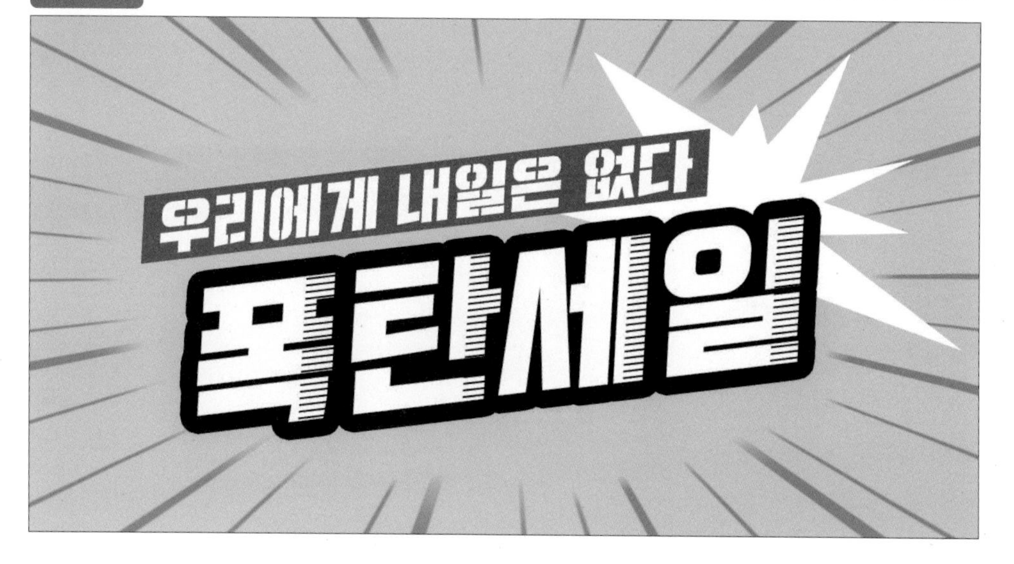

## 01 새 도큐먼트 만들기

**1** 메뉴에서 [File] → [New]를 실행합니다. New Document 대화상자가 나타나면 Width: 1200Pixels, Height: 630 Pixels, Resolution: 72Pixels/Inch, Color Mode: RGB Color로 지정한 다음 〈Create〉 버튼을 클릭합니다.

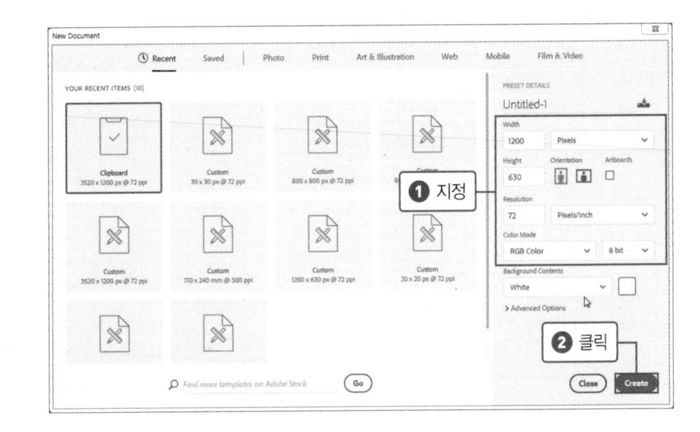


**2** Layers 패널에서 'Create a new layer' 아이콘(◻)을 클릭하여 새 레이어를 만듭니다. 전경색: #ffdd00으로 지정한 다음 Alt+Delete를 눌러 색상을 채웁니다.

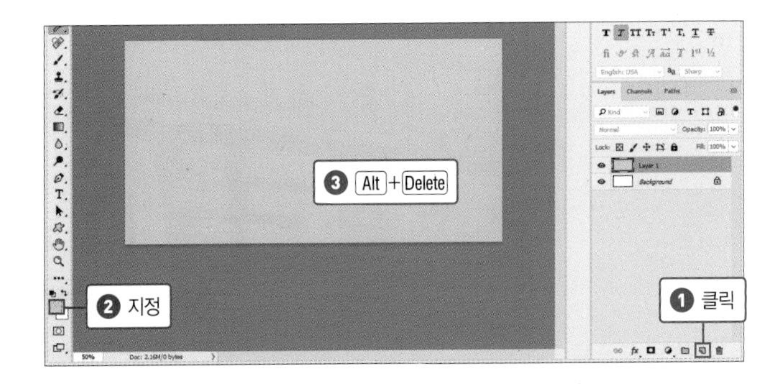


## 02 시각 효과를 극대화하는 집중선 표현하기

**1** 도구 패널에서 색상 교체 아이콘(↰)을 클릭해 전경색: #000000(검은색)으로 지정하고, 연필 도구를 선택합니다.

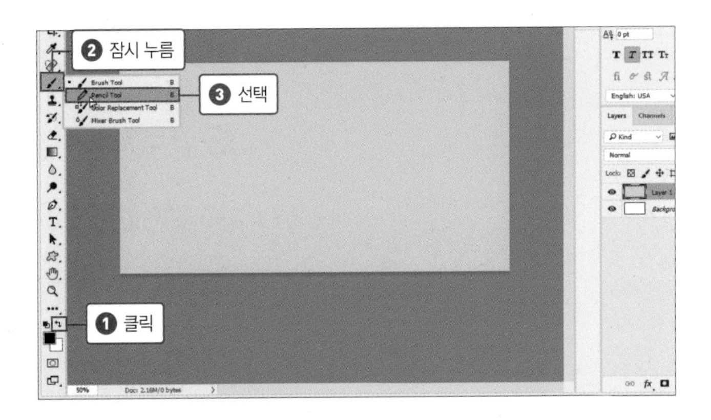

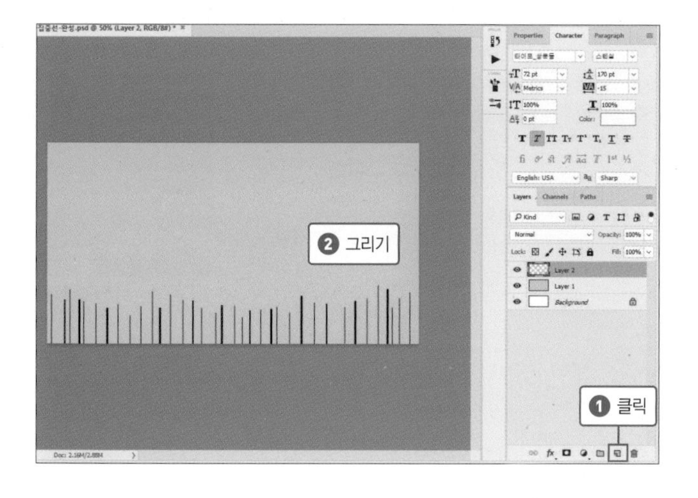


**2** Layers 패널에서 'Create a new layer' 아이콘(◻)을 클릭하여 새 레이어를 만듭니다. 브러시 크기를 각각 2/7px로 다르게 설정한 다음 그림과 같이 여러 개의 세로 선을 그립니다.

TIP 직선을 그릴 때는 아래쪽을 시작점으로 클릭하고 Shift를 누른 채 위쪽으로 드래그하여 그립니다.

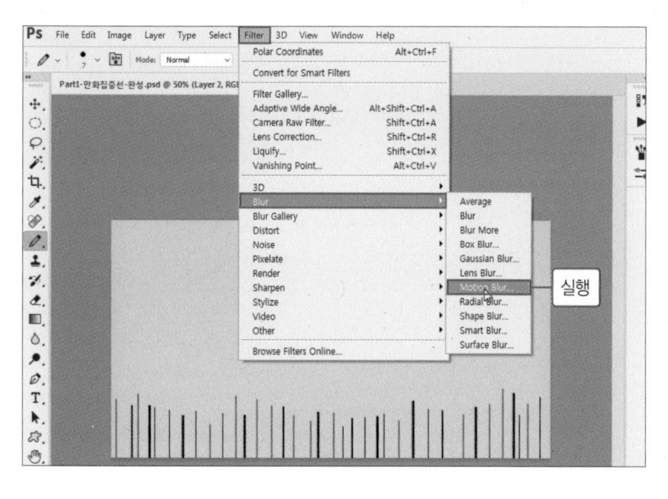


**3** 선에 블러 효과를 추가하기 위해 메뉴에서 [Filter] → [Blur] → [Motion Blur]를 실행합니다.

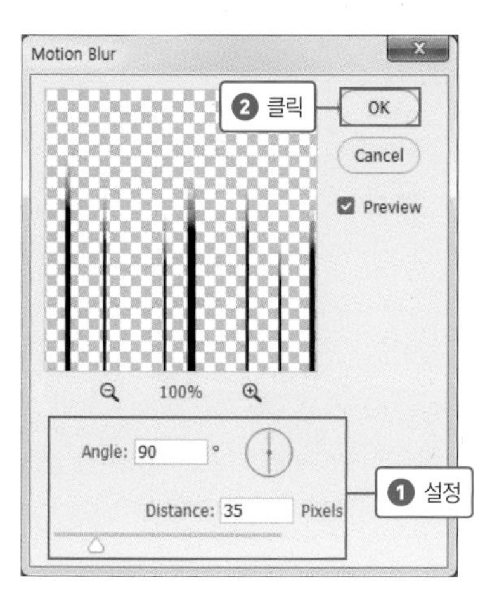


**4** Motion Blur 대화상자에서 Angle: 90°, Distance: 35Pixels로 설정한 다음 〈OK〉 버튼을 클릭합니다.

**5** 집중선 표현을 위해 메뉴에서 [Filter] → [Distort] → [Polar Coordinates]를 실행합니다.

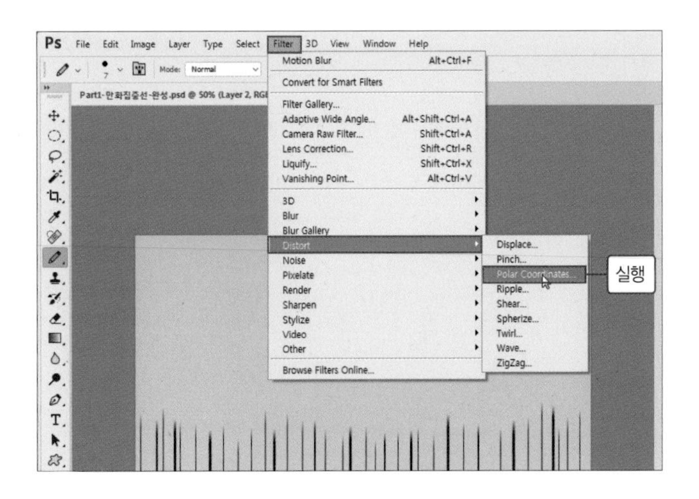


**6** Polar Coordinates 대화상자가 나타나면 방사형으로 변경된 집중선을 확인한 다음 〈OK〉 버튼을 클릭합니다.

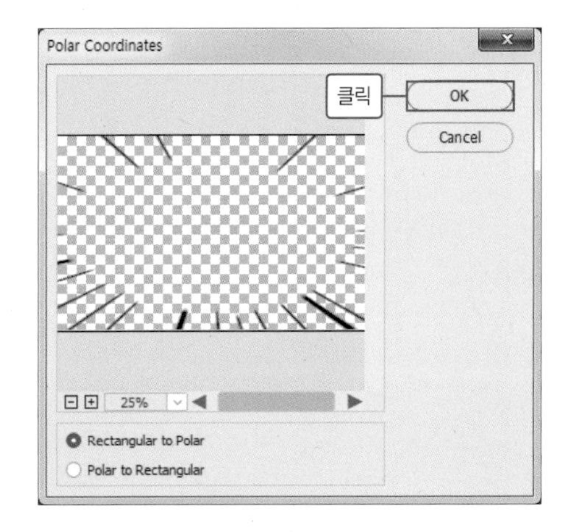


**7** 자연스러운 배경을 만들기 위해 Layers 패널에서 Opacity: 30%로 설정합니다.

## 03 메인타이틀 입력하기

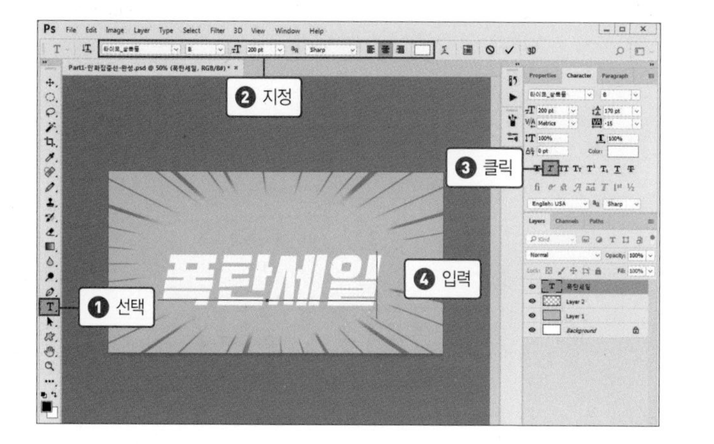


1 문자 도구를 선택하고 옵션 바에서 폰트: 타이포_쌍문동 B, 글자 크기: 200pt, 색상: 흰색으로 지정합니다. Character 패널의 'Faux Italic' 아이콘(T)을 클릭하고 문자를 입력하여 기울입니다.

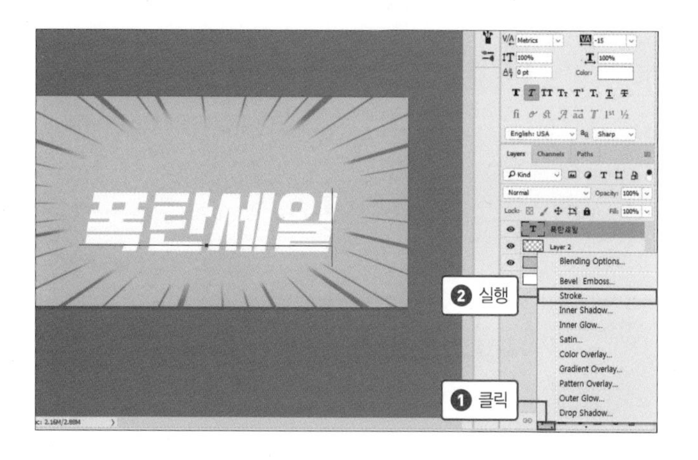


2 글자에 테두리를 적용하기 위해 Layers 패널의 'Add a layer style' 아이콘(fx)을 클릭하고 [Stroke]를 실행합니다.

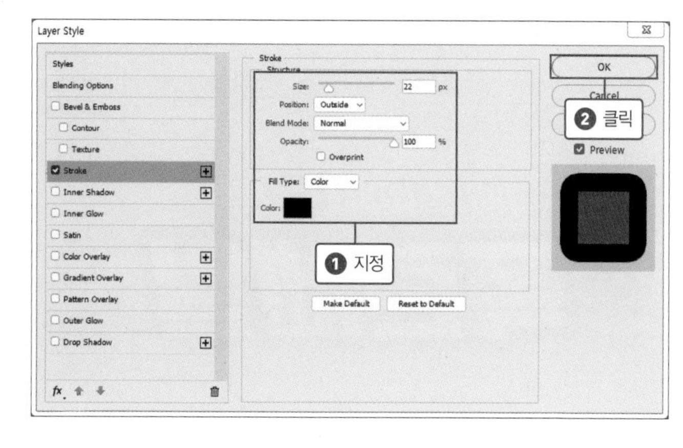


3 Layer Style 대화상자에서 Size: 22px, Color: #000000으로 지정한 다음 <OK> 버튼을 클릭합니다.

## 04 서브타이틀 입력하기

**1** 사각형 도구를 선택하고 옵션바에서 Shape, Fill: #ed1b24, Stroke: None으로 지정합니다. 메인타이틀 위에 드래그하여 빨간색 바를 만듭니다.

**2** 문자 도구를 선택하고 옵션바에서 폰트: 타이포_쌍문동 스텐실, 글자 크기: 72pt, 색상: 흰색으로 지정합니다. Character 패널의 'Faux Italic' 아이콘(*T*)을 클릭하고 빨간색 바에 클릭하여 문자를 입력해서 문자를 기울입니다.

**3** 기울어진 글자에 맞춰 바 모양도 변형합니다. Ctrl+T를 눌러 바운딩 박스가 활성화되면 Ctrl+Shift를 누른 채 위쪽 가운데 조절점을 오른쪽으로 살짝 드래그합니다. 수평 방향으로 조정을 마치면 Enter를 눌러 작업을 마칩니다.

## 05 역동적인 메인타이틀 만들기

**1** 메인타이틀 위에 새 레이어를 만듭니다. 사각형 선택 도구로 메인타이틀 위에 드래그하여 세로로 긴 선택 영역을 만듭니다.

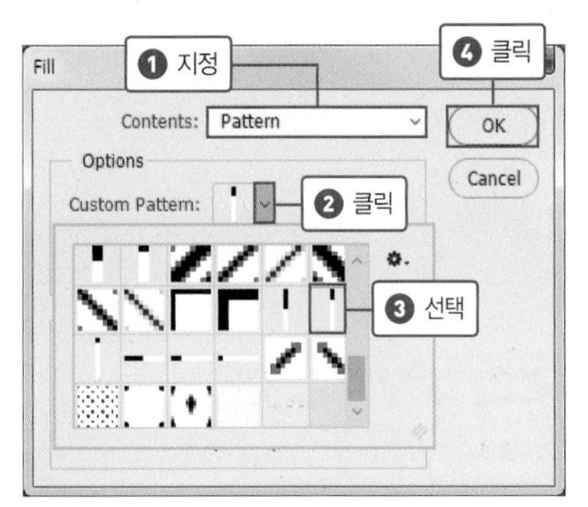


**2** 메뉴에서 [Edit] → [Fill]을 실행합니다. Fill 대화상자에서 Contents: Pattern, Custom Pattern: Horizontal Line Wide 2로 지정한 다음 〈OK〉 버튼을 클릭합니다.

**알아두기**

'Horizontal Line Wide 2' 패턴이 보이지 않으면 Custom Pattern의 설정 아이콘을 클릭한 다음 [Web Pattern]을 실행합니다.

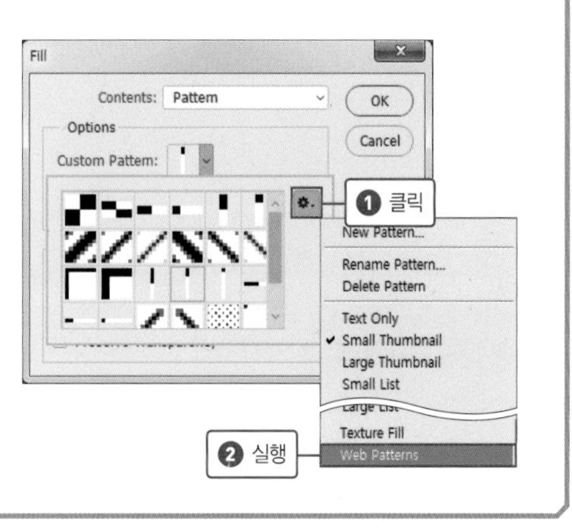

**3** Ctrl+T를 눌러 바운딩 박스가 활성화되면 Ctrl+Shift를 누른 채 위쪽 가운데 조절점을 오른쪽으로 살짝 드래그합니다. 기울어진 글자에 맞춰 수평 방향으로 조정을 마치면 Enter를 누릅니다.

**4** 사각형 선택 도구로 패턴을 드래그하여 선택한 다음 Ctrl+Alt를 누른 채 오른쪽으로 드래그합니다. 메인타이틀 문자의 오른쪽 부분마다 패턴이 걸치도록 복제합니다.

**알아두기**

❶ **선택 영역이 활성화되지 않은 상태에서 Alt를 눌러 복제할 경우**: 레이어가 자동으로 만들어지면서 복제됩니다.

❷ **선택 영역이 활성화된 상태에서 Alt를 눌러 복제할 경우**: 하나의 레이어 안에 오브젝트만 복제됩니다.

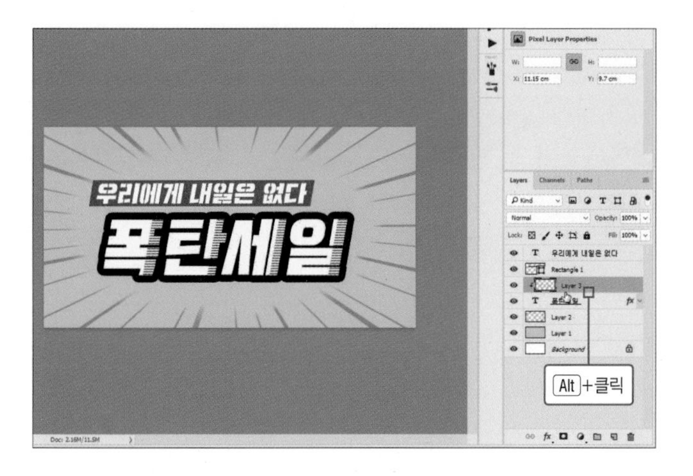


5 Layers 패널에서 패턴 레이어와 메인타이틀 문자 레이어 사이 경계 부분에 마우스 포인터를 위치하고 Alt를 누른 채 클릭하여 그림자 스타일로 조정합니다.

TIP 또는 위쪽 이미지 레이어에서 마우스 오른쪽 버튼을 클릭하고 [Create Clipping Mask]를 실행합니다.

6 Shift를 누른 채 메인타이틀과 서브타이틀 관련 레이어를 모두 선택하고 각도 조절을 위해 Ctrl+T를 누릅니다. 조절점을 드래그하여 회전한 다음 Enter를 누릅니다.

7 사용자 셰이프 도구를 선택하고 옵션바에서 Shape, Fill: 흰색, Stroke: None, Shape: Boom 1로 지정합니다. 문자 오른쪽에 드래그하여 메인타이틀을 꾸미고 마무리합니다.

# SNS PhotoShop

# PART 03

# 필요할 때 쏙! 뽑아 쓰는 그래픽 소스 디자인

돋보이는 배경 디자인 이후에는 상품 이미지에서 불필요한 부분을 제거해 추출하거나 돋보이게 하는 그래픽 소스 작업이 이루어집니다. 이미지를 단순화하거나 팝아트, 붓터치 등을 활용하여 개성 있는 그래픽/일러스트 소스를 만들어 다채로운 SNS 디자인에 활용합니다.

# 01 > 이미지만 쏙! 누끼 작업으로 체험단 이벤트 만들기

마케팅 디자인의 기본은 홍보할 제품을 촬영하고, 이를 디자인에 적용하기 위해 배경을 제거한 다음 필요한 이미지만 추출(누끼)하는 과정입니다. 누끼 작업 방법은 여러 가지가 있으나, 여기서는 빠른 선택 도구를 이용하여 간편하게 상품 이미지를 추출하여 감각적으로 디자인하는 방법을 알아봅니다.

**완성 이미지**

예제 파일 03\물방울.jpg, 화장품.jpg 완성 파일 03\제품누끼배너–완성.psd

## 01 새 도큐먼트 만들고 배경 이미지 불러오기

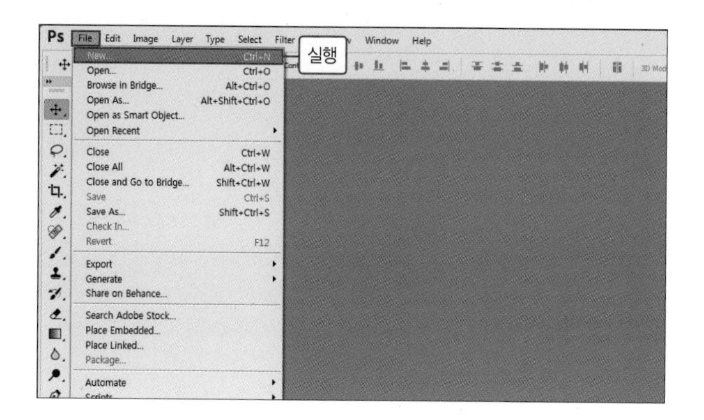


**1** 새 도큐먼트를 만들기 위해 메뉴에서 [File] → [New]를 실행합니다.

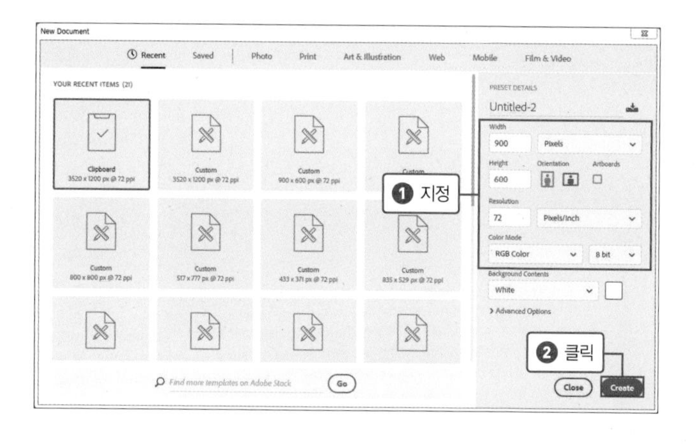


**2** New Document 대화상자에서 Width : 900Pixels, Height : 600Pixels, Resolution : 72Pixels/Inch, Color Mode : RGB Color로 지정한 다음 〈Create〉 버튼을 클릭합니다.

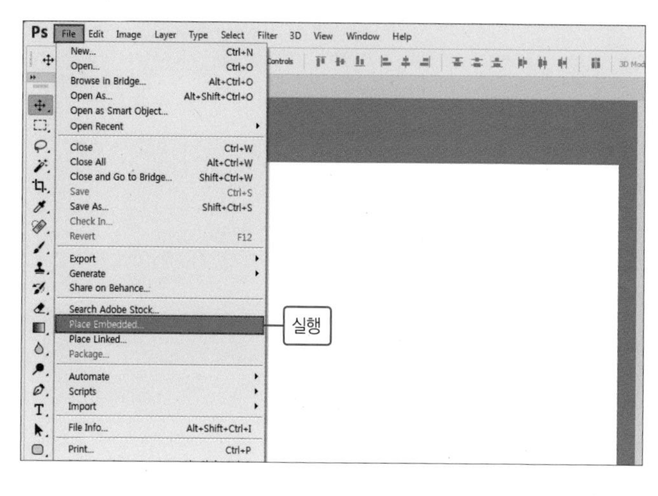


**3** 배경 이미지를 불러오기 위해 메뉴에서 [File] → [Place Embedded]를 실행합니다.

**4** Place Embedded 대화상자가 나타나면 03 폴더의 '물방울.jpg' 이미지를 선택하고 〈Place〉 버튼을 클릭합니다. 배경 이미지가 도큐먼트에 나타나면 그림과 같이 배치하고 Enter를 누릅니다.

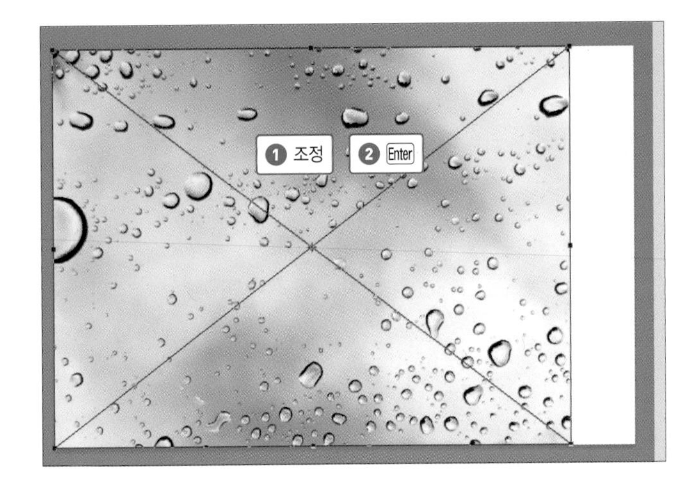


## 02 도형과 블렌딩 모드를 이용해 배경 장식하기

**1** 사각형 도구를 선택하고 옵션바에서 Shape, Fill: #21377c, Stroke: None으로 지정합니다. 도큐먼트 오른쪽에 드래그하여 파란색 배경을 만듭니다.

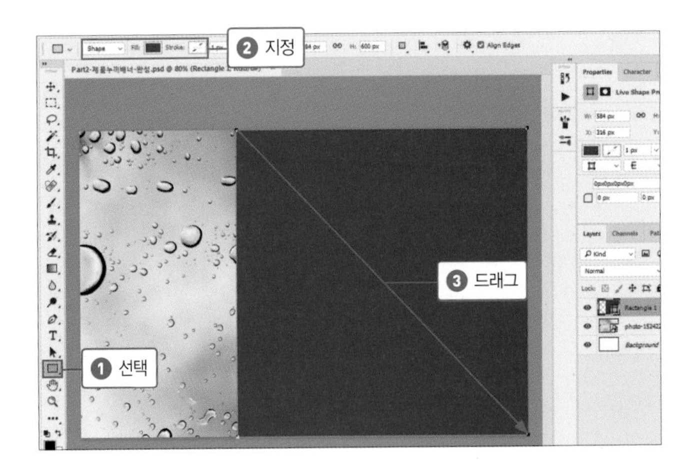


**2** 직접 선택 도구를 선택하고 사각형 왼쪽 위 조절점을 선택한 다음 오른쪽으로 이동해 그림과 같이 변형합니다.

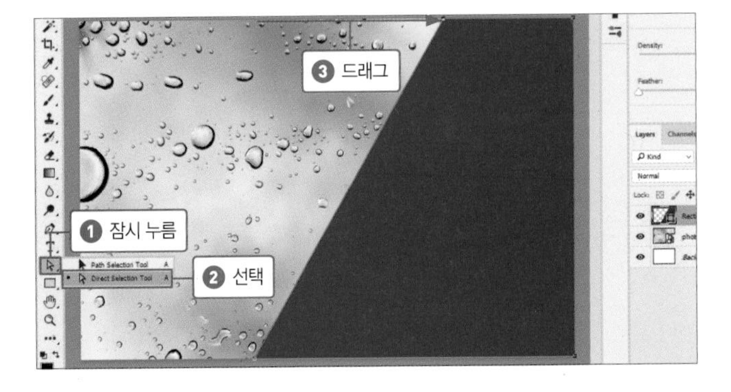

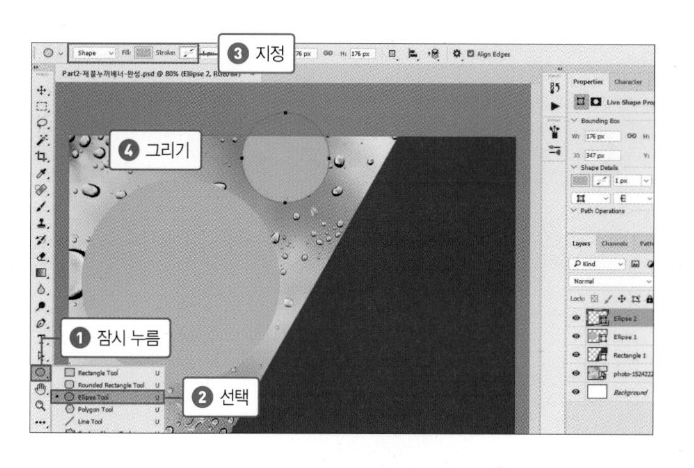


**3** 원형 도구를 선택하고 옵션바에서 Fill: #abc7f7, Stroke: None으로 지정합니다. 물방울 배경 이미지 위에 Shift를 누른 채 드래그하여 크기가 다른 두 개의 원을 만듭니다.

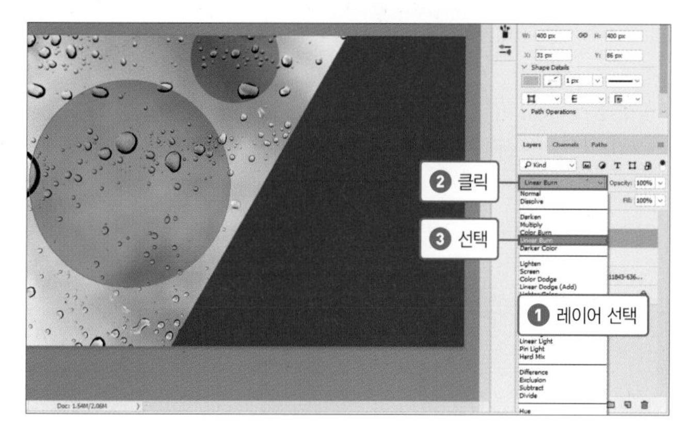


**4** Layers 패널에서 Shift를 누른 채 원형 레이어를 선택하고, 블렌딩 모드에서 [Linear Burn]을 선택합니다.

## 03 제품 사진 누끼 따기

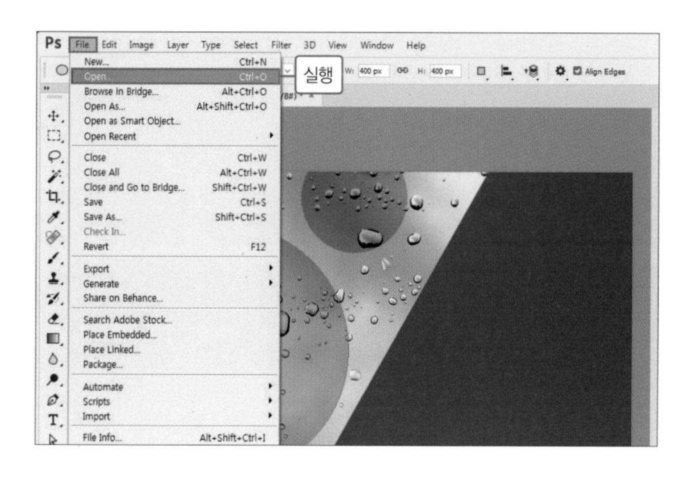


**1** 제품 사진을 불러오기 위해 메뉴에서 [File] → [Open]을 실행합니다.

## 2

03 폴더에서 '화장품.jpg' 파일을 불러옵니다. 광고에 적합하지 않은 배경은 지우고 제품 사진만 사용하기 위해 누끼 작업(배경 삭제)을 진행합니다. 편리한 작업을 위해 먼저 도구 패널에서 빠른 선택 도구를 선택합니다.

## 3

제품을 각각 드래그해 선택 영역을 만듭니다.

TIP 빠른 선택 도구는 드래그하는 형태에 따라 물체를 인식하여 빠르게 선택할 수 있습니다.

## 4

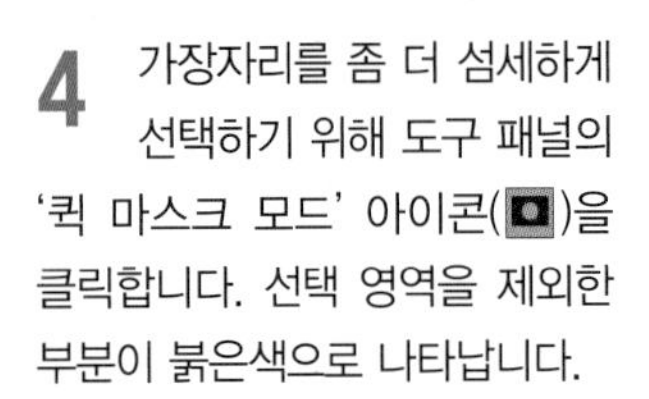

가장자리를 좀 더 섬세하게 선택하기 위해 도구 패널의 '퀵 마스크 모드' 아이콘(◘)을 클릭합니다. 선택 영역을 제외한 부분이 붉은색으로 나타납니다.

**5** 화면을 확대한 다음 브러시 도구와 지우개 도구를 이용하여 선택 영역 가장자리 부분을 좀 더 섬세하게 정리합니다.

**6** 선택 영역을 모두 정리하면 다시 '퀵 마스크 모드' 아이콘(■)을 클릭합니다. 선택 영역이 활성화된 상태에서 Ctrl+C를 눌러 제품 사진을 복사합니다.

**7** 작업 도큐먼트를 선택한 다음 Ctrl+V를 눌러 복사한 이미지를 붙여 넣습니다.

## 04 제품 사진 구도 잡고 보정하기

**1** Ctrl+T를 눌러 바운딩 박스가 활성화되면 조절점을 드래그하여 회전해서 제품 사진의 구도를 조정한 다음 Enter를 눌러 작업을 마칩니다.

**2** 역동적인 구도 연출을 위해 제품 사진 배열에도 변화를 줍니다. 다각형 올가미 도구를 이용하여 이동하려는 제품 이미지를 선택하고, 선택 영역이 활성화되면 Ctrl을 누른 채 드래그하여 원하는 위치로 이동합니다.

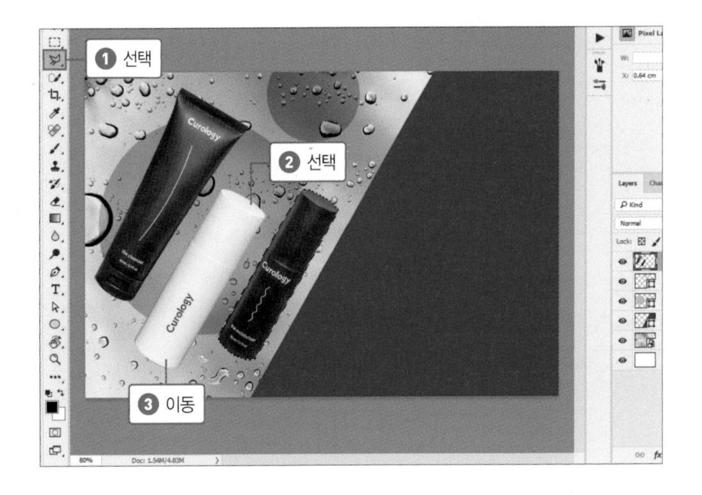


**3** 사진 보정을 위해 메뉴에서 [Image] → [Adjustments] → [Levels]를 실행합니다. Levels 대화상자가 나타나면 섀도 톤: 28, 하이라이트 톤: 245 정도로 설정한 다음 〈OK〉 버튼을 클릭합니다.

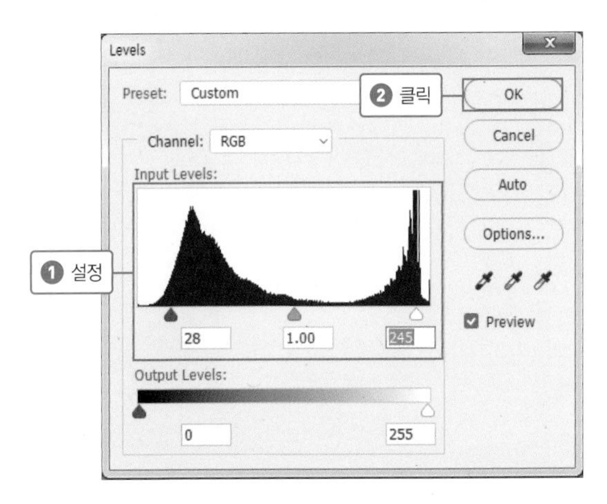

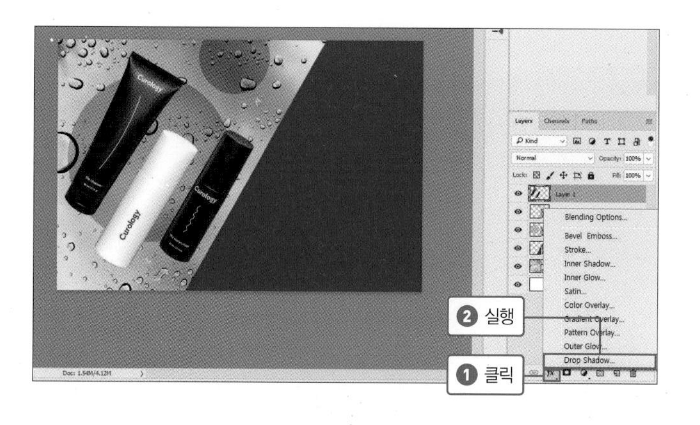


**4** 원본 이미지보다 좀 더 선명하게 보정되면 그림자 효과를 주기 위해 Layers 패널의 'Add a layer style(레이어 스타일 추가)' 아이콘(fx)을 클릭한 다음 [Drop Shadow]를 실행합니다.

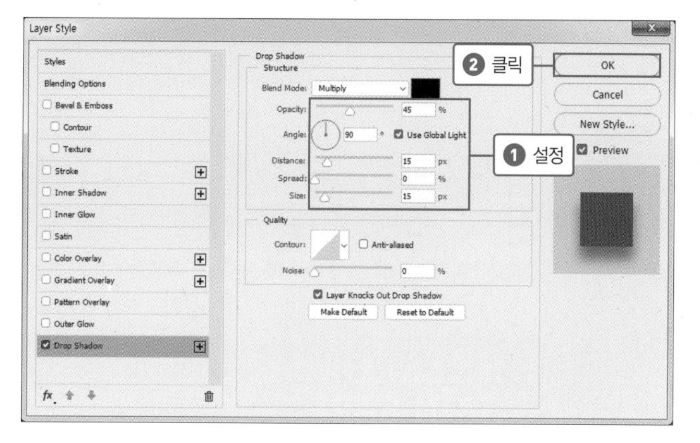


**5** Layer Style 대화상자가 나타나면 Opacity: 45%, Distance/Size: 15px로 설정한 다음 〈OK〉 버튼을 클릭합니다.

## 05 홍보 문구 입력하기

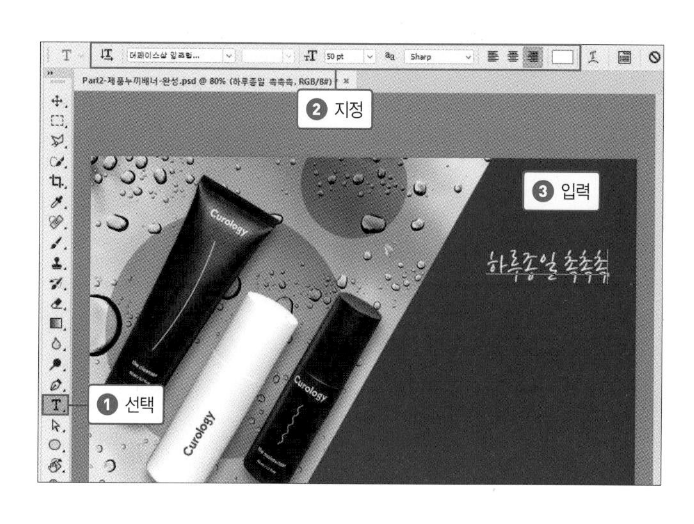


**1** 문자 도구를 선택하고 옵션 바에서 폰트: 더페이스샵 잉크립퀴드체, 글자 크기: 50pt, 정렬: 오른쪽 정렬, 색상: 흰색으로 지정한 다음 그림과 같이 서브타이틀 문구를 입력합니다.

**2** Character 패널에서 폰트: MetaPlusNomal/Bold, 글자 크기: 77/67pt, 행간: 66pt로 설정하고 그림과 같이 메인타이틀 문구를 입력합니다.

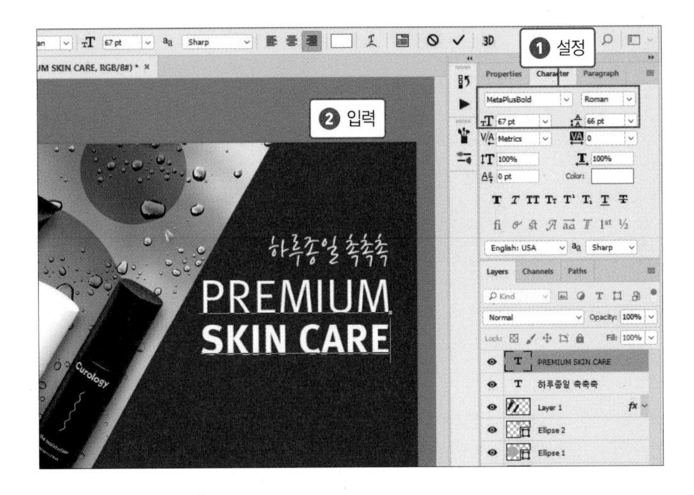


**3** 다시 Character 패널에서 폰트: 코어고딕D 6 Bold, 글자 크기: 33pt, 자간: −25pt, 색상: #ffd8a5로 지정한 다음 문구를 입력합니다.

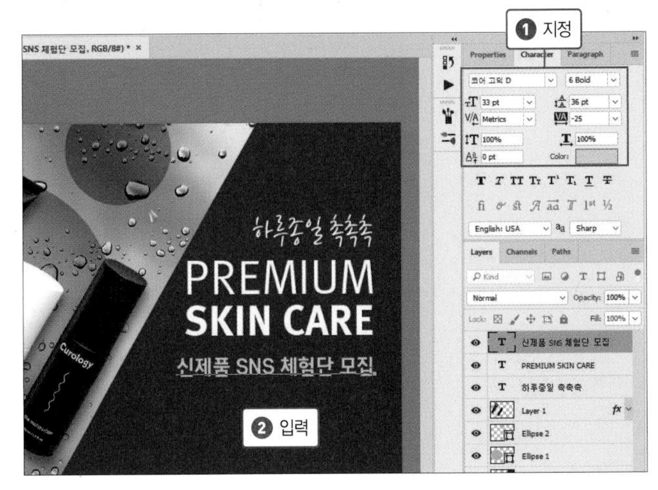


**4** 마지막으로 옵션바에서 글자 크기: 25pt, 정렬: 가운데 정렬, 색상: 흰색으로 지정합니다. 문자를 입력하고, Character 패널의 'Underline' 아이콘(T)을 클릭해 밑줄이 있는 버튼을 만들어 마무리합니다.

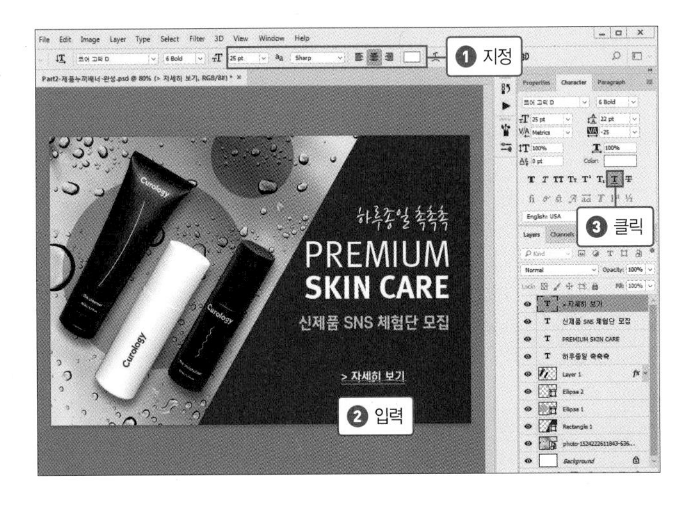

# 02 > 사진을 판화처럼 만들어 카드뉴스 디자인하기

포토샵에는 이미지를 단순화하여 판화나 만화처럼 만드는 보정 기능이 있습니다. 또 간단한 포토샵 기능을 이용하여 효과적으로 색상을 조절하거나 배색할 수도 있습니다. 이번에는 개성 있는 그래픽 소스를 쉽고 간편하게 만들어 카드뉴스를 완성해 봅니다.

완성 이미지

**예제 파일** 03\링컨.jpg **완성 파일** 03\인물명언카드뉴스-완성.psd

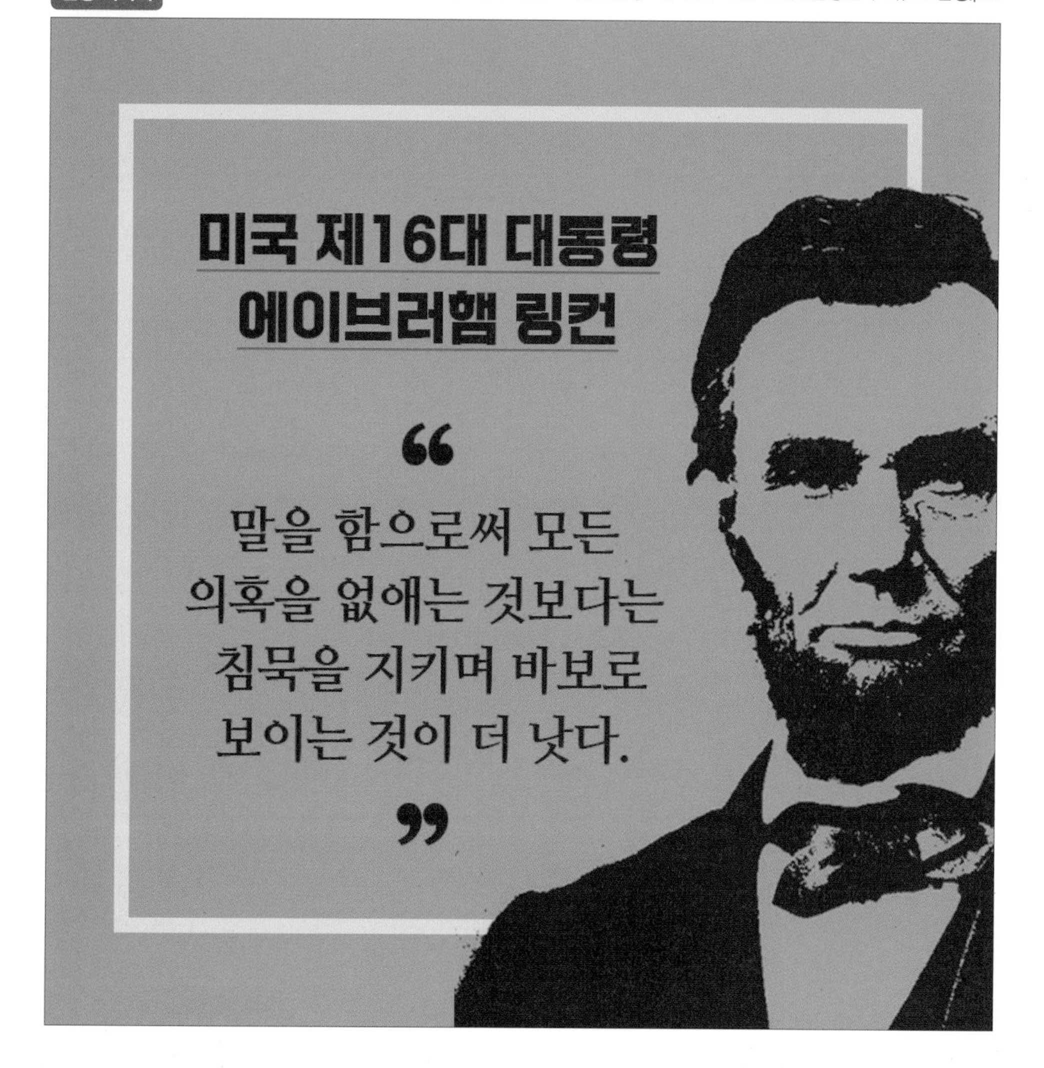

# 01 새 도큐먼트 만들고 사진을 판화 이미지처럼 만들기

**1** 메뉴에서 [File] → [New]를 실행합니다. New Document 대화상자가 나타나면 Width/Height : 800Pixels, Resolution : 72Pixels/Inch, Color Mode : RGB Color로 지정한 다음 <Create> 버튼을 클릭합니다.

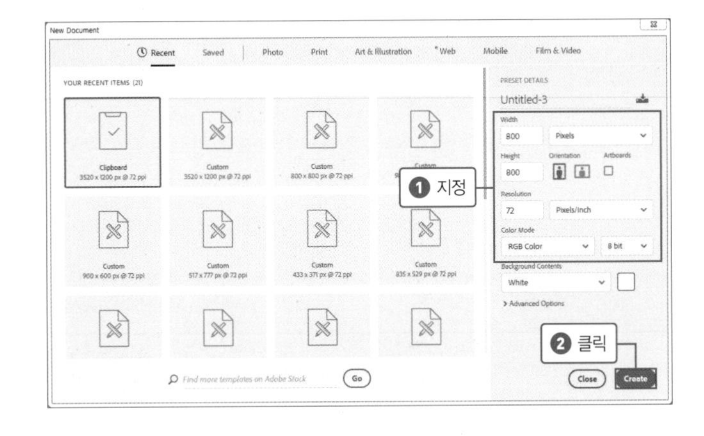


**2** 판화 효과를 적용할 이미지를 불러오기 위해 메뉴에서 [File] → [Open]을 실행합니다.

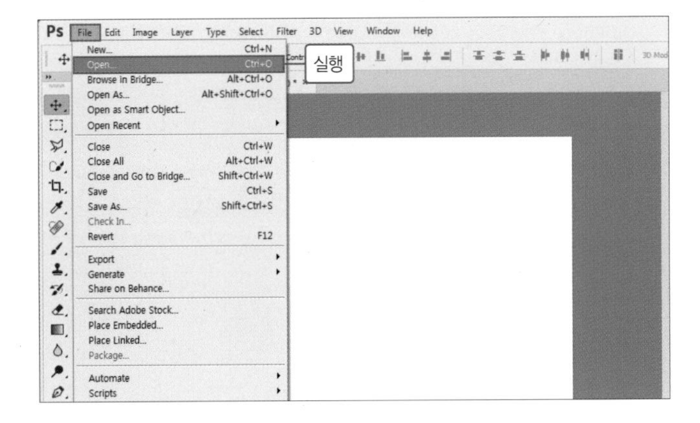


**3** 03 폴더에서 '링컨.jpg' 이미지를 불러옵니다. 이미지에 판화 효과를 적용하기 위해 메뉴에서 [Image] → [Adjustments] → [Threshold]를 실행합니다.

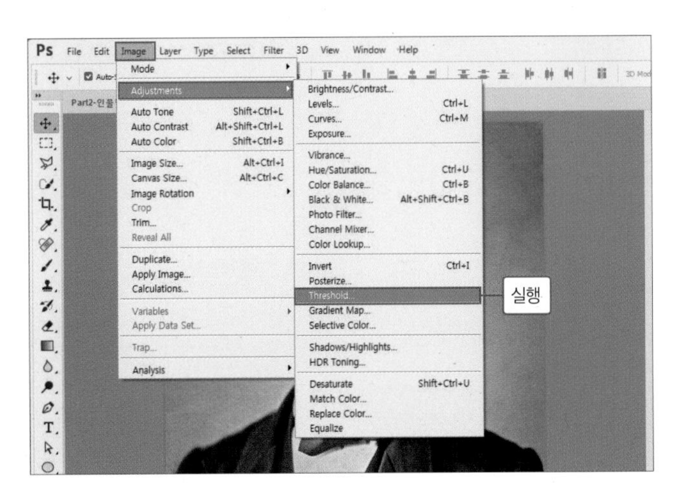

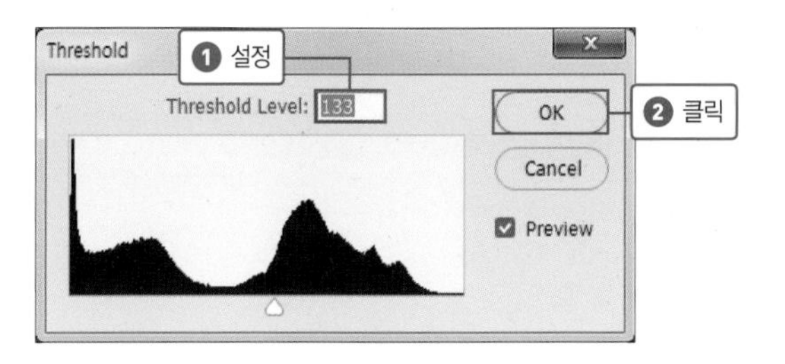


**4** Threshold 대화상자가 나타나면 Threshold Level: 133으로 설정한 다음 〈OK〉 버튼을 클릭합니다.

TIP Threshold Level(한곗값 레벨)은 아래쪽 슬라이더를 왼쪽으로 이동하면 흰색 영역이 늘어나고, 오른쪽으로 이동하면 검은색 영역이 늘어납니다.

**5** 이미지가 판화 느낌 그래픽으로 전환되었습니다. 지우개 도구를 선택한 다음 모서리 주변 얼룩을 드래그하여 깨끗하게 지웁니다.

## 02 그레이디언트 맵으로 이미지에 색상 적용하기

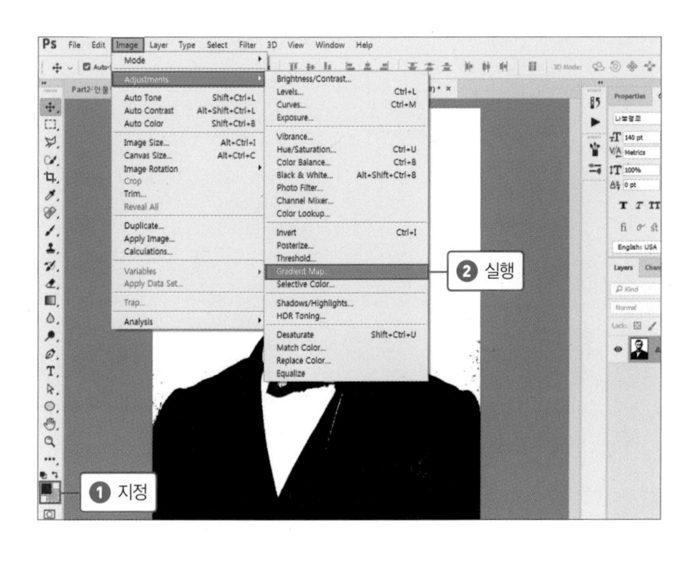


**1** 이미지에 색을 입히기 위해 먼저 전경색: #4e310c, 배경색: #d7bc88로 지정합니다. 메뉴에서 [Image] → [Adjustments] → [Gradient Map]을 실행합니다.

TIP 그레이디언트 맵은 이미지의 밝고 어두운 부분에 맞게 그러데이션을 적용하는 기능입니다.

**2** 전경색은 어두운 영역, 배경색은 밝은 영역에 적용됩니다. 빈티지 느낌의 판화 이미지를 확인하고 Gradient Map 대화상자에서 〈OK〉 버튼을 클릭합니다.

TIP Gradient Map 대화상자에는 전경색과 배경색을 적용한 그러데이션 바가 나타납니다. 그러데이션 바를 클릭하면 Gradient Editor 대화상자가 표시되며 원하는 그러데이션 색상을 지정하여 자유롭게 편집할 수 있습니다.

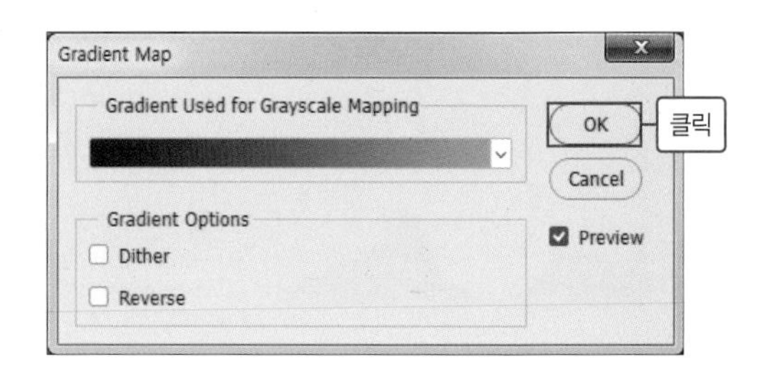


**3** Ctrl+A를 눌러 이미지를 전체 선택하고, Ctrl+C를 눌러 복사합니다.

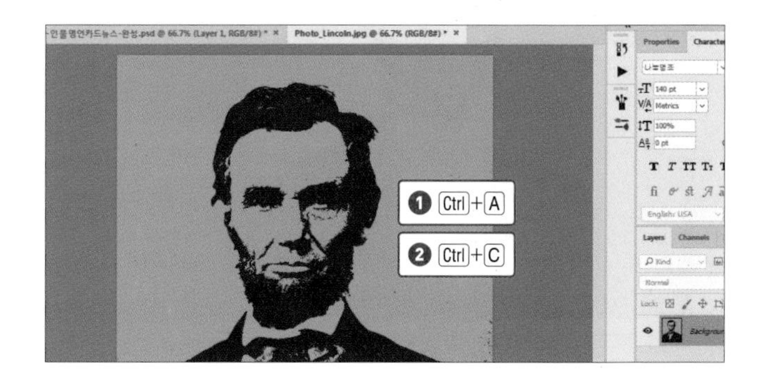


## 03 이미지 구도 지정하기

**1** 작업 도큐먼트를 선택하고 Ctrl+V를 눌러 복사한 이미지를 붙여 넣습니다. 이동 도구를 이용해서 이미지를 오른쪽 아래로 드래그하여 이동합니다.

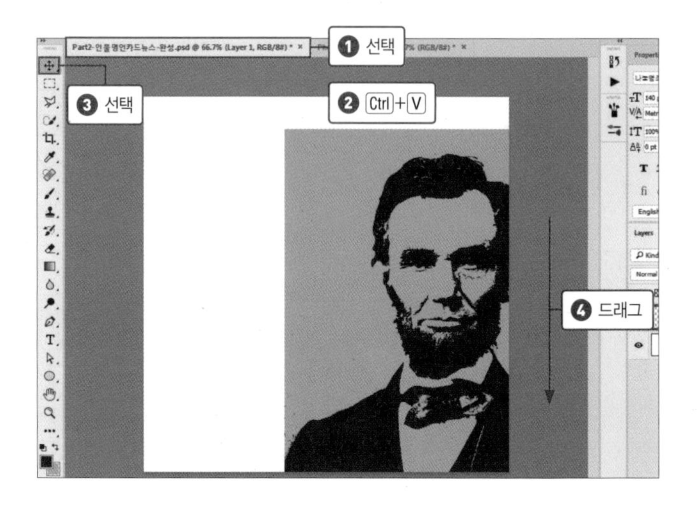

**2** 레이어가 선택된 상태에서 Ctrl을 누른 채 Layers 패널의 'Create a new layer' 아이콘(◪)을 클릭합니다. 선택된 레이어 아래에 새 레이어가 만들어지면 Ctrl+Delete를 눌러 배경색을 채웁니다.

TIP Ctrl을 누른 채 'Create a new layer' 아이콘을 클릭하면 선택된 레이어 아래에 새 레이어가 만들어집니다.

## 04 사각형 테두리 그리기

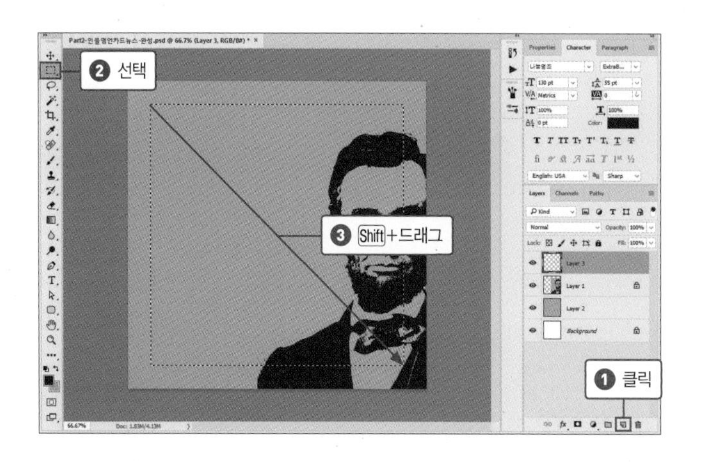


**1** Layers 패널에서 'Create a new layer' 아이콘(◪)을 클릭하여 인물 사진 위에 새 레이어를 만듭니다. 사각형 선택 도구를 선택하고 Shift를 누른 채 드래그하여 도큐먼트 가운데에 정사각형 선택 영역을 만듭니다.

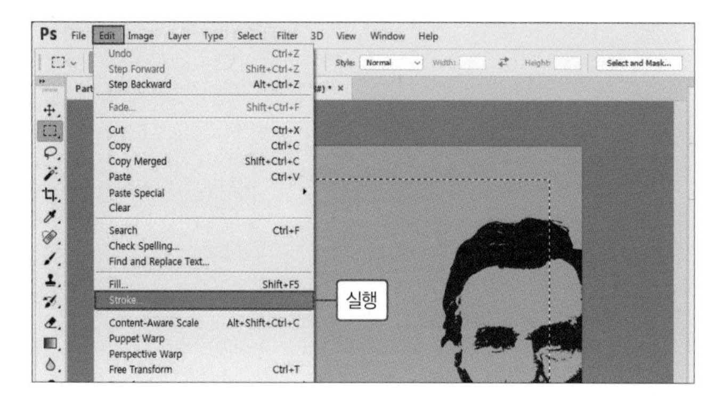


**2** 선택 영역을 기준으로 테두리를 추가하기 위해 메뉴에서 [Edit] → [Stroke]를 실행합니다.

**3** Stroke 대화상자가 나타나면 Width: 12px, Color: #e3c997로 지정한 다음 〈OK〉 버튼을 클릭합니다.

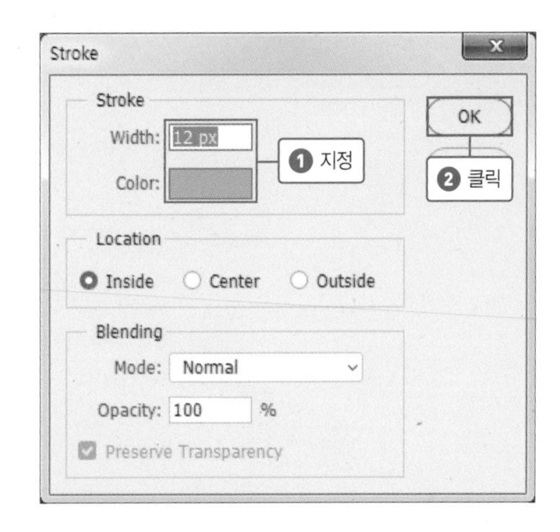


**4** 선 레이어가 선택된 상태로 Layers 패널의 블렌딩 모드에서 [Screen]을 선택합니다.

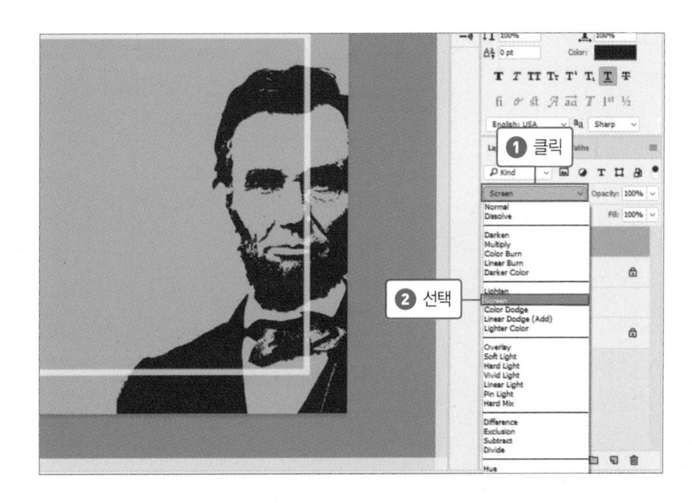


**5** 올가미 도구를 이용하여 인물과 겹치는 선을 드래그해서 선택한 다음 Delete를 눌러 삭제합니다.

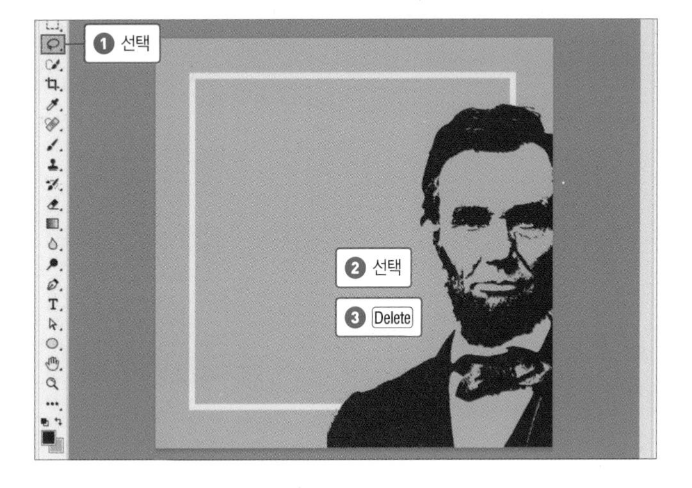

## 05 카드뉴스 문구 입력하기

**1** 문자 도구를 선택한 다음 Character 패널에서 폰트: DX국민시대, 글자 크기: 43pt, 행간: 62pt, 색상: #4e310c로 지정합니다. 옵션바에서 정렬: 가운데 정렬로 지정하고 메인타이틀 문구를 입력합니다. Character 패널의 'Underline' 아이콘(T)을 클릭하여 밑줄을 추가합니다.

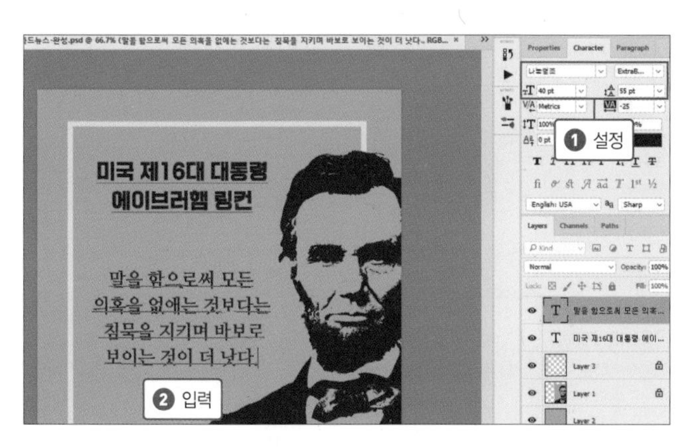


**2** Character 패널에서 폰트: 나눔명조 ExtraBold, 글자 크기: 40pt, 행간: 55pt로 설정한 다음 그림과 같이 본문 내용을 입력합니다.

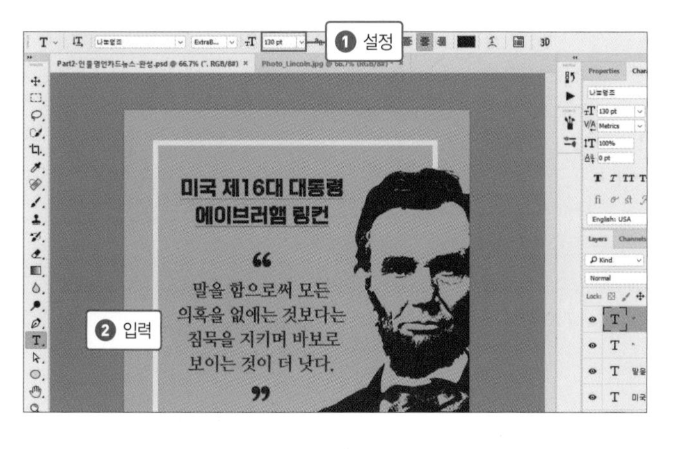


**3** 옵션바에서 글자 크기: 130pt로 설정한 다음 큰따옴표를 입력하고 그림과 같이 본문 위, 아래에 배치하여 마무리합니다.

# 03 > 봄바람 휘날리며~ 봄날 세일 이벤트 디자인하기

드로잉에 자신이 없다면 포토샵에서 제공하는 셰이프(Shape) 도안을 활용해 보세요. 사용자 셰이프 도구를 이용하면 간단하게 감각적이고 완성도 높은 디자인 결과물을 만들 수 있습니다. 드래그만으로 콘텐츠 내용을 쉽고 간편하게 표현하는 것이 가능합니다.

완성 이미지

완성 파일 03\일러스트이벤트광고-완성.psd

## 01 새 도큐먼트에 배경 디자인하기

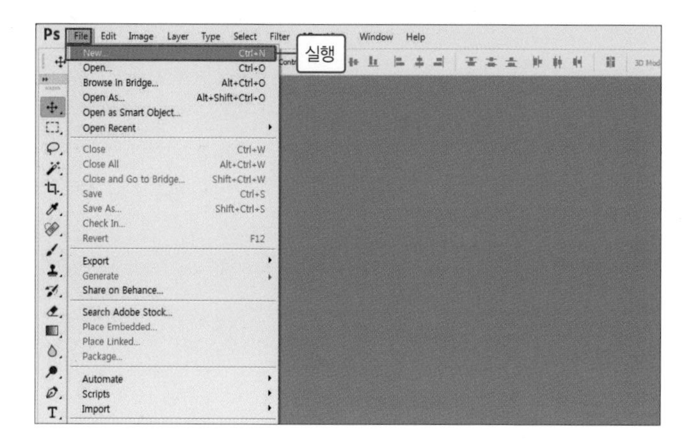


1 새 도큐먼트를 만들기 위해 메뉴에서 [File] → [New]를 실행합니다.

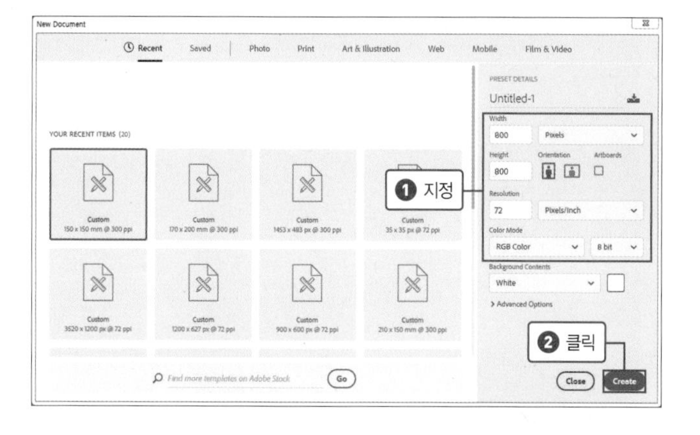


2 New Document 대화상자에서 Width/Height : 800Pixels, Resolution : 72Pixels/Inch, Color Mode : RGB Color로 지정한 다음 〈Create〉 버튼을 클릭합니다.

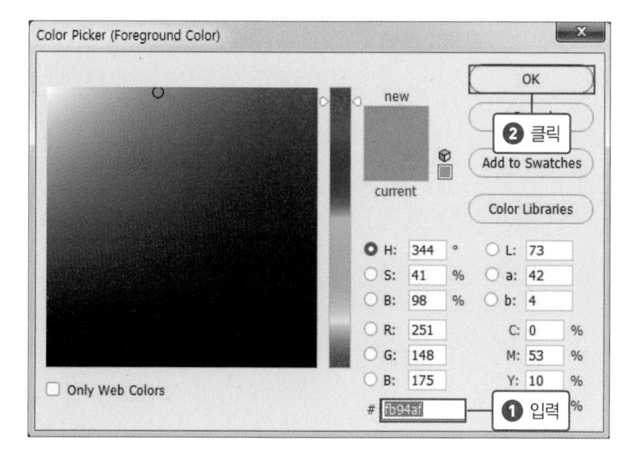


3 도구 패널에서 전경색을 클릭합니다. Color Picker 대화상자가 나타나면 #: fb94af를 입력한 다음 〈OK〉 버튼을 클릭합니다.

**4** Layers 패널의 'Create a new layer' 아이콘( )을 클릭하여 새 레이어를 만듭니다. Alt+Delete를 눌러 색상을 채웁니다.

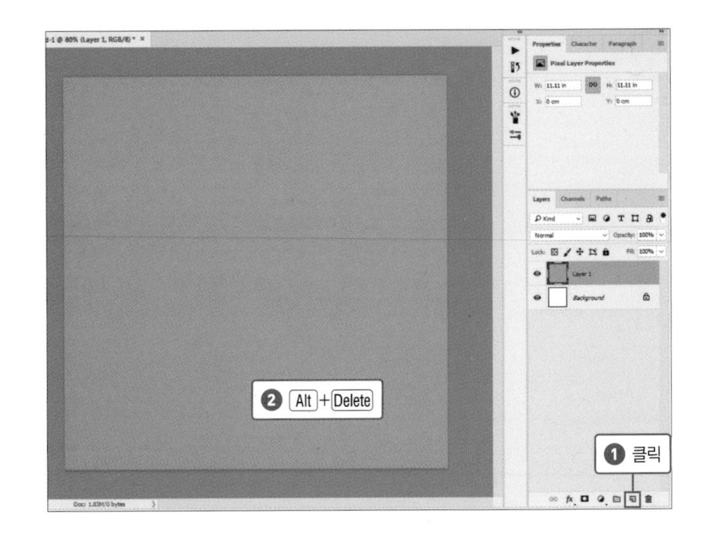


**5** 원형 도구를 선택하고 옵션바에서 Fill : #019563, Stroke : None으로 지정합니다. 도큐먼트 아래에 Alt+Shift를 누른 채 드래그하여 초록색 원을 그립니다.

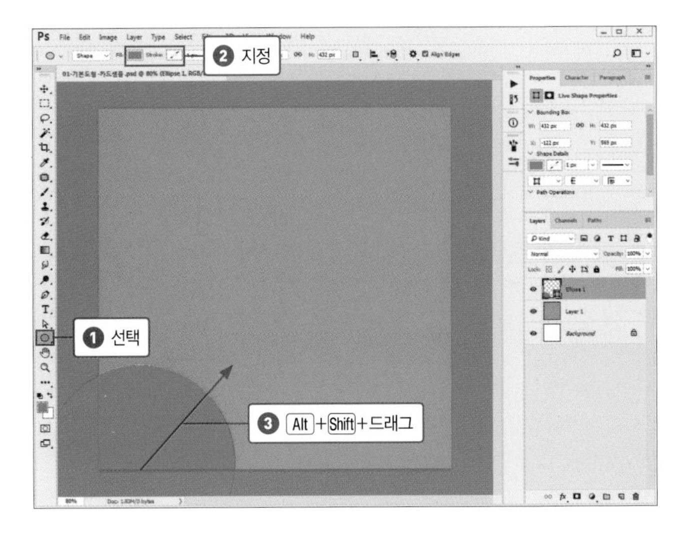


**6** 같은 방법으로 도큐먼트 아래에 초록색 원형을 추가합니다.

## 02 원형 테두리 만들기

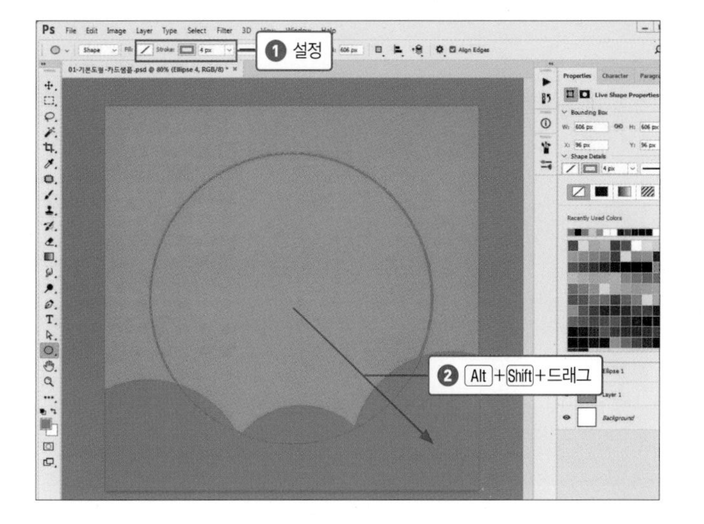


**1** 원형 도구가 선택된 상태로 옵션바에서 Fill: None, Stroke: #019563/4px로 설정합니다. 도큐먼트 가운데에 Alt+Shift를 누른 채 드래그하여 초록 테두리 원을 그립니다.

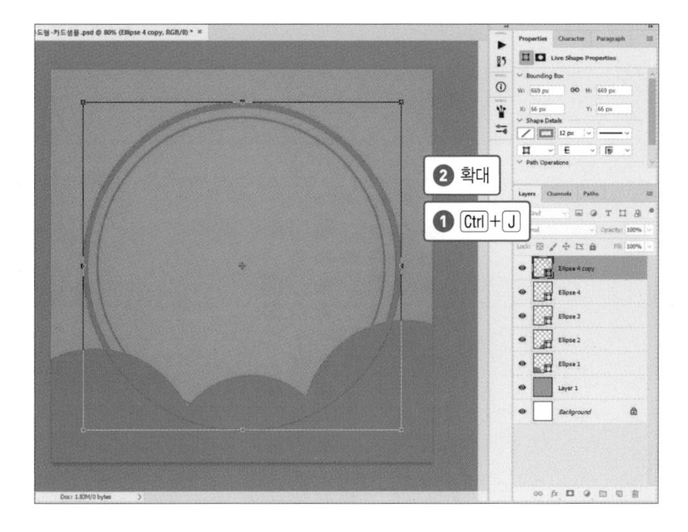


**2** Ctrl+J를 눌러 테두리 원을 복제합니다. 크기 조절을 위해 Ctrl+T를 누릅니다. Alt+Shift를 누른 채 모서리 조절점을 드래그하여 확대한 다음 Enter를 누릅니다. 테두리 두께도 '12px'로 설정합니다.

## 03 벚꽃 그리기

**1** 사용자 셰이프 도구를 선택하고 옵션바에서 Shape, Fill : #ffd9d9, Stroke : None, Shape : Blob 2로 지정합니다.

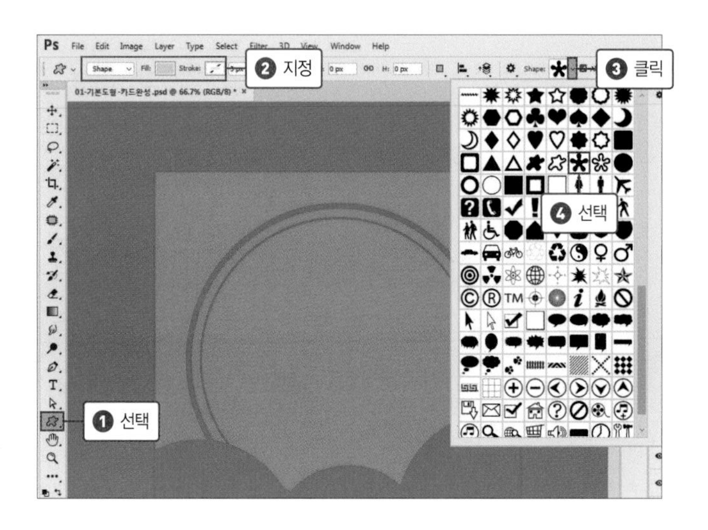


알아두기

사용자 셰이프 도구에서 설정 아이콘( )을 클릭한 다음 [All]을 실행하고 다양한 셰이프(Shape)를 확인하면 편리합니다.

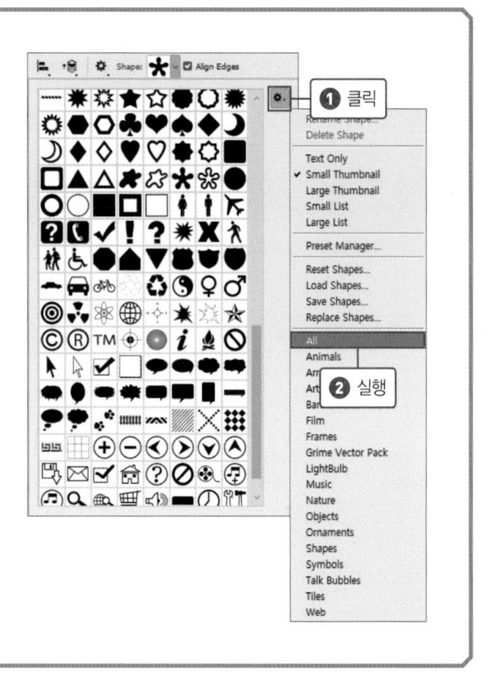

**2** 도큐먼트 위에 드래그하여 그림과 같이 벚꽃 모양 오브젝트를 만듭니다.

**3** 다양한 크기로 드래그하여 꽃잎이 날리는 듯한 모습을 표현합니다.

## 04 문자 입력하기

**1** 문자 도구를 선택합니다. Character 패널에서 폰트: 여기어때 잘난체, 글자 크기: 183pt, 행간: 187pt, 색상: 흰색으로 지정합니다. 옵션바에서 정렬: 가운데 정렬로 지정한 다음 그림과 같이 메인타이틀 문구를 입력합니다.

2 메인타이틀 문구에 그림자 효과를 주기 위해 Layers 패널에서 'Add a layer style(레이어 스타일 추가)' 아이콘(fx)을 클릭하고 [Drop Shadow]를 실행합니다.

3 Layer Style 대화상자가 나타나면 Opacity : 30%, Distance : 7px, Size : 5px로 설정한 다음 〈OK〉 버튼을 클릭합니다.

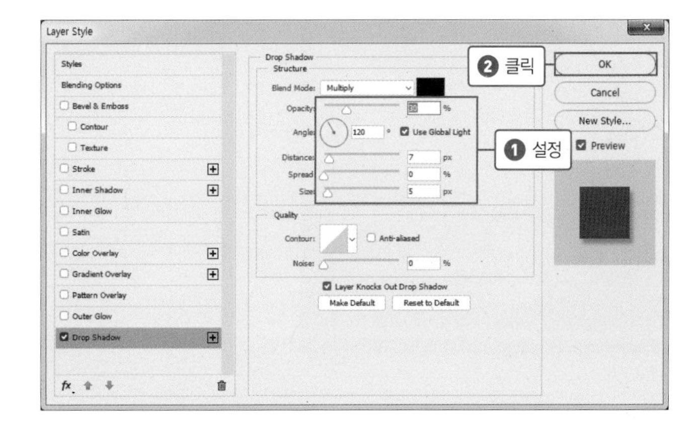


4 둥근 사각형 도구를 선택하고 옵션바에서 Shape, Fill : #ffd9d9, Stroke : None, Radius : 17px로 설정한 다음 메인타이틀 위에 드래그합니다.

**5** 문자 도구를 선택하고 옵션 바에서 폰트: Dinbol, 글자 크기: 47pt, 색상: #019563(초록)으로 지정하고 분홍색 바에 클릭하여 서브타이틀 문구를 입력합니다.

TIP 영문 전체를 대문자로 전환할 때는 Character 패널의 'All Caps' 아이콘을 클릭합니다.

**6** 마지막으로 Character 패널에서 폰트: DX로고B, 글자 크기: 35pt, 자간: –50pt, 색상: 흰색으로 지정합니다. 도큐먼트 아래에 클릭하고 이벤트 기간을 입력하여 마무리합니다.

# 04 > 나눌수록 행복한 크리스마스 선물 이벤트 만들기

일러스트는 이미지보다 주목성이 강하고, 소비자들의 호기심을 자극하는 특징이 있습니다. 차별화된 스타일을 연출하기 쉬워 특히 마케팅 디자인에서 자주 사용합니다. 포토샵 브러시를 이용하여 간단하게 일러스트 소스를 만들 수 있다면 디자인하는 데 많은 도움이 됩니다.

완성 이미지

완성 파일 03\일러스트이벤트광고-완성.psd

## 01 새 도큐먼트 만들기

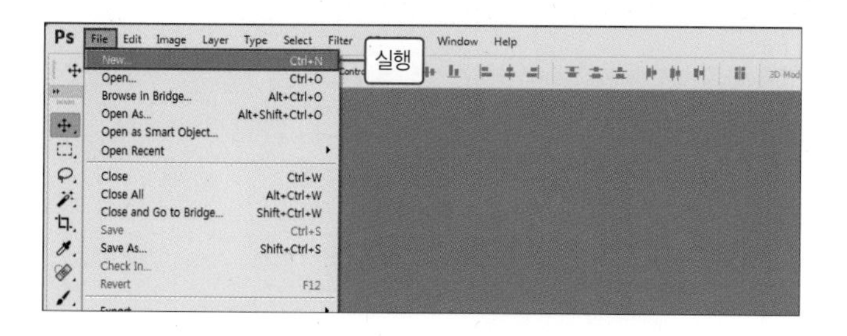


**1** 새 도큐먼트를 만들기 위해 메뉴에서 [File] → [New]를 실행합니다.

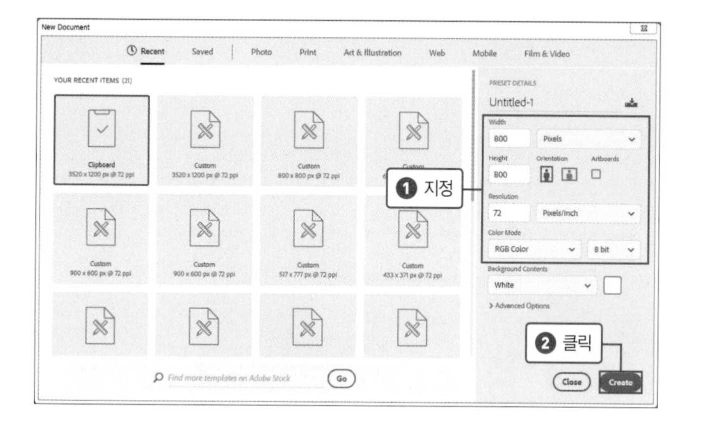


**2** New Document 대화상자가 나타나면 Width/Height: 800Pixels, Resolution: 72 Pixels/Inch, Color Mode: RGB Color로 지정한 다음 〈Create〉 버튼을 클릭합니다.

## 02 컬러 단 구성하기

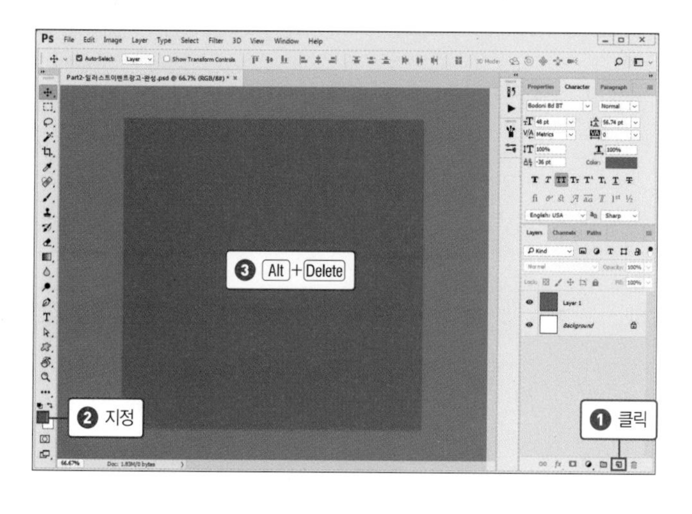


**1** Layers 패널에서 'Create a new layer' 아이콘(  )을 클릭하여 새 레이어를 만듭니다. 전경색: #008158로 지정한 다음 Alt + Delete를 눌러 색상을 채웁니다.

**2** 다시 새 레이어를 추가합니다. 사각형 선택 도구를 선택하고 도큐먼트 아래에 드래그하여 직사각형 선택 영역을 만듭니다. 전경색: #732524로 지정한 다음 Alt+Delete를 눌러 선택 영역에 색상을 채웁니다. Ctrl+D를 눌러 선택 영역을 해제합니다.

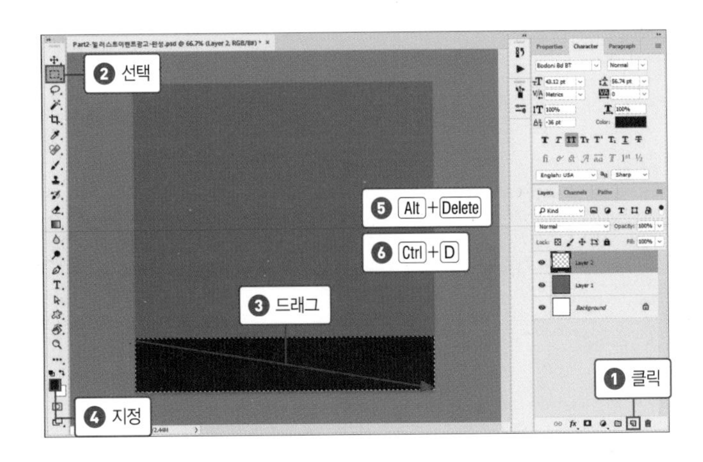


## 03 눈사람 그리기

**1** 새 레이어를 만듭니다. 브러시 도구를 선택한 다음 도큐먼트에서 마우스 오른쪽 버튼을 클릭하고 브러시 종류: Hard Round, Size: 277px로 설정합니다. 전경색: 흰색으로 지정한 다음 도큐먼트 아래에 클릭하여 눈사람 몸통을 그립니다.

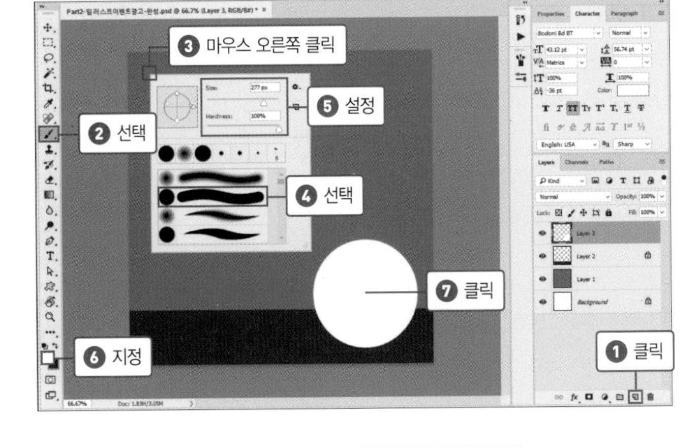


**2** 같은 브러시를 이용해 Size만 130px로 변경합니다. 흰 동그라미 위에 다시 클릭하여 눈사람 형태를 만듭니다.

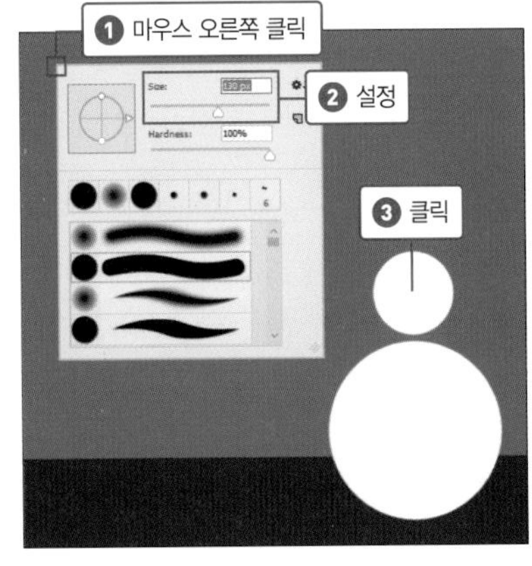

**3** Layers 패널에서 'Create a new layer' 아이콘( )을 클릭하여 새 레이어를 만듭니다. 브러시 크기를 줄이고 색상: #373837(진회색)/#dc323f(빨간색)로 지정하여 눈사람을 자유롭게 꾸밉니다.

TIP 포토샵에서 작업할 때는 레이어를 최대한 분리하여 추후에 수정이 필요할 때 편리하게 작업하는 것이 좋습니다.

## 04 오너먼트 그리기

**1** 이번에는 오너먼트를 그리기 위해 새 레이어를 만듭니다. 브러시 도구가 선택된 상태에서 전경색: #003f2a, Size: 74/103px로 설정하여 초록색 원 두 개를 그립니다.

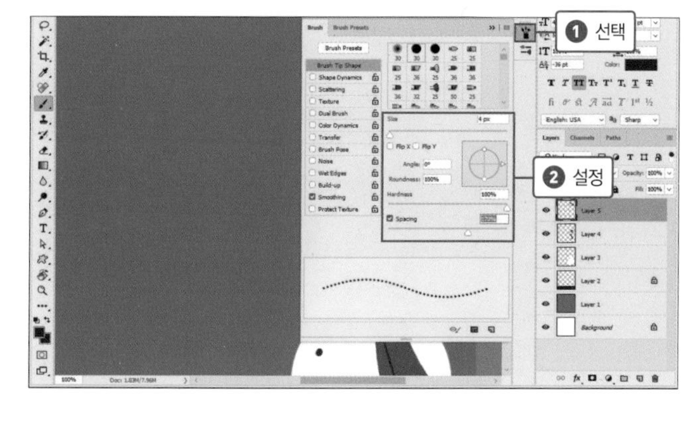


**2** F5를 눌러 Brushes 패널에서 Size: 4px, Spacing: 170%로 설정합니다.

**3** 오너먼트 위로 세로 선을 그립니다. 직선을 그릴 때는 오너먼트 가운데를 시작점으로 클릭하고 Shift를 누른 채 위로 드래그합니다.

**4** 전경색: 흰색, Size: 4px로 설정합니다. Layers 패널의 'Lock transparent pixels(투명 픽셀 잠그기)' 아이콘(▦)을 클릭한 다음 브러시를 이용하여 오너먼트를 꾸밉니다.

TIP 'Lock transparent pixels(투명 픽셀 잠그기)' 아이콘을 클릭한 다음 드로잉하면 오브젝트 안에만 작업되어 편리합니다.

## 05 눈꽃 그리기

**1** 다시 새 레이어를 만듭니다. 흰색 브러시를 이용해 이번에는 눈꽃 모양을 그립니다.

**2** 배경 곳곳에 자연스럽게 위치하도록 흩날리는 눈꽃을 그립니다.

## 06 홍보 문구 입력하기

**1** 도구 패널에서 문자 도구를 선택한 다음 옵션바에서 폰트: 여기어때 잘난체, 글자 크기: 52pt, 색상: 흰색, 정렬: 가운데 정렬로 지정하고 그림과 같이 서브타이틀 문구를 입력합니다.

**2** Character 패널에서 글자 크기: 178/134pt, 행간: 150pt로 설정하고 그림과 같이 메인타이틀 문구를 입력합니다.

**3** 메인타이틀 문구에 그림자 효과를 주기 위해 Layers 패널의 'Add a layer style(레이어 스타일 추가)' 아이콘(fx)을 클릭한 다음 [Drop Shadow]를 실행합니다.
Layer Style 대화상자가 나타나면 Opacity: 45%, Distance: 9px로 설정한 다음 〈OK〉 버튼을 클릭합니다.

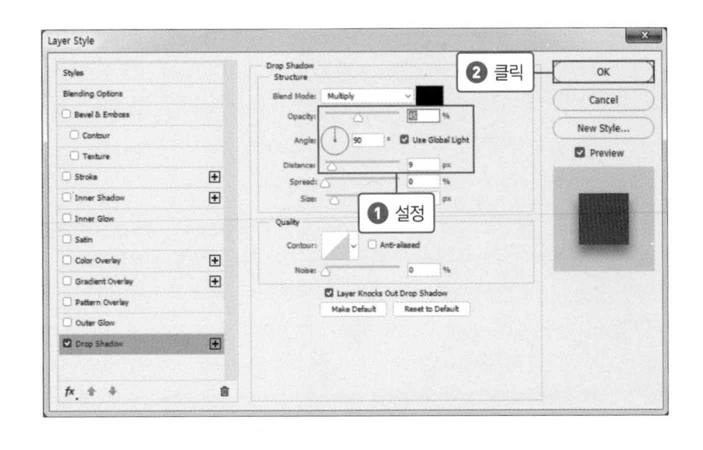


**4** 둥근 사각형 도구를 선택한 다음 옵션바에서 Shape, Fill: #dc323f, Stroke: None, Radius: 25px로 설정하고 그림과 같이 드래그하여 버튼 형태를 만듭니다.

**5** 문자 도구를 선택하고 옵션바에서 폰트: Bodoni Bd BT, 글자 크기: 38pt로 설정합니다. 빨간색 바에 클릭하고 'Merry Christmas' 글자를 입력하여 마무리합니다.

# 05 > 팝아트 스타일의 히트 상품전 이벤트 디자인하기

마케팅 디자인에 자주 등장하는 몇 가지 스타일 중 하나는 바로 팝아트 스타일입니다. 대체로 팝아트 스타일의 특징은 통통 튀는 컬러와 외곽선을 이용해 이미지들을 강조한다는 점입니다. 여기서는 도트를 활용하여 팝아트 스타일의 디자인 소스를 만들어 봅니다.

완성 이미지

완성 파일 03\팝아트광고배너-완성.psd

## 01 새 도큐먼트 만들기

**1** 메뉴에서 [File] → [New]를 실행합니다.
New Document 대화상자에서 Width/Height: 800Pixels, Resolution: 72Pixels/Inch, Color Mode: RGB Color로 지정한 다음 〈Create〉 버튼을 클릭합니다.

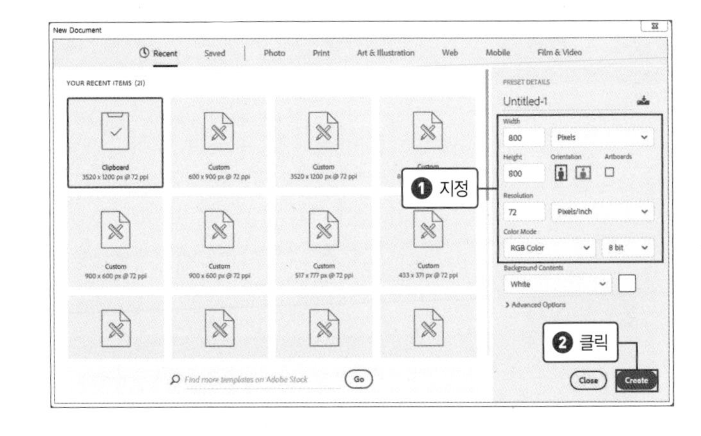


**2** Layers 패널의 'Create a new layer' 아이콘(◻)을 클릭하여 새 레이어를 만듭니다. 전경색: #ff827c로 지정한 다음 Alt+Delete를 눌러 색상을 채웁니다.

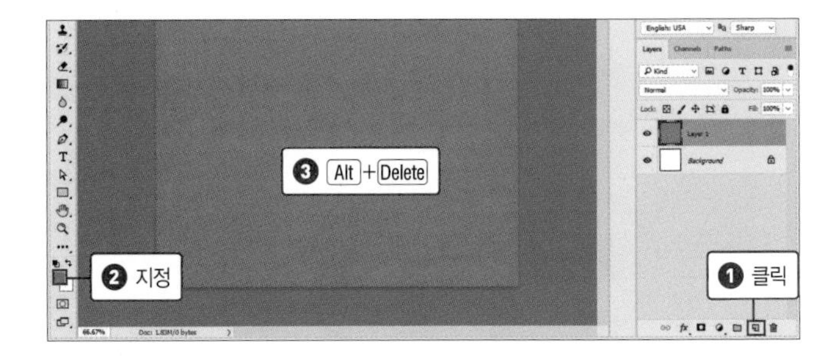


## 02 망점 효과 배경 만들기

**1** 그레이디언트 도구를 선택하고, 옵션바에서 그러데이션 스타일을 'Black, White'로 지정한 다음 'Radial Gradient' 아이콘(◻)을 클릭합니다. 새 레이어를 만들고, 도큐먼트 가운데에서 아래로 드래그합니다.

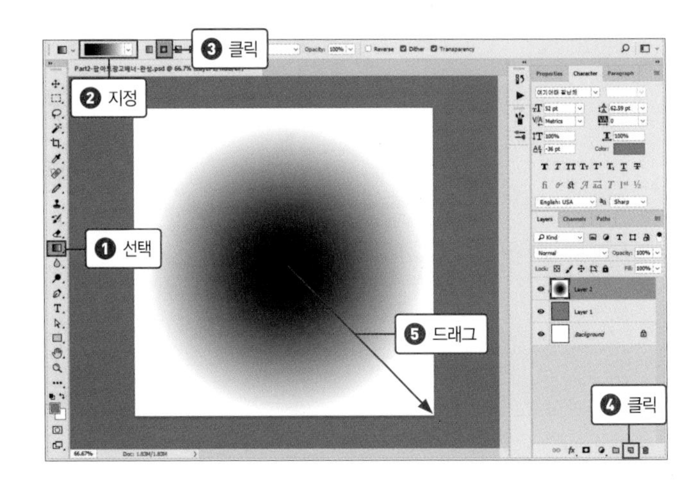

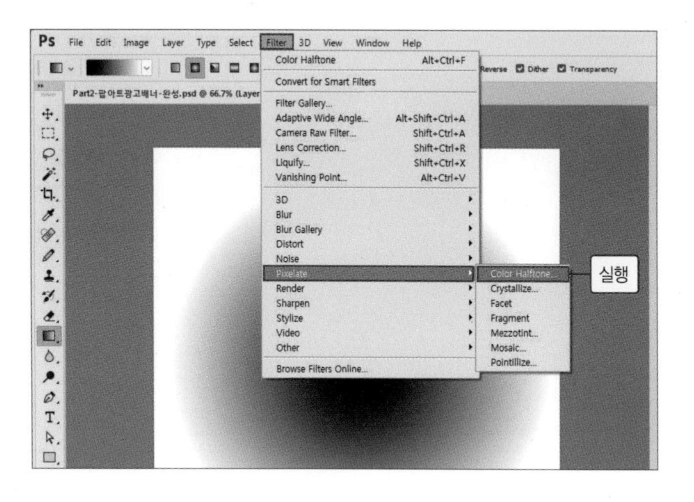


2 팝아트 느낌의 망점 효과를 표현하기 위해 메뉴에서 [Filter] → [Pixelate] → [Color Halftone]을 실행합니다.

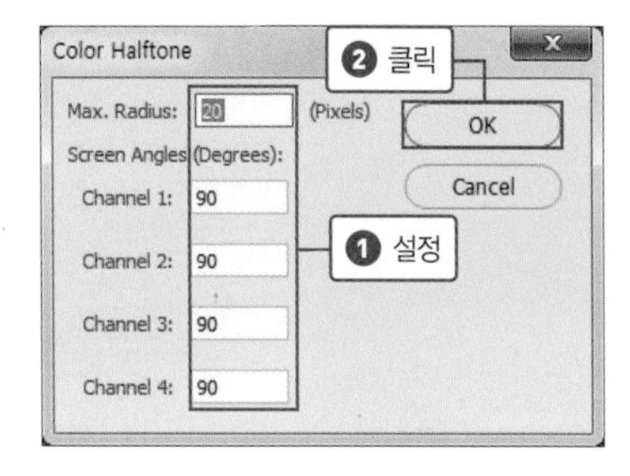


3 Color Halftone 대화상자가 나타나면 Max. Radius: 20(Pixels), Channel 1~4: 90으로 설정한 다음 〈OK〉 버튼을 클릭합니다.

TIP Max. Radius 수치가 클수록 망점 크기가 커집니다.

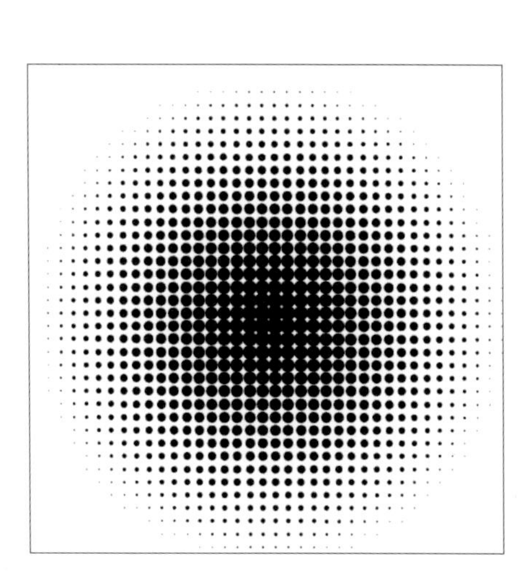

4 그러데이션 망점 크기가 바뀌었습니다.

**5** 마술봉 도구를 선택한 다음 옵션바에서 Tolerance: 15로 설정하고 'Contiguous'의 체크 표시를 해제합니다. 배경을 클릭하여 선택하고 Delete를 눌러 삭제합니다.

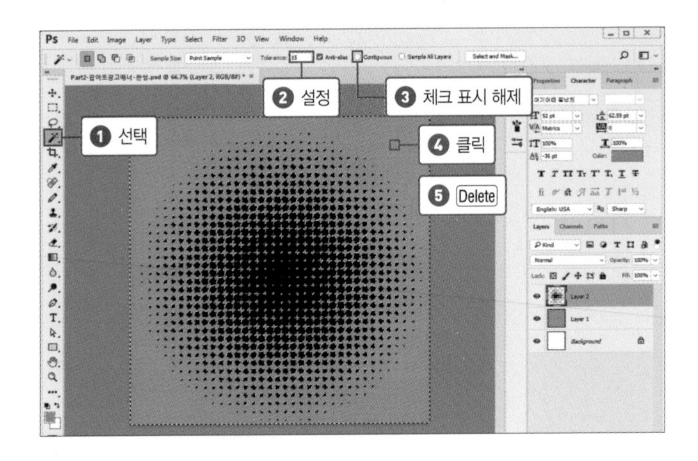


**6** Layers 패널에서 'Lock transparent pixels(투명 픽셀 잠그기)' 아이콘(▧)을 클릭합니다. 전경색: #ffb9b6으로 지정한 다음 Alt+Delete를 눌러 망점에 추출한 색상을 채웁니다.

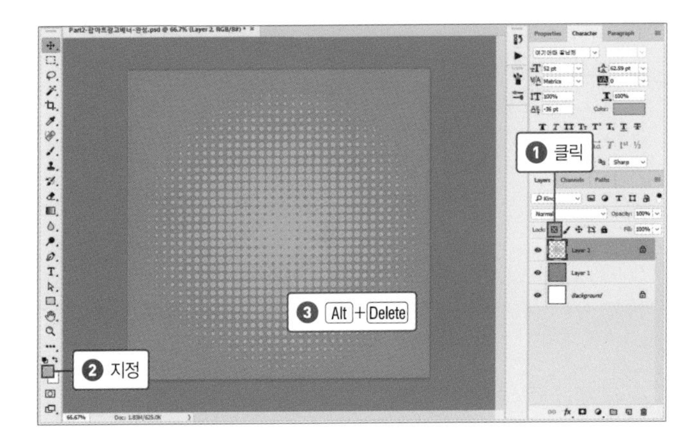


## 03 구름 이미지 만들기

**1** 사용자 셰이프 도구를 선택하고 옵션바에서 Fill: 흰색, Stroke: None, Shape: Cloud 1로 지정합니다.

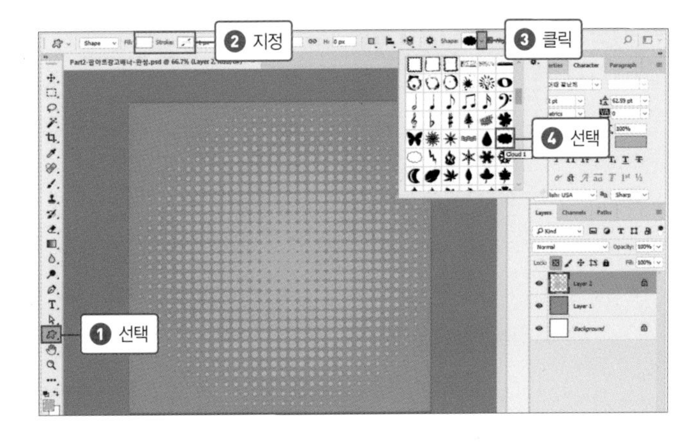

2 도큐먼트 위에 드래그하여 흰 구름을 만듭니다.

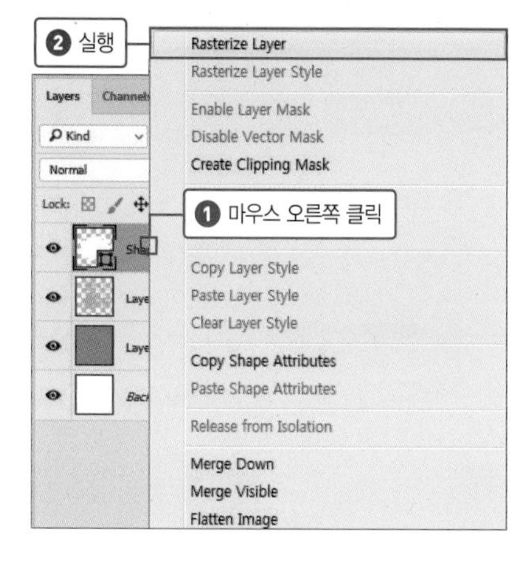


3 Layers 패널의 구름 레이어가 선택된 상태에서 마우스 오른쪽 버튼을 클릭하고 [Rasterize(래스터화) Layer]를 실행합니다.

TIP [Rasterize(래스터화) Layer]를 적용하는 이유는 셰이프 상태에서는 브러시로 채색할 수 없기 때문입니다.

## 04 구름 이미지에 망점 입히기

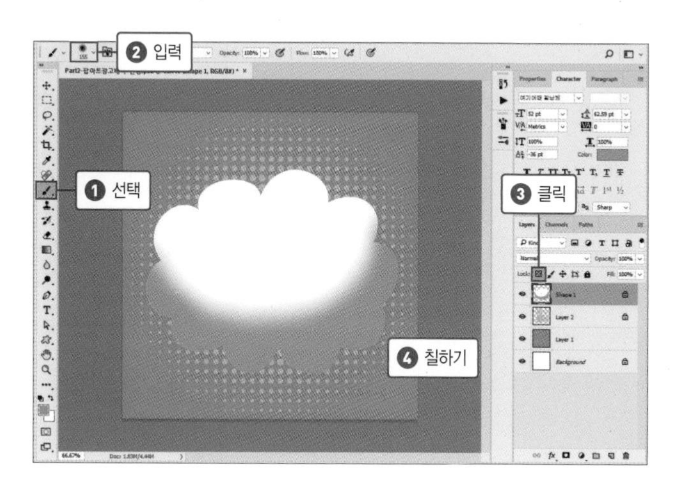


1 브러시 도구를 선택하고 옵션바에서 브러시 종류: Soft Round, Size: 155px로 설정합니다. Layers 패널에서 'Lock transparent pixels' 아이콘(▩)을 클릭하고, 그림과 같이 구름 아래에만 명암을 넣듯이 칠합니다.

TIP Channel 수치를 같게 설정하면 흑백으로 망점을 표현하므로 색상은 상관없습니다.

**2** 망점 효과를 나타내기 위해 메뉴에서 [Filter] → [Pixelate] → [Color Halftone]을 실행합니다.
Color Halftone 대화상자에서 Max. Radius : 12(Pixels)로 설정한 다음 〈OK〉 버튼을 클릭합니다.

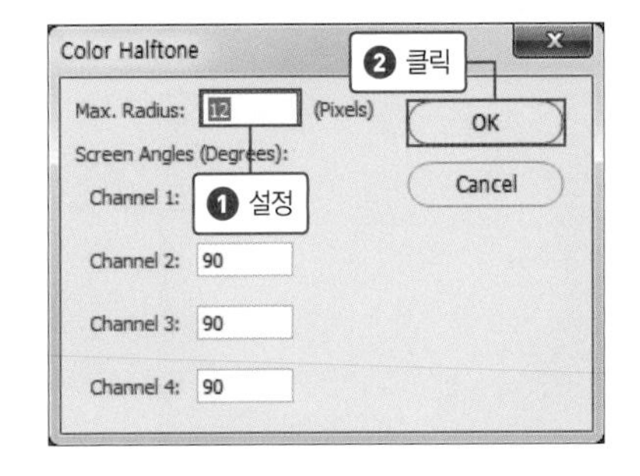


**3** 구름의 망점을 연하게 조정하기 위해 메뉴에서 [Image] → [Adjustments] → [Levels]를 실행합니다.
Levels 대화상자의 Output Levels 슬라이더에서 왼쪽 섀도 톤을 오른쪽 하이라이트 톤 가까이 이동한 다음 〈OK〉 버튼을 클릭합니다. 검은색 망점이 연한 회색으로 보정됩니다.

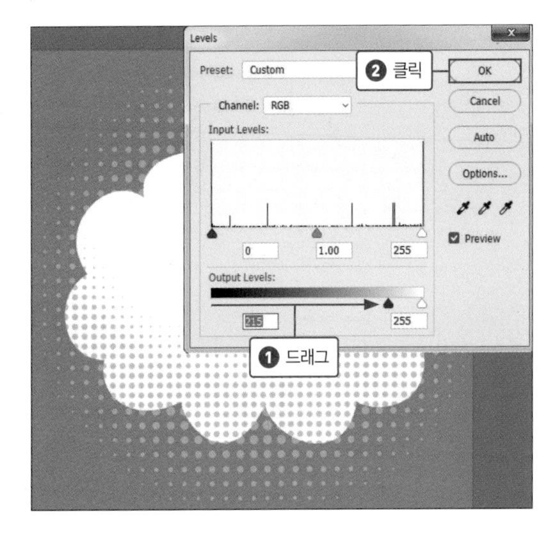


**4** Layers 패널에서 구름 레이어를 선택하고, 'Add a layer style(레이어 스타일 추가)' 아이콘(fx)을 클릭한 다음 [Stroke]를 실행합니다.
Layer Style 대화상자에서 Size : 6px, Color : #000000으로 지정한 다음 〈OK〉 버튼을 클릭합니다.

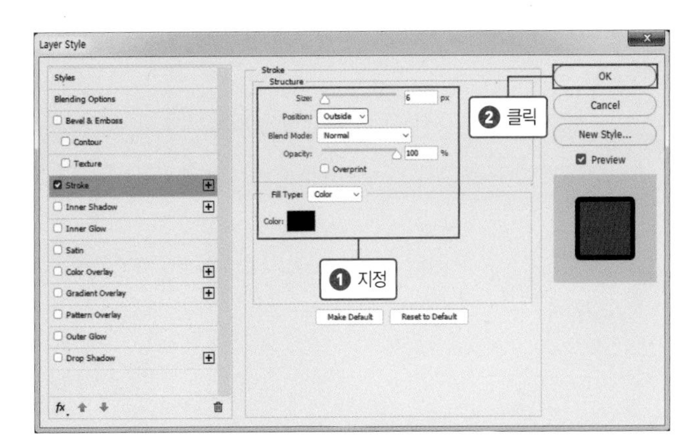

## 05 번쩍이는 섬광과 별 이미지 만들기

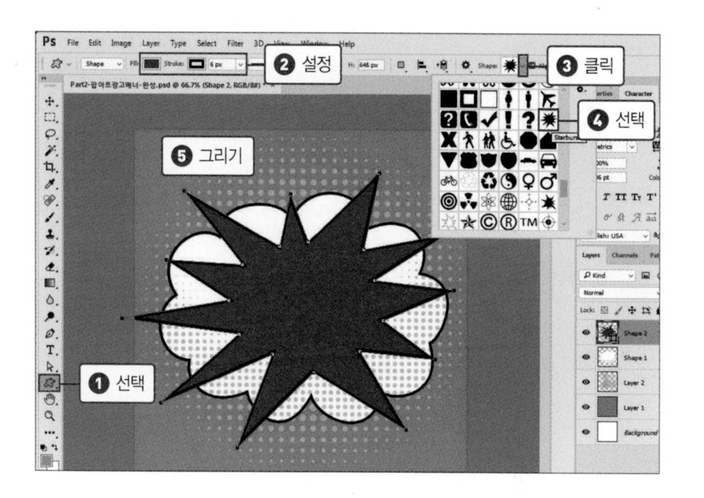


**1** 사용자 셰이프 도구를 선택한 다음 옵션바에서 Fill: #e61b47, Stroke: #000000/6px, Shape: Starburst로 지정합니다. 도큐먼트에 드래그하여 빨간색 섬광을 만듭니다.

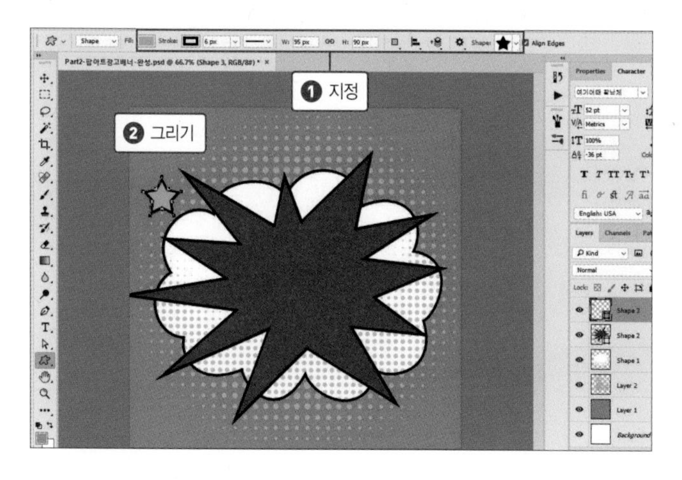


**2** 이번에는 옵션바에서 Fill: #7accc8, Shape: 5 Point Star로 지정합니다. 도큐먼트에 드래그하여 하늘색 별을 만듭니다.

**3** 같은 방법으로 크기가 다른 작은 별 두 개 더 만듭니다. 적절히 배치하여 그림과 같이 꾸밉니다.

## 06 메인타이틀 입력하기

**1** 문자 도구를 선택한 다음 Character 패널에서 폰트: 여기어때 잘난체, 글자 크기: 180/134/189pt, 행간: 207pt, 색상: #ffe21e로 지정합니다. 옵션바에서 정렬: 가운데 정렬로 지정한 다음 그림과 같이 메인타이틀 문구를 입력합니다.

**2** 글자에 테두리를 적용하기 위해 Layers 패널의 'Add a layer style(레이어 스타일 추가)' 아이콘(fx)을 클릭한 다음 [Stroke]를 실행합니다.

**3** Layer Style 대화상자가 나타나면 Size: 6px, Position: Outside, Color: #000000으로 지정한 다음 〈OK〉 버튼을 클릭합니다.

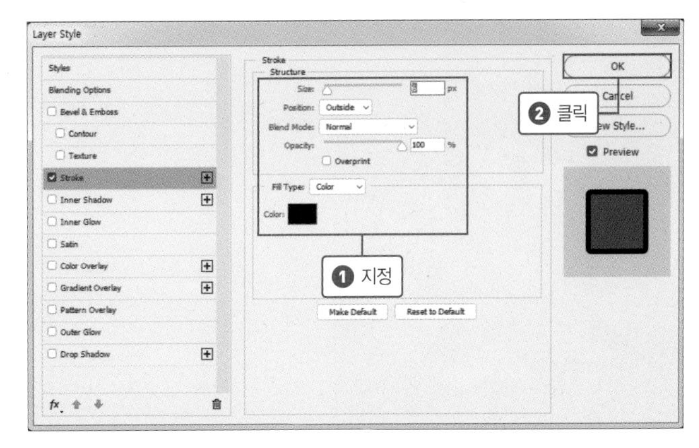

**4** 메인타이틀 문자 레이어를 선택한 상태에서 Ctrl+J를 눌러 복제합니다. Character 패널에서 아래쪽 선처럼 Color: #000000으로 지정합니다. 이동 도구를 선택하고 ↓를 눌러 복제한 문자를 아래로 이동해 그림자를 만듭니다.

## 07 서브타이틀 입력하기

**1** 사용자 셰이프 도구를 선택하고 옵션바에서 Shape, Fill: #410649, Stroke: None, Shape: Talk 12로 지정합니다. 메인타이틀 위에 드래그하여 말풍선 모양 띠를 만듭니다.

**2** 문자 도구를 선택하고 옵션바에서 폰트: DX국민시대, 글자 크기: 52pt, 정렬: 가운데 정렬, 색상: 흰색으로 지정한 다음 리본에 클릭하여 서브타이틀 문구를 입력해서 마무리합니다.

# 06 > 전통적인 이미지를 합성한 여행 포스터 만들기

붓 터치 이미지는 동양적인 느낌 또는 전통적인 스타일 디자인에 자주 등장하는 그래픽 요소입니다. 붓 터치 형태에 이미지를 합성하여 고전미가 물씬 풍기는 포스터 디자인을 만들어 봅니다.

완성 이미지 예제 파일 03\붓터치.jpg, 고궁.jpg, 고궁본문.txt 완성 파일 03\붓터치여행포스터-완성.psd

## 01 새 도큐먼트 만들기

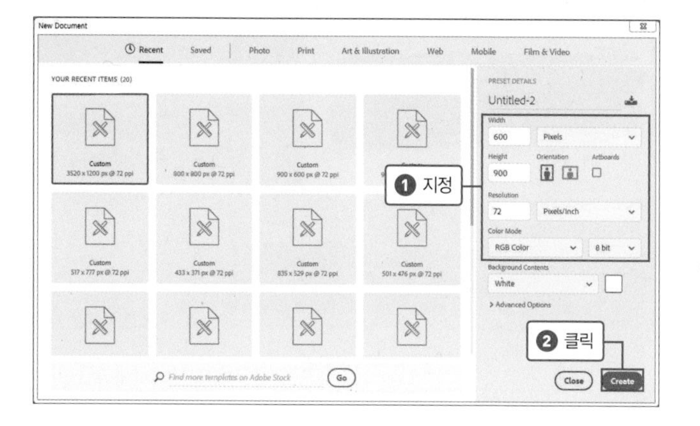


**1** 메뉴에서 [File] → [New]를 실행합니다.
New Document 대화상자에서 Width: 600Pixels, Height: 900Pixels, Resolution: 72Pixels/Inch, Color Mode: RGB Color로 지정한 다음 〈Create〉 버튼을 클릭합니다.

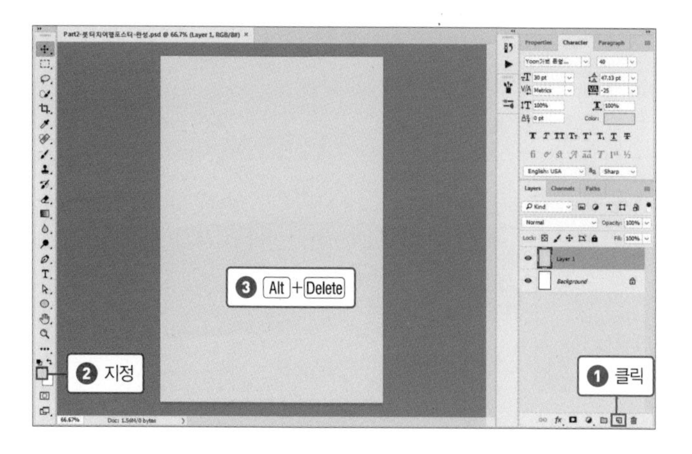


**2** Layers 패널에서 'Create a new layer' 아이콘(◻)을 클릭하여 새 레이어를 만듭니다. 전경색: #f0e8d7로 지정한 다음 Alt+Delete를 눌러 색상을 채웁니다.

## 02 붓 터치 이미지 적용하기

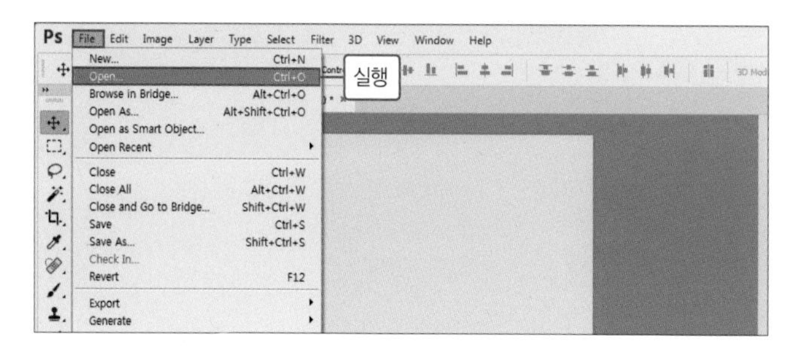


**1** 붓 터치 이미지를 불러오기 위해 메뉴에서 [File] → [Open]을 실행합니다.

**2** 03 폴더에서 '붓터치.jpg' 파일을 불러옵니다. 배경을 투명하게 전환하기 위해 Layers 패널의 'Background' 레이어 이름 옆 '잠금' 아이콘(🔒)을 클릭합니다. 자물쇠가 사라지면서 일반 레이어로 전환됩니다.

**3** 마술봉 도구를 선택하고 옵션바에서 Tolerance: 15로 설정한 다음 'Contiguous'의 체크 표시를 해제합니다. 흰색 배경을 클릭하여 선택하고 Delete를 눌러 삭제합니다.

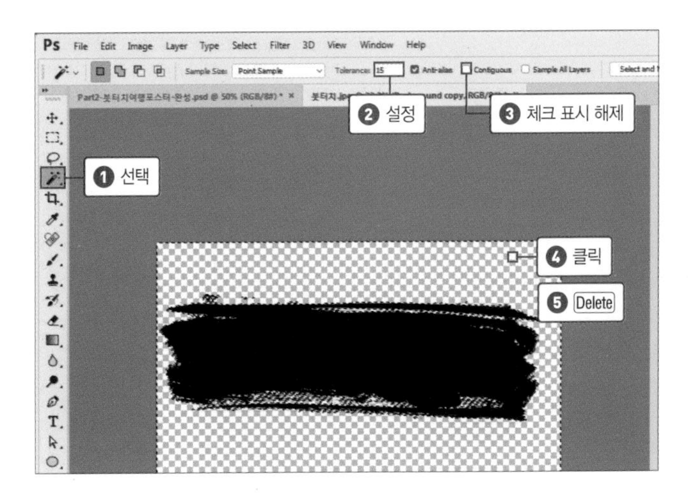


**4** Shift+Ctrl+I를 눌러 선택 영역을 반전합니다. Ctrl+C를 눌러 붓 터치 이미지를 복사합니다.

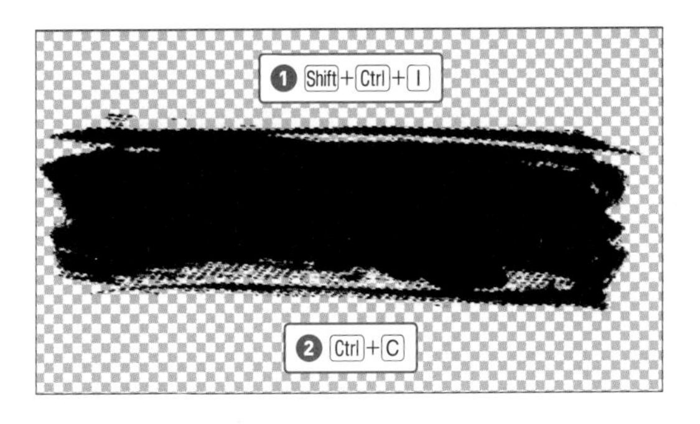

## 03 붓 터치 이미지로 구도 잡기

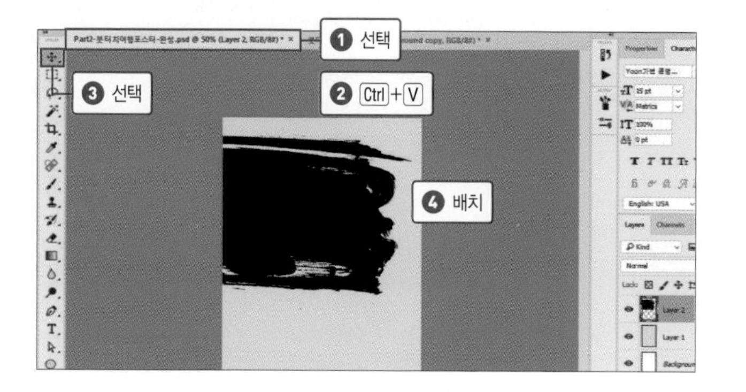


1 작업 도큐먼트를 선택하고 Ctrl+V를 눌러 복사한 붓 터치 이미지를 붙여 넣습니다. 이동 도구로 붓 터치 이미지를 오른쪽만 나타나도록 그림과 같이 배치합니다.

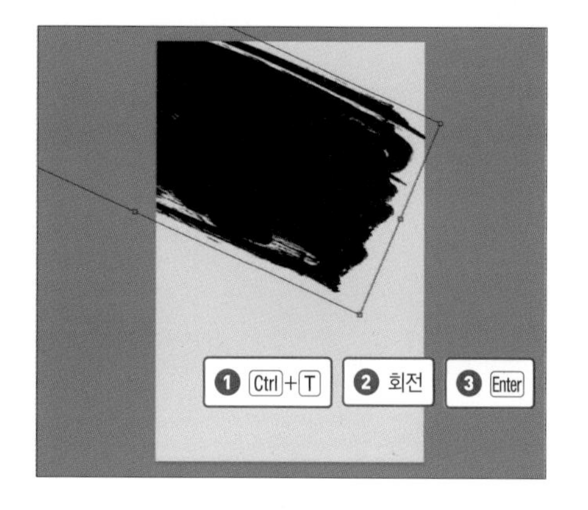


2 이번에는 각도 조절을 위해 Ctrl+T를 누릅니다. 바운딩 박스 조절점을 드래그하여 그림과 같이 회전한 다음 Enter를 누릅니다.

## 04 이미지 합성하기

1 메뉴에서 [File] → [Place Embedded]를 실행하고 03 폴더에서 '고궁.jpg' 사진을 불러옵니다.

포토샵 시작 | 배경 디자인 | 그래픽 소스 제작 | 타이포그래피 | 트렌드 디자인 | 실전 디자인

**2** 고궁 사진이 붓 터치를 완전히 가리도록 Shift를 누른 채 조절점을 드래그하여 사진을 확대하고 구도를 조정한 다음 Enter를 누릅니다.

**3** Layers 패널에서 고궁과 붓 터치 레이어 사이 경계에 마우스 포인터를 위치하고 Alt를 누른 채 클릭합니다.

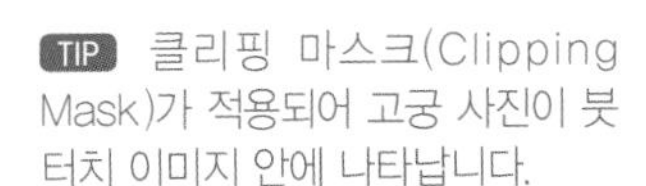
TIP 클리핑 마스크(Clipping Mask)가 적용되어 고궁 사진이 붓 터치 이미지 안에 나타납니다.

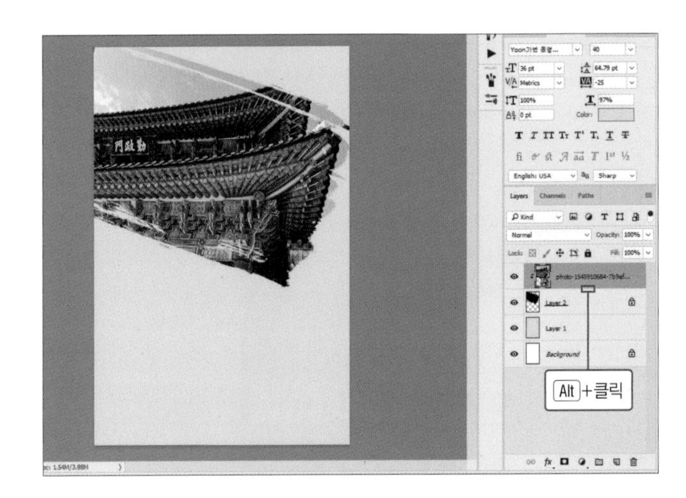


## 05 모서리 꾸미기

**1** 사각형 도구를 선택한 다음 옵션바에서 Fill: #345373, Stroke: None으로 지정합니다. Shift를 누른 채 도큐먼트 왼쪽 위 모서리에 맞춰 드래그합니다.

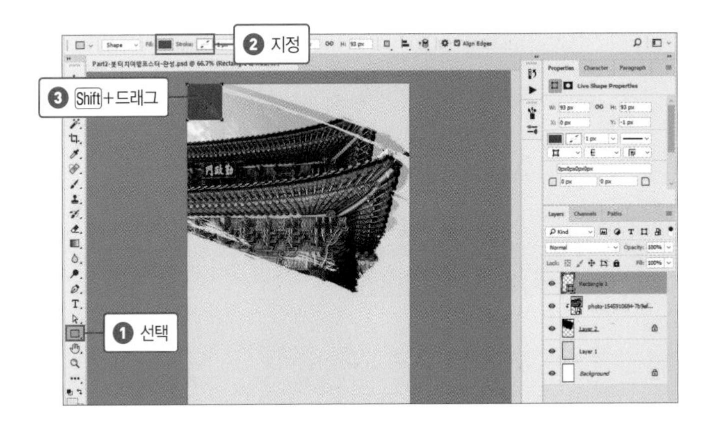

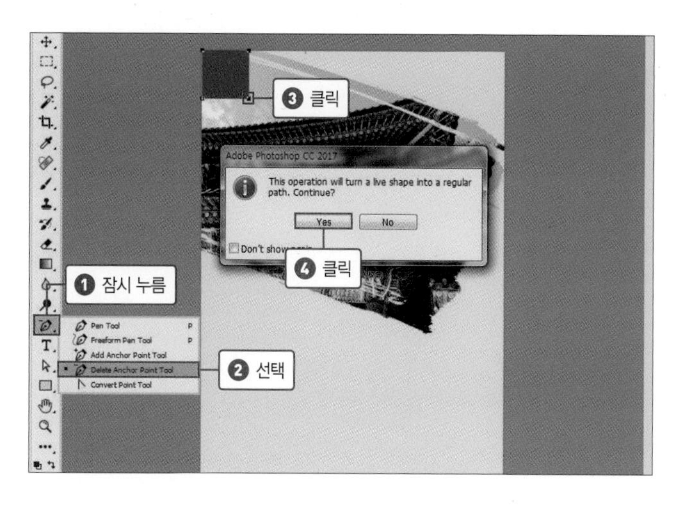


**2** 기준점 삭제 도구를 선택한 다음 삼각형을 만들기 위해 사각형의 네 개 기준점 중 오른쪽 아래 기준점을 클릭합니다. 경고 메시지 창이 나타나면 〈Yes〉 버튼을 클릭합니다.

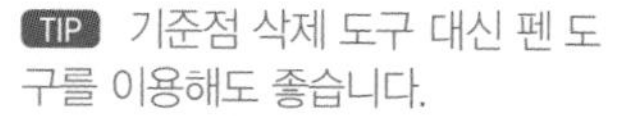

TIP 기준점 삭제 도구 대신 펜 도구를 이용해도 좋습니다.

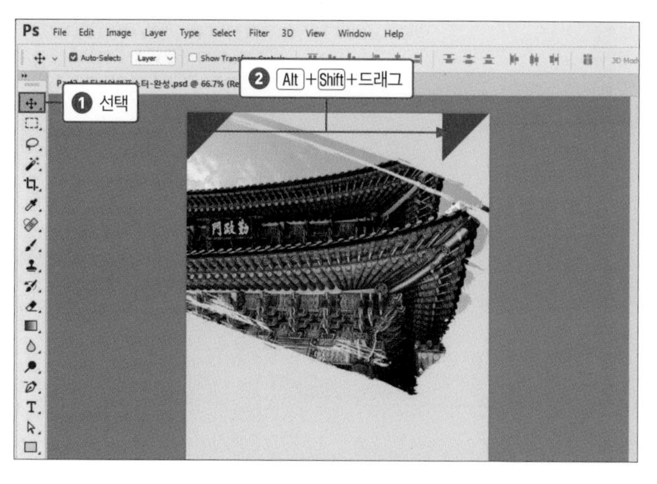


**3** 이동 도구를 선택한 다음 Alt + Shift 를 누른 채 삼각형을 오른쪽으로 드래그하여 복제합니다.

**4** 메뉴의 [Edit] → [Transform] → [Flip Horizontal]을 실행합니다. 복제된 오브젝트가 좌우 반전됩니다.

**5** Layers 패널에서 위쪽 삼각형을 모두 선택하고 Ctrl+E를 눌러 레이어를 하나로 합칩니다.
이동 도구를 이용해 Alt+Shift를 누른 채 위쪽 삼각형을 아래로 드래그하여 복제합니다.

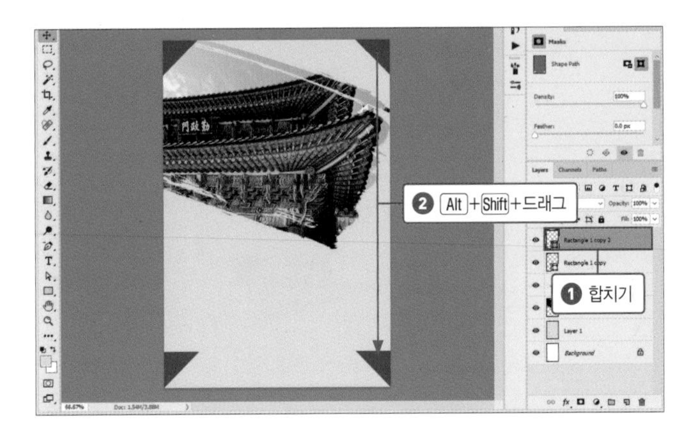


**6** 이번에는 메뉴에서 [Edit] → [Transform] → [Flip Vertical]을 실행합니다. 복제된 오브젝트가 상하 반전됩니다.

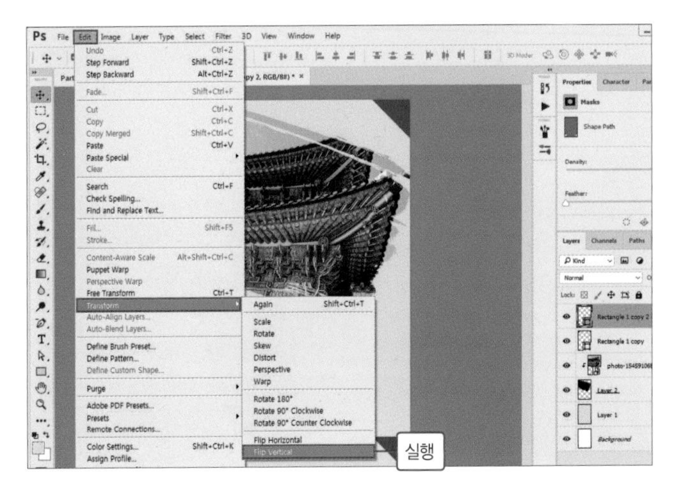


## 06 타이틀 입력과 장식하기

**1** 세로 문자 도구를 선택하고 옵션바에서 폰트: 나눔명조_Extra Bold, 글자 크기: 40pt, 색상: #345373, 정렬: 위쪽 정렬로 지정한 다음 서브타이틀 문구를 입력합니다.

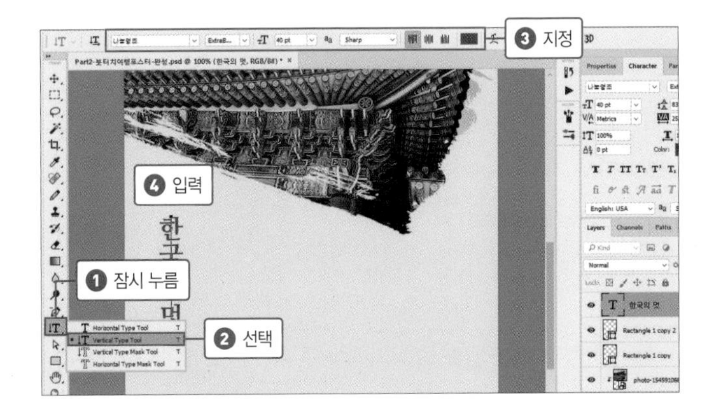

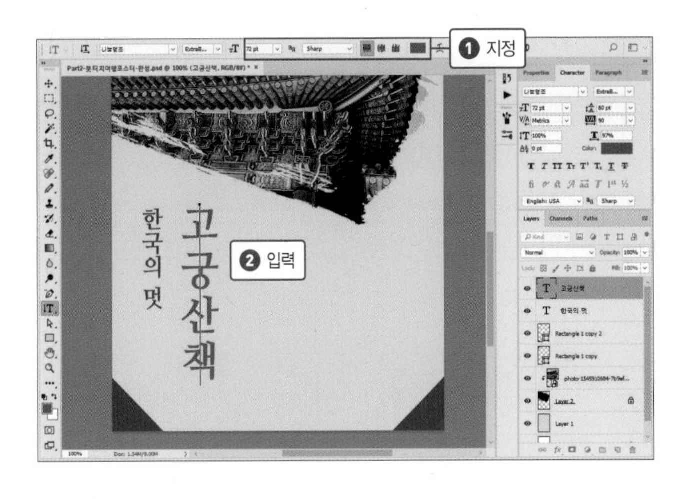


**2** 옵션바에서 글자 크기: 72pt, 색상: #8d7152로 지정한 다음 메인타이틀 문구를 입력합니다.

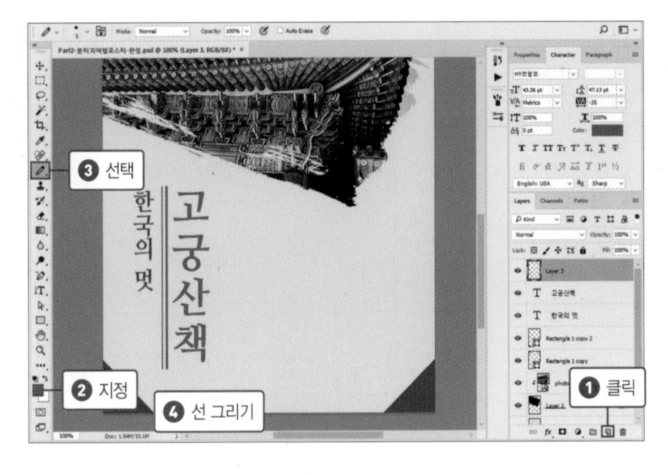


**3** 새 레이어를 만듭니다. 전경색: #8d7152로 지정하고 연필 도구를 선택합니다. 크기를 각각 2/5px로 조절한 다음 Shift를 누른 채 아래로 드래그하여 두께가 다른 직선을 그립니다.

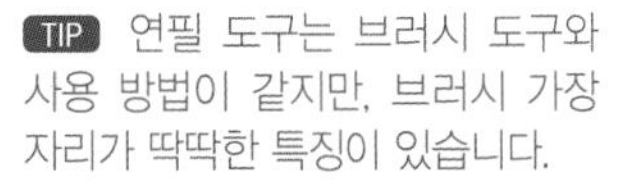
TIP 연필 도구는 브러시 도구와 사용 방법이 같지만, 브러시 가장자리가 딱딱한 특징이 있습니다.

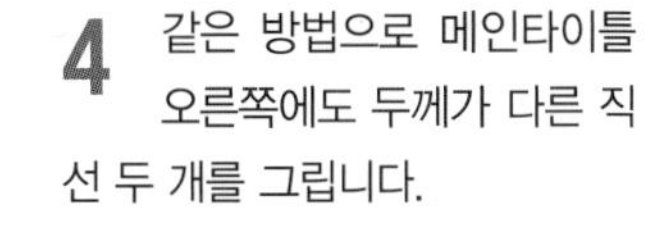
**4** 같은 방법으로 메인타이틀 오른쪽에도 두께가 다른 직선 두 개를 그립니다.

## 07 본문 입력하기

**1** 본문 내용을 입력하기 위해 03 폴더의 '고궁본문.txt' 파일을 더블클릭합니다. 메모장 파일이 열리면 Ctrl+A를 눌러 문장을 전체 선택하고, Ctrl+C를 눌러 복사합니다.

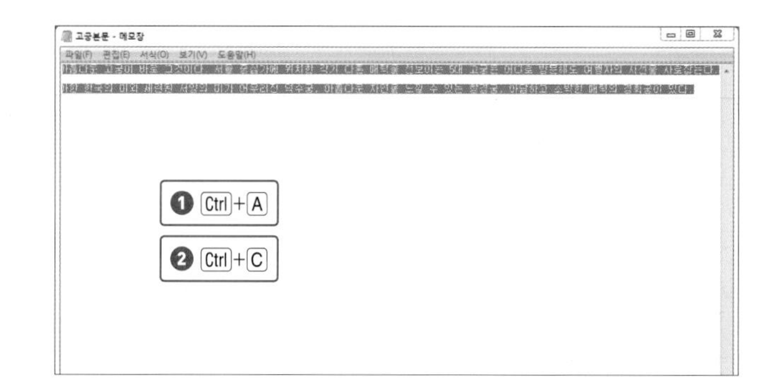


**2** 작업 도큐먼트에서 문자 도구를 선택하고 그림과 같이 도큐먼트 위에 드래그하여 텍스트 박스를 만듭니다.

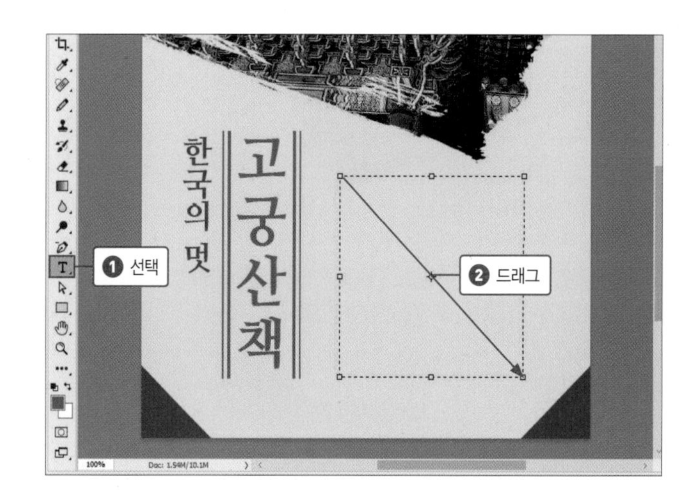


TIP 텍스트 박스는 지정된 영역 안에만 텍스트가 입력됩니다.

**3** Character 패널에서 폰트: HY신명조, 글자 크기: 14pt, 행간: 20pt, 색상: 검은색으로 지정합니다. 옵션바에서 정렬: 왼쪽 정렬로 지정합니다. Ctrl+V를 눌러 복사한 텍스트를 붙여 넣습니다.

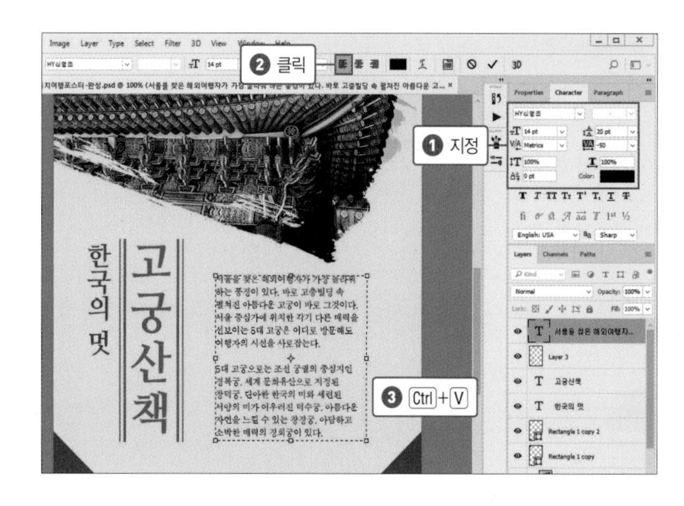

## 08 각인 만들기

**1** 사각형 도구를 선택하고 옵션바에서 Fill: #a5545a, Stroke: None으로 지정합니다. 본문 오른쪽 아래에 드래그하여 각인 형태의 빨간색 사각형을 만듭니다.

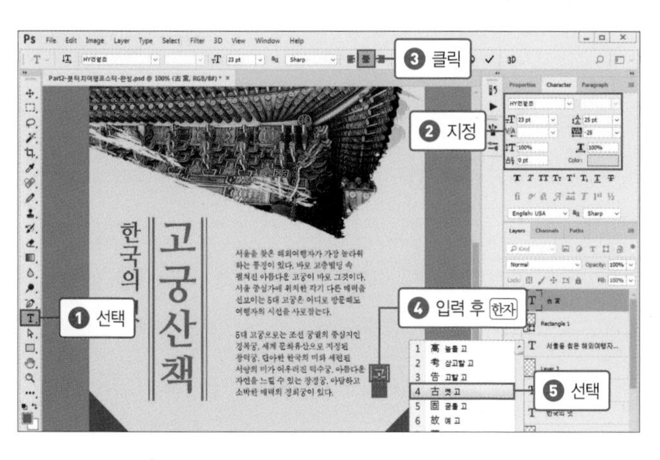


**2** 문자 도구를 선택한 다음 Character 패널에서 폰트: HY견명조, 글자 크기: 23pt, 행간: 25pt, 색상: #efead6으로 지정합니다. 옵션바에서 정렬: 가운데 정렬로 지정합니다. '고'를 입력한 다음 한자를 누릅니다. '고'에 관한 한자가 나타나면 입력하려는 한자를 선택하거나 한자 번호를 눌러 변환합니다.

**3** 같은 방법으로 '궁' 자도 한자로 입력합니다. 각인을 찍어 마무리한 느낌으로 포스터를 완성합니다.

# SNS PhotoShop

PART 04

# 개성 있는 타이포그래피 디자인

물결무늬로 흘러가는 느낌의 글자, 감각적인 긴 그림자 스타일, 빈티지 느낌의 초크 아트 타이포그래피, 고급스러운 메탈 문자, 말랑말랑 젤리 느낌의 타이틀 등 온라인 광고와 SNS 콘텐츠에 자주 등장하는 문자 디자인 스타일을 살펴보고 표현 방법을 익혀두면 유용하게 활용할 수 있습니다.

# 01 > 함께 떠나요~ 여행 이벤트 디자인하기

다양한 형태로 문자가 왜곡되어 있거나, 물결무늬 또는 자유 곡선을 따라 텍스트가 흘러가는 것을 보고 어떻게 만든 것인지 궁금했나요? 이번에는 문자 도구에서 제공하는 Warp 기능을 이용해 문자를 변형하는 방법과 패스(Path)를 따라 흐르는 문자를 만드는 방법을 알아봅니다.

완성 이미지 예제 파일 04\여행.jpg 완성 파일 04\곡선타이포-완성.psd

## 01 새 도큐먼트 만들고 배경 이미지 불러오기

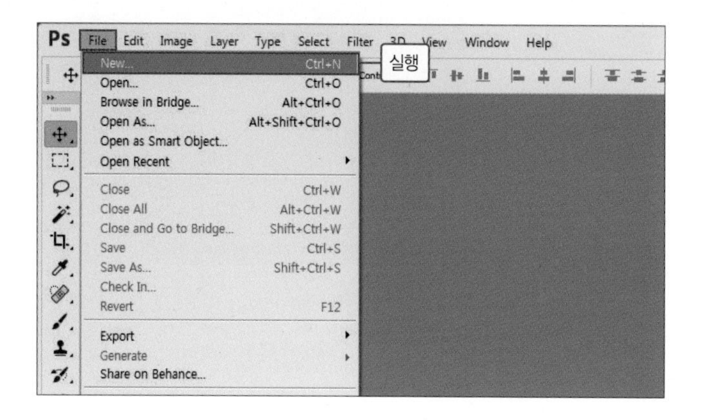


**1** 새 도큐먼트를 만들기 위해 메뉴에서 [File] → [New]를 실행합니다.

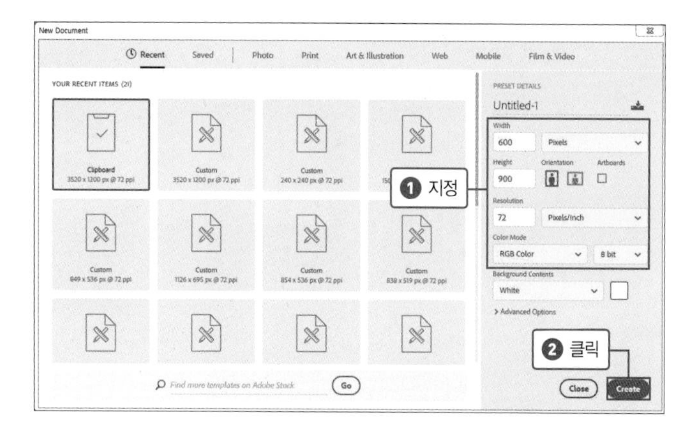


**2** New Document 대화상자에서 Width: 600Pixels, Height: 900Pixels, Resolution: 72Pixels/Inch, Color Mode: RGB Color로 지정하고 〈Create〉 버튼을 클릭합니다.

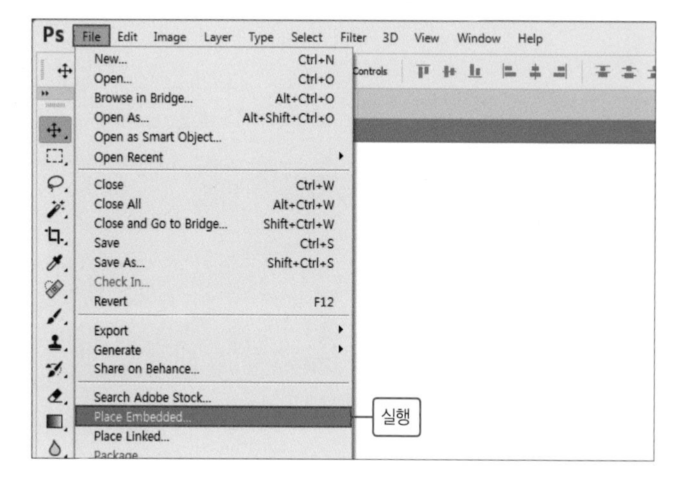


**3** 배경 이미지를 불러오기 위해 메뉴에서 [File] → [Place Embedded]를 실행합니다.

**4** 04 폴더의 '여행.jpg' 사진을 불러옵니다. 도큐먼트에서 그림과 같이 사진 위치를 조정하고 Enter를 누릅니다.

## 02 흐르는 곡선 문자 디자인하기

**1** 도구 패널의 문자 도구를 선택하고 Character 패널에서 폰트: Tmon몬소리, 글자 크기: 87pt, 행간: 102pt, 색상: #f4efd5로 지정합니다. 옵션바에서 정렬: 가운데 정렬로 지정한 다음 그림과 같이 메인타이틀 문구를 입력합니다.

**2** 곡선 문자를 만들기 위해 옵션바의 'Create Warped Text' 아이콘( )을 클릭합니다.

**3** Warp Text 대화상자가 나타나면 Style: Flag, Bend/Horizontal Distortion: 20%로 설정한 다음 〈OK〉 버튼을 클릭합니다.

**4** 메인타이틀 레이어를 선택한 상태에서 Ctrl+J를 눌러 복제합니다. Character 패널에서 Color: #011e2e로 지정합니다. 이동 도구를 선택하고 ↓를 눌러 복제한 문자를 아래로 이동해 그림자를 만듭니다.

**5** 패스를 이용해 곡선 문자를 만들려면 먼저 펜 도구를 선택하고, 옵션바에서 'Path'로 지정합니다. 메인타이틀 위에 그림과 같이 클릭 및 드래그하여 완만한 곡선 패스를 그립니다.

**6** 문자 도구를 선택한 다음 Character 패널에서 폰트: 나눔고딕, 글자 크기: 27pt, 자간: 150pt, 색상: 흰색으로 지정합니다. 패스 가운데에 마우스 포인터를 위치시켜 문자 입력 가능 상태로 전환되면 클릭하여 서브 타이틀 문구를 입력합니다.

## 03 일러스트로 문자 꾸미기

**1** 새 레이어를 만듭니다. 전경색: 흰색으로 지정하고 브러시 도구를 이용하여 문자 주변에 간단한 일러스트를 그려 꾸밉니다.

TIP 브러시 사용이 불편하다면 펜 도구를 이용하여 자유롭게 그려도 좋습니다.

**2** 자연스러운 배경을 만들기 위해 Layers 패널의 Opacity(불투명도): 60%로 설정합니다.

## 04 홍보 문구 입력하기

**1** 문자 도구를 선택하고 옵션바에서 폰트: 나눔고딕 ExtraBold, 글자 크기: 30pt, 색상: #010610으로 지정한 다음 메인타이틀 아래에 그림과 같이 문구를 입력합니다.

**2** Character 패널에서 폰트: 나눔고딕 Bold, 글자 크기: 21pt, 행간: 32pt, 색상: 흰색으로 지정한 다음 그림과 같이 문구를 입력합니다.

**3** 강조할 단어를 드래그하여 블록으로 지정하고 옵션바에서 폰트: 나눔고딕 ExtraBold, 글자 크기: 27pt로 설정하여 눈에 잘 띄도록 강조합니다.

## 05 정보 확인 버튼 만들기

**1** 둥근 사각형 도구를 선택한 다음 옵션바에서 Shape, Fill: #f4efd5, Stroke: None, Radius: 24px로 설정한 다음 아래쪽에 드래그합니다.

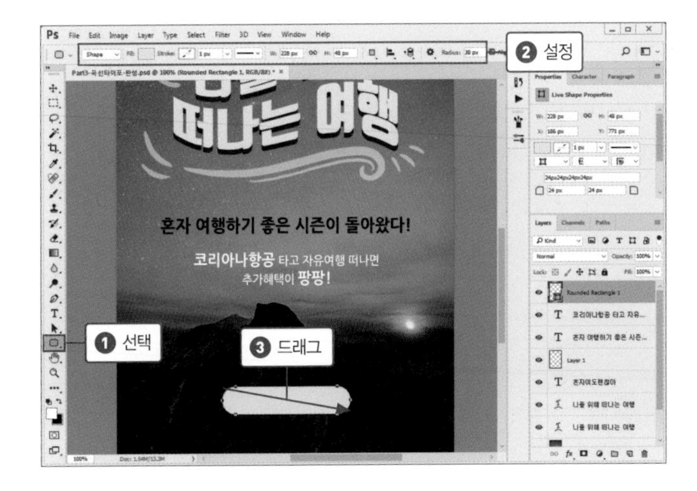


**2** 문자 도구를 선택하고 옵션바에서 폰트: 코어고딕 D_6 Bold, 글자 크기: 25pt, 색상: 038d98로 지정한 다음 바를 클릭하고 글자를 입력하여 마무리합니다.

# 02 > 입체감 있는 감각적인 세일 이벤트 만들기

최근 다양한 온라인 광고와 SNS 콘텐츠에 그림자를 길게 늘어뜨리는 롱 섀도 스타일이 자주 등장합니다. 심플하면서도 현대적인 세련미가 느껴지고, 동시에 주목성을 높이는 탁월한 효과가 있습니다. 표현 방법이 어렵지 않아 익혀두면 매우 유용하게 활용할 수 있습니다.

**완성 이미지**

**완성 파일** 04\롱섀도타이포–완성.psd

HOT
SUMMER
SALE

#행복한 쇼핑 찬스 #최대 60% 세일 #균일가 행사

## 01 새 도큐먼트 만들고 타이틀 문자 입력하기

**1** 새 도큐먼트를 만들기 위해 메뉴에서 [File] → [New]를 실행합니다. New Document 대화상자가 나타나면 Width/Height: 800Pixels, Resolution: 72Pixels/Inch, Color Mode: RGB Color로 지정한 다음 <Create> 버튼을 클릭합니다.

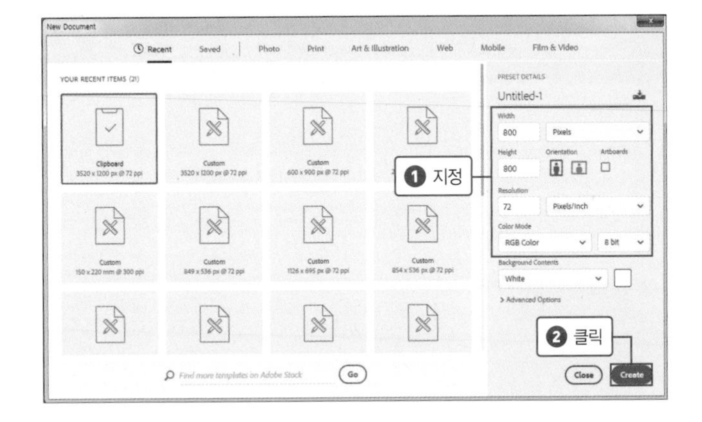


**2** 문자 도구를 선택한 다음 옵션바에서 폰트: Meta PlusBlack, 글자 크기: 160pt로 설정한 다음 그림과 같은 위치에 'HOT'를 입력합니다.

TIP 문자 색상은 추후 변경할 예정이므로 어떤 색이든 상관없습니다.

**3** 아래쪽에 'SUMMER'와 'SALE'도 입력합니다.

## 02 문자를 브러시로 등록하기

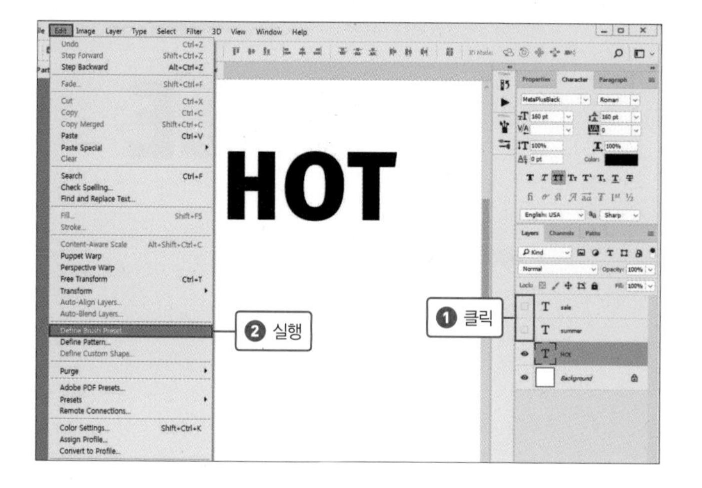


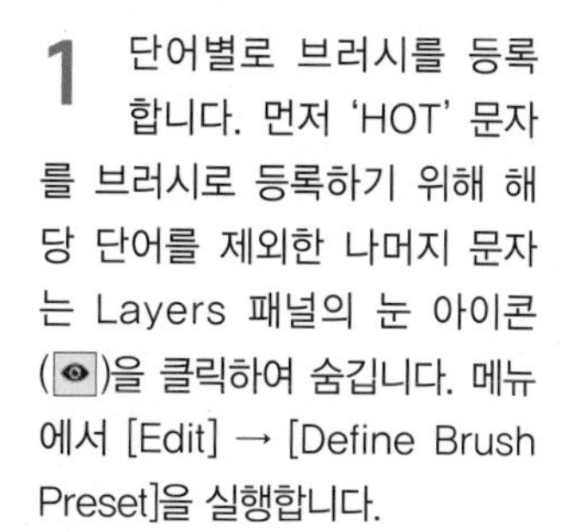

1 단어별로 브러시를 등록합니다. 먼저 'HOT' 문자를 브러시로 등록하기 위해 해당 단어를 제외한 나머지 문자는 Layers 패널의 눈 아이콘(👁)을 클릭하여 숨깁니다. 메뉴에서 [Edit] → [Define Brush Preset]을 실행합니다.

TIP 브러시를 등록할 때는 도큐먼트 오브젝트들을 하나의 브러시로 인식합니다. 따라서 불필요한 오브젝트는 숨깁니다.

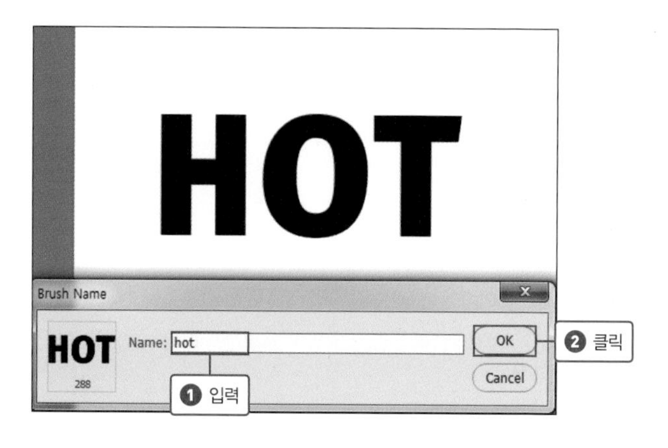


2 Brush Name 대화상자가 나타나면 Name에 'HOT'를 입력한 다음 〈OK〉 버튼을 클릭합니다.

3 같은 방법으로 'SUMMER' 문자도 브러시로 등록합니다.

4 같은 방법으로 'SALE' 문자도 브러시로 등록합니다.

## 03 롱 섀도 만들기

1 Layers 패널에서 모든 레이어의 눈 아이콘(👁)을 클릭하여 전체 오브젝트를 표시합니다. 'HOT' 레이어를 선택하고 Ctrl을 누른 채 'Create a new layer' 아이콘(◘)을 클릭합니다. 'HOT' 문자 아래에 새 레이어가 만들어집니다.

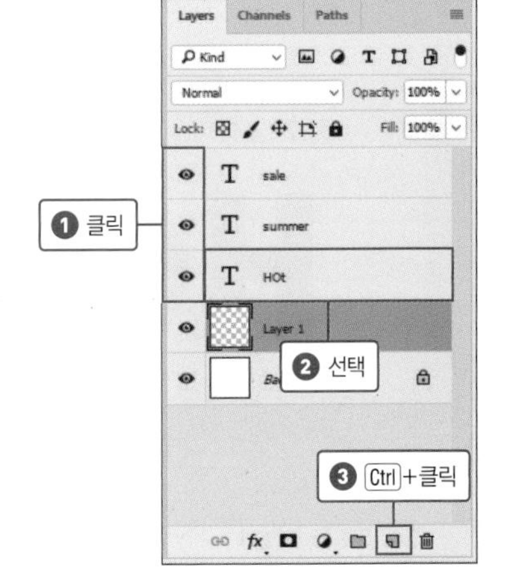


2 브러시 도구를 선택하고 Brush 패널에서 브러시 종류: HOT, Spacing(간격): 1%로 설정합니다.

TIP 또는 메뉴에서 [Window] → [Brush]를 실행해도 Brush 패널을 표시할 수 있습니다.

**3** 전경색: #ea2c2c로 지정합니다. 'HOT' 문자를 클릭한 다음 Shift를 누른 채 도큐먼트 오른쪽 아래를 다시 클릭합니다.

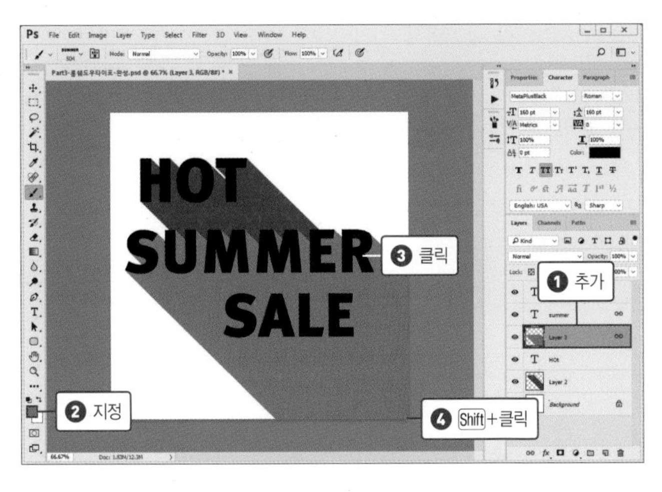


**4** 'SUMMER' 문자 아래에 새 레이어를 만들고, 전경색: #f2739a로 지정합니다. 'SUMMER' 브러시를 이용해 'HOT' 문자와 같은 방법으로 롱 섀도를 만듭니다.

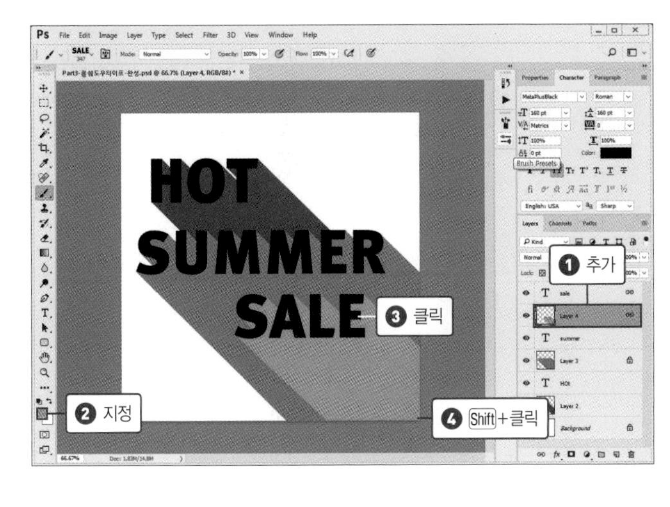


**5** 'SALE' 문자 아래에 새 레이어를 만들고, 전경색: #ff9f30으로 지정합니다. 'SALE' 브러시를 이용해 이전과 같은 방법으로 롱 섀도를 만듭니다.

## 04 문자 디자인 조정하기

**1** Layers 패널에서 세 개의 문자 레이어를 모두 선택합니다. Character 패널에서 Color: 흰색으로 지정합니다.

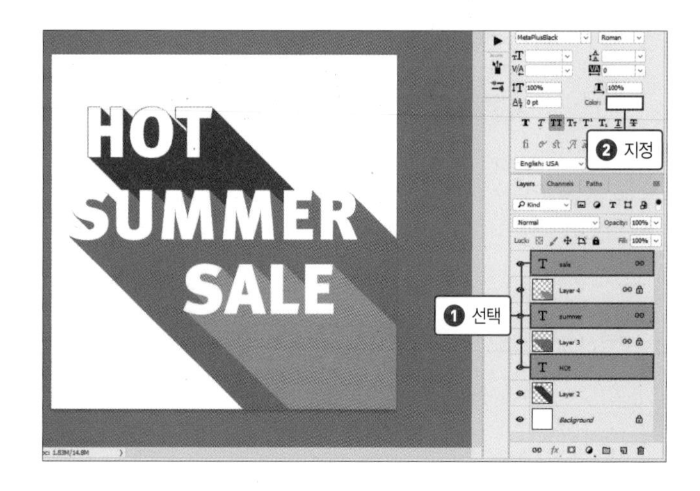


**2** 문자에 테두리를 적용하기 위해 Layers 패널의 'Add a layer style(레이어 스타일 추가)' 아이콘(fx)을 클릭한 다음 [Stroke]를 실행합니다.

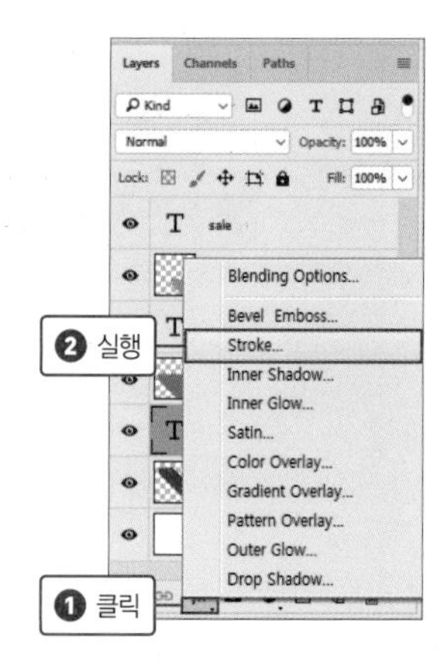


**3** Layer Style 대화상자가 나타나면 Size: 4px, Position: Outside, Color: #ea2c2c로 지정한 다음 〈OK〉 버튼을 클릭합니다.

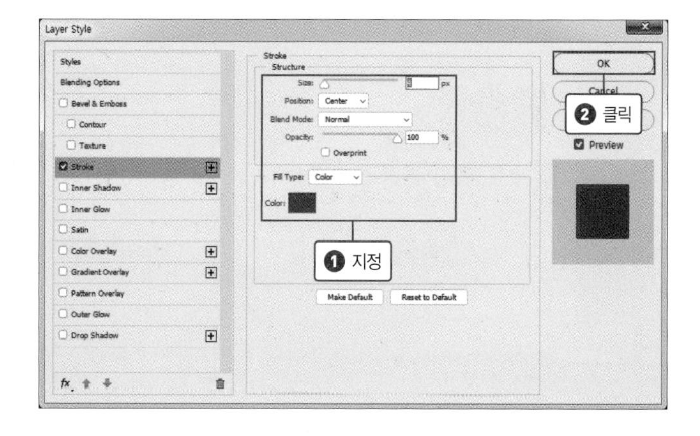

**4** 같은 방법으로 각 문자에 섀도와 같은 색상의 선을 만듭니다.

## 05 컬러 배경 만들고 홍보 문구 입력하기

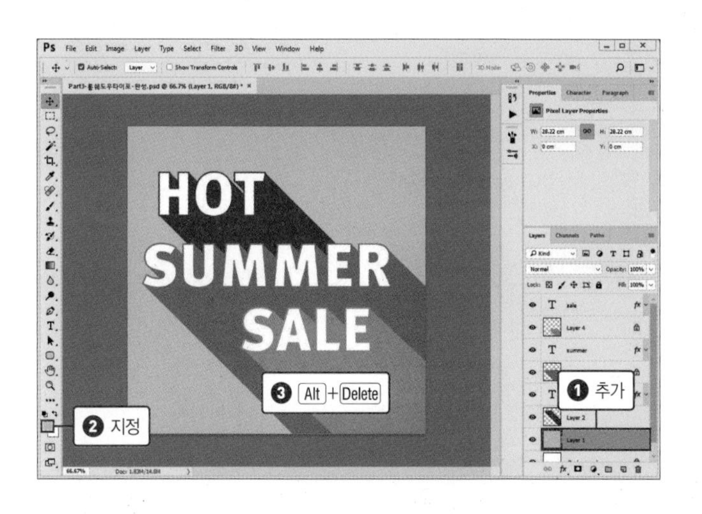


**1** Layers 패널에서 맨 아래에 새 레이어를 만듭니다. 전경색: #f8cecf로 지정한 다음 Alt + Delete를 눌러 색상을 채웁니다.

**2** 문자 도구를 선택하고 옵션 바에서 폰트: 코어고딕 D 6 Bold, 글자 크기: 33pt, 정렬: 가운데 정렬, 색상: 검은색으로 지정한 다음 그림과 같이 서브 문구를 입력해 마무리합니다.

# 03 > 갓 구운 빵처럼 따뜻한 베이커리 타이틀 만들기

빈티지 느낌 초크(분필) 효과는 많은 사람들이 좋아해서 문자 디자인에 자주 등장하는 스타일로 손꼽힙니다. 이번에는 포토샵 브러시를 이용해 간단하게 초크 질감을 표현하는 방법을 소개합니다. 빈티지 스타일인 만큼 표현 방법도 단순합니다.

완성 이미지

예제 파일 04\베이커리.jpg 완성 파일 04\초크타이포-완성.psd

## 01 새 도큐먼트 만들고 배경 이미지 불러오기

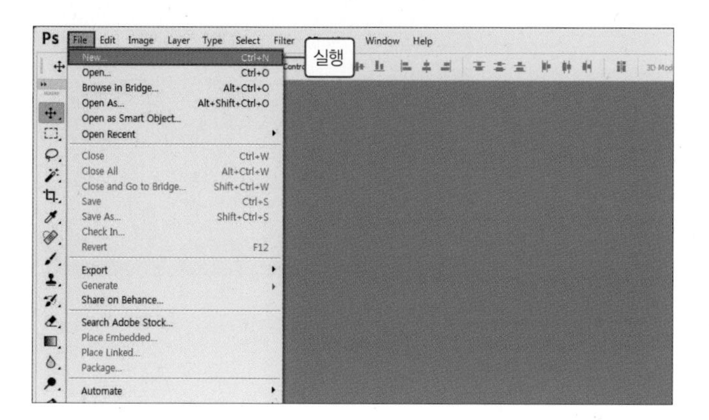


**1** 새 도큐먼트를 만들기 위해 메뉴에서 [File] → [New]를 실행합니다.

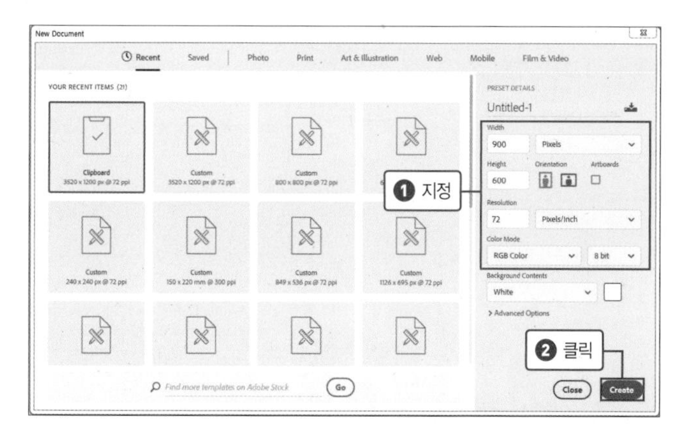


**2** New Document 대화상자에서 Width: 900Pixels, Height: 600Pixels, Resolution: 72Pixels/Inch, Color Mode: RGB Color로 지정한 다음 〈Create〉 버튼을 클릭합니다.

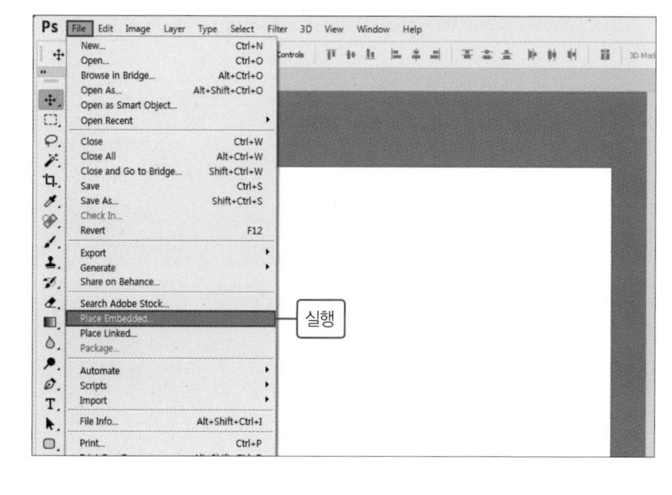


**3** 초크 아트의 배경을 불러오기 위해 메뉴에서 [File] → [Place Embedded]를 실행합니다.

**4** 04 폴더에서 '베이커리.jpg' 파일을 불러옵니다. 이미지가 도큐먼트에 나타나면 바운딩 박스가 활성화된 상태에서 Alt+Shift를 누른 채 조절점을 드래그하여 확대하고 구도를 조정한 다음 Enter를 누릅니다.

## 02 문자 입력하기

**1** 문자 도구를 선택하고 옵션바에서 폰트: Sophia, 글자 크기: 260pt, 정렬: 가운데 정렬, 색상: 흰색으로 지정하고 'Bakery'를 입력합니다.

**2** Ctrl+T를 눌러 바운딩 박스가 활성화되면 옵션바에서 W(세로 기울기): -10˚로 설정합니다. 조정을 마치면 Enter를 누릅니다.

**3** 문자 도구를 선택하고 옵션바에서 폰트: 배달의민족 도현, 글자 크기: 31pt로 설정한 다음 제목 위에 클릭하여 한글 서브 문구를 입력합니다.

**4** 옵션바의 'Create Warped Text' 아이콘(![icon])을 클릭합니다. Warp Text 대화상자의 Style: Arc, Bend: 47%로 설정하고 〈OK〉 버튼을 클릭합니다.

**5** 옵션바에서 폰트: Dom Casual, 글자 크기: 40pt로 설정합니다. 이번에는 제목 아래에 클릭하고 영문 서브 문구를 입력합니다.

## 03 일러스트를 그려 꾸미기

**1** 새 레이어를 만듭니다. 전경색: 흰색으로 지정하고, 브러시 도구를 이용하여 그림과 같이 나뭇잎 모양을 그립니다.

**2** 이동 도구를 선택하고 Alt + Shift 를 누른 채 나뭇잎 일러스트를 오른쪽으로 드래그하여 복제합니다.

**3** 복제된 일러스트를 반전시키기 위해 메뉴에서 [Edit] → [Transform] → [Flip Horizontal]을 실행합니다.

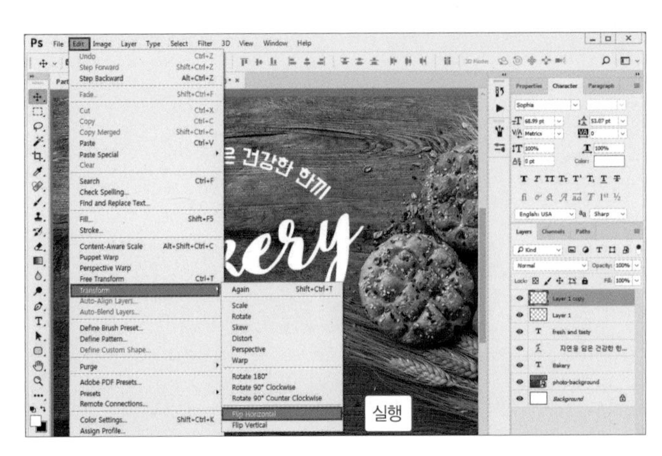

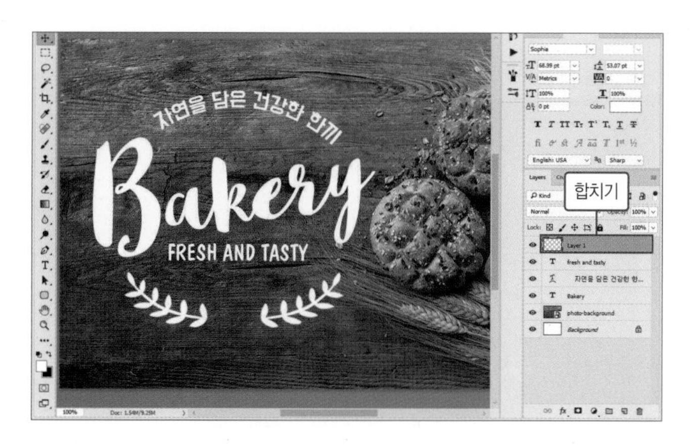


**4** 나뭇잎 일러스트 레이어를 선택하고 Ctrl+E를 눌러 하나로 합칩니다.

**TIP** 또는 Layers 패널의 팝업 아이콘을 클릭한 다음 [Merge Down]을 실행합니다.

## 04 초크 문자 디자인하기

**1** 새 레이어를 만듭니다. 브러시 도구를 선택하고 옵션바의 Presets에서 설정 아이콘을 클릭한 다음 [Dry Media Brushes]를 실행합니다.

**TIP** Dry Media Brushes에는 거친 질감의 브러시들이 있습니다.

**2** 'Wax Pencil' 브러시를 선택하고 Size: 6px로 설정합니다.

**TIP** 브러시 종류는 Dry Media Brushes에서 자유롭게 선택해도 좋습니다.

**3** Layers 패널에서 Ctrl을 누른 채 제목 문자 레이어 왼쪽의 'T'를 클릭합니다. 글자 형태의 선택 영역이 만들어지면서 숨겨집니다. 전경색: 흰색으로 지정한 다음 새 레이어에 브러시를 이용해 거친 느낌으로 칠합니다.

**4** 새 레이어를 만들고, 나뭇잎 일러스트도 같은 방법으로 다시 칠합니다.

**5** 'Wax Pencil' 브러시를 이용해 나뭇잎 사이에 그림과 같이 동그라미 두 개를 그립니다.

## 05 배경 이미지 조정하기

1 그레이디언트 도구를 선택합니다. 옵션바에서 'Linear Gradient' 아이콘(■)을 클릭한 다음 'Foreground to Background'로 지정합니다. 전경색: 검은색, 배경색: 흰색으로 지정합니다. 새 레이어를 만들고, 도큐먼트 왼쪽 아래에서 오른쪽 위로 드래그합니다.

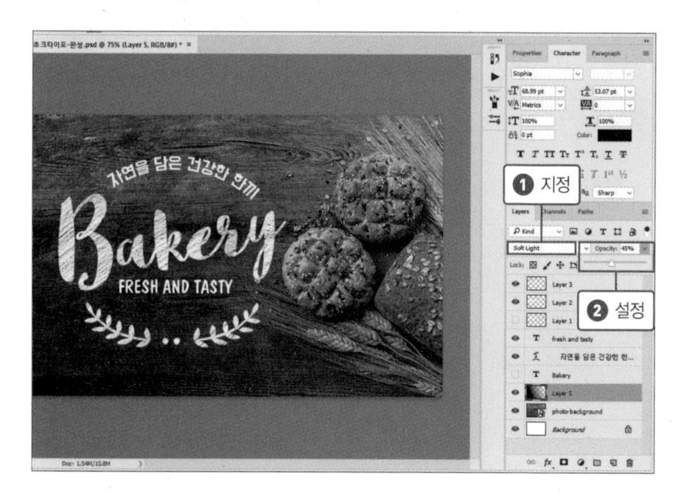


2 Layers 패널의 블렌딩 모드를 [Soft Light]로 선택합니다. 자연스러운 배경 처리를 위해 Opacity(불투명도): 45%로 설정하여 마무리합니다.

# 04 > 블링블링한 금속 효과의 로켓 배송 디자인하기

단단하게 매끈거리는 금박 로고의 고급스러움과 무게감이 함께 느껴지는 메탈 효과를 표현해 보겠습니다. 간단하지만 시각적인 효과가 좋으므로 함께 유용한 팁을 알아봅니다.

완성 이미지

예제 파일 04\로켓.jpg  완성 파일 04\금속타이포-완성.psd

# 01 새 도큐먼트 만들기

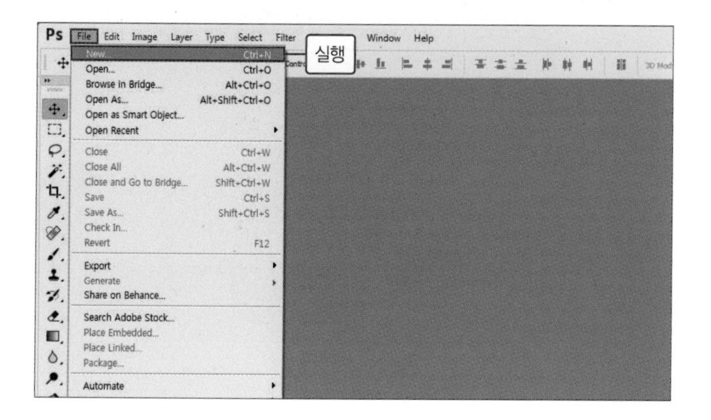


1 새 도큐먼트를 만들기 위해 메뉴에서 [File] → [New]를 실행합니다.

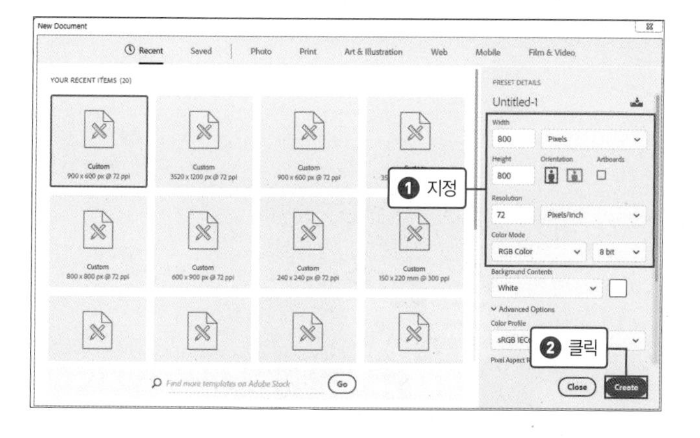


2 New Document 대화상자에서 Width/Height: 800Pixels, Resolution: 72Pixels/Inch, Color Mode: RGB Color로 지정한 다음 〈Create〉 버튼을 클릭합니다.

3 새 레이어를 만들고 도구 패널의 전경색: #0e3065, 배경색: #031229로 지정합니다.

**4** 그레이디언트 도구를 선택하고, 옵션바에서 'Radial Gradient' 아이콘(■)을 클릭한 다음 전경색과 배경색을 기준으로 하는 그러데이션 스타일을 'Foreground to Background'로 지정합니다. 도큐먼트 가운데를 클릭하고 아래까지 일직선으로 드래그합니다.

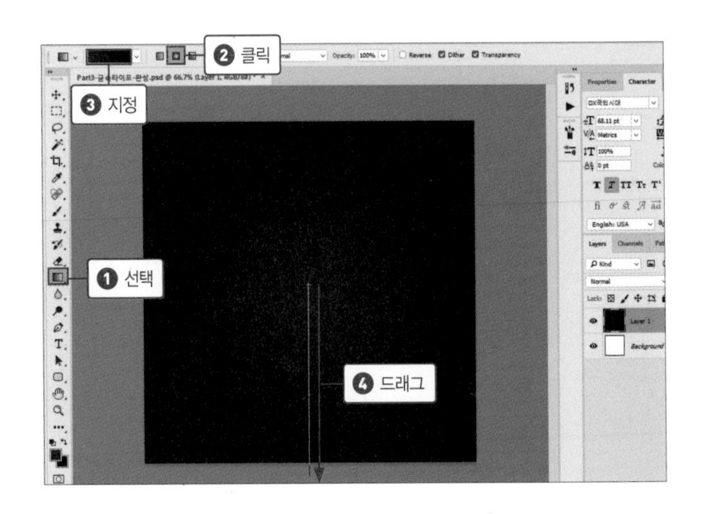


## 02 메인타이틀에 금속 효과 적용하기

**1** 문자 도구를 선택한 다음 Character 패널에서 폰트: DX국민시대, 글자 크기: 200pt, 행간: 205pt, 색상: 흰색으로 지정합니다. '로켓 배송' 문자를 입력하고, 'Faux Italic' 아이콘(T)을 클릭하여 기울입니다.

**2** 문자에 금속 효과를 적용하기 위해 Layers 패널의 'Add a layer style(레이어 스타일 추가)' 아이콘(fx)을 클릭하고 [Gradient Overlay]를 실행합니다.

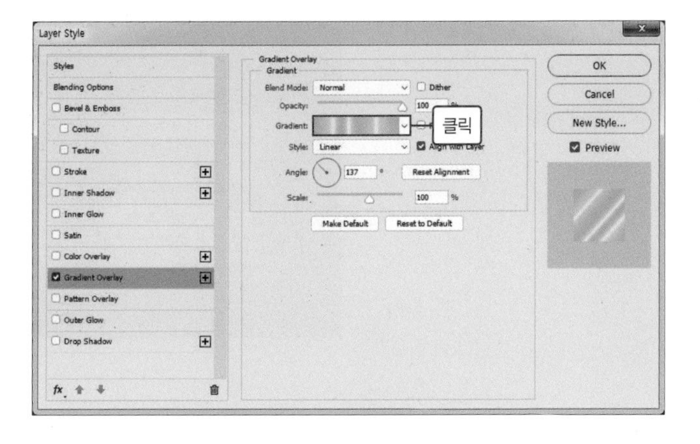


**3** Layer Style 대화상자가 나타나면 'Gradient Overlay'를 클릭한 후 'Gradient'를 클릭합니다.

**TIP** Gradient Overlay는 문자에 그러데이션을 적용하는 기능으로 여기서는 금속 특유의 반짝임을 표현하는 것이 핵심입니다.

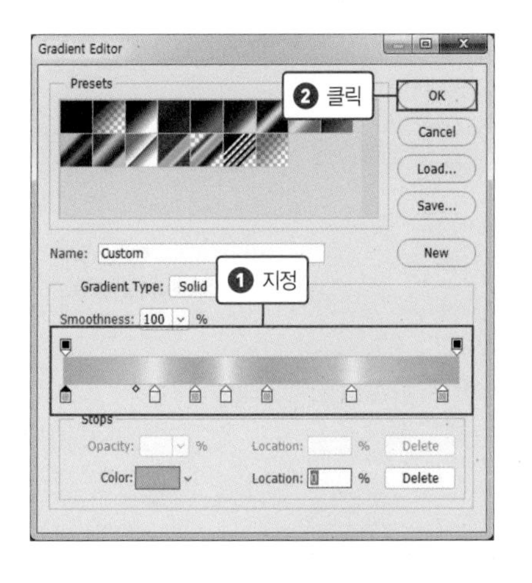


**4** Gradient Editor 대화상자가 나타나면 금속 느낌을 표현하기 위해 '#ffcb05(진한 색)'와 '#fff8c0(밝은 색)'을 그림과 같이 교차 반복한 다음 〈OK〉 버튼을 클릭합니다.

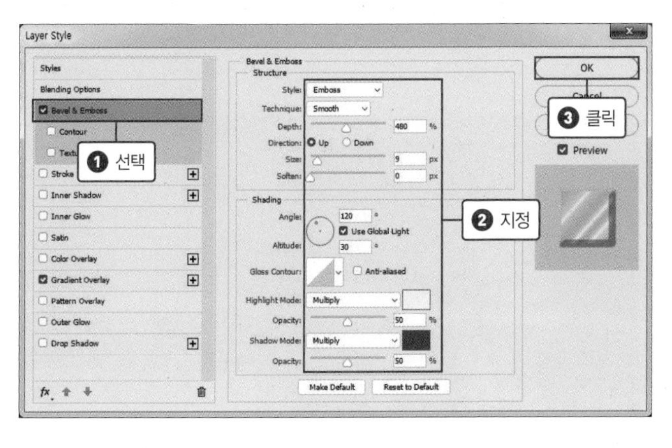


**5** 문자에 입체감을 추가하기 위해 Styles 목록에서 [Bevel & Emboss]를 선택합니다. Style: Emboss, Depth: 480%, Size: 9px, Angle: 120˚, Altitude: 30˚, Highlight Mode: Multiply/#fffbd9, Shadow Mode: Multiply/#90671로 지정한 다음 〈OK〉 버튼을 클릭합니다.

**TIP** 레이어 스타일(Layer Style)을 적용할 때는 기능을 참고하고, 구체적인 옵션은 글자 크기, 두께에 따라 적절하게 설정합니다.

**6** 금속 느낌의 입체 글자가 완성되었습니다.

## 03 메인타이틀 꾸미기

**1** 새 레이어를 만듭니다. 전경색: 흰색으로 지정한 다음 브러시 도구를 선택합니다. 옵션바에서 브러시 종류: Hard Round, Size: 21/14px로 설정하고 메인타이틀 오른쪽에 직선을 그립니다.

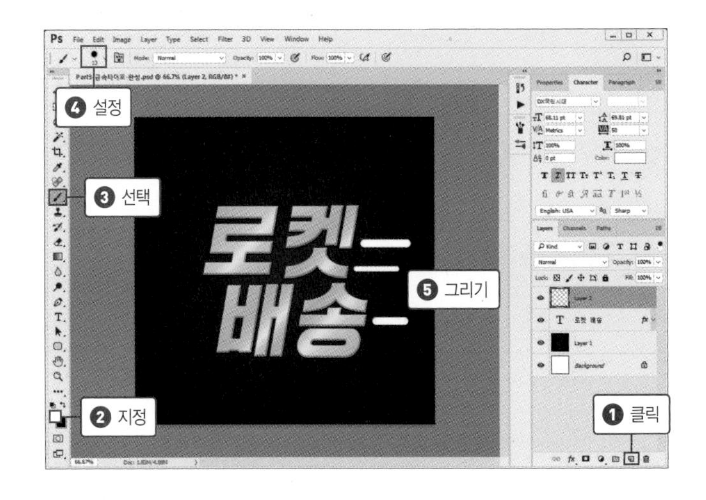


TIP 직선을 그릴 때는 시작점을 클릭하고 Shift를 누른 채 오른쪽으로 드래그합니다.

**2** Layers 패널에서 Alt를 누른 채 문자 레이어에 적용된 'fx(스타일)'를 직선 레이어에 드래그합니다. 문자에 적용된 스타일이 직선 오브젝트에 똑같이 적용됩니다.

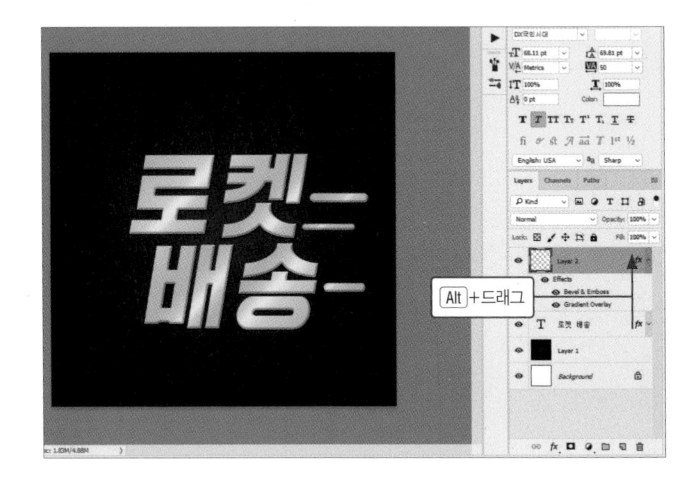

## 04 서브타이틀 입력하기

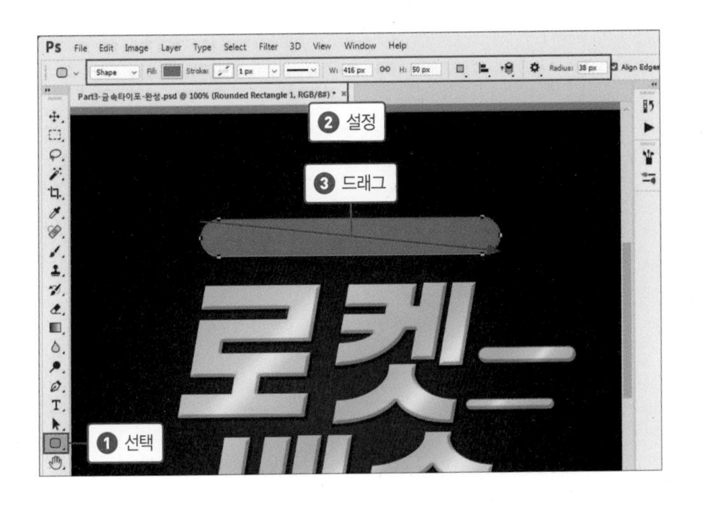


**1** 둥근 사각형 도구를 선택하고 옵션바에서 Shape, Fill: #df6926, Stroke: None, Radius: 25px로 설정한 다음 메인타이틀 위에 드래그합니다.

**2** 문자 도구를 선택하고 옵션바에서 폰트: 나눔고딕, 글자 크기: 30pt, 정렬: 가운데 정렬, 색상: 흰색으로 지정한 다음 주황색 바에 클릭하여 서브타이틀 문구를 입력합니다.
Character 패널의 'Faux Italic' 아이콘(T)을 클릭하여 문자를 기울입니다.

**3** Layers 패널에서 배경을 제외한 오브젝트 레이어를 모두 선택하고, 각도 조절을 위해 Ctrl+T를 누릅니다. 옵션바에서 Angle: -17°로 설정하여 회전한 다음 Enter를 누릅니다.

## 05 반짝이는 이미지 만들기

**1** 다각형 도구를 선택합니다. 반짝이 모양을 만들기 위해 옵션바에서 '설정' 아이콘을 클릭한 다음 'Star'에 체크 표시를 합니다. Indent Sides by: 70%로 설정하고 'Smooth Indents'에 체크 표시를 합니다.

**2** 옵션바에서 Shape, Fill: #ffcb05, Stroke: None, Sides: 4로 설정합니다. 메인타이틀 오른쪽 위에 드래그하여 반짝이 모양을 그립니다.

**3** 형태를 조절하기 위해 Ctrl+T를 누릅니다. 바운딩 박스가 활성화되면 왼쪽 가운데 조절점을 안쪽으로 드래그하여 모양을 길쭉하게 조절한 다음 Enter를 누릅니다.

**4** Alt 를 누른 채 문자 레이어에 적용된 'fx(스타일)'를 반짝이 레이어로 드래그합니다. 문자에 적용된 스타일이 반짝이 오브젝트에 똑같이 적용됩니다.

**5** 이동 도구를 선택하고 Alt 를 누른 채 반짝이 오브젝트를 원하는 위치에 드래그하여 복제합니다. Ctrl + T 를 누르고 바운딩 박스를 조절하여 각도와 크기를 변경하고 Enter 를 누릅니다.

## 06 일러스트 이미지 불러오기

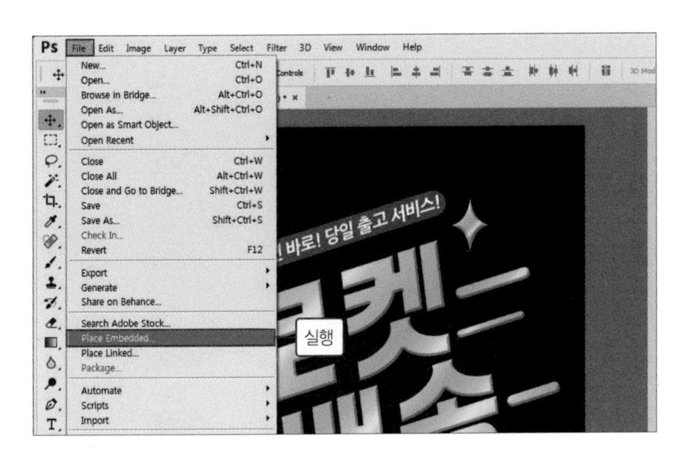


**1** 문자를 꾸미는 일러스트를 불러오기 위해 메뉴에서 [File] → [Place Embedded]를 실행합니다.

포토샵 시작
배경 디자인
그래픽 소스 제작
타이포그래피
트렌드 디자인
실전 디자인

**2** 04 폴더에서 '로켓.jpg' 이미지를 불러옵니다. 도큐먼트에 이미지가 나타나면 드래그하여 원하는 위치에 배치합니다. Shift를 누른 채 조절점을 드래그하여 크기를 줄이고 구도를 조정합니다. Enter를 눌러 작업을 해제합니다.

## 07 구름 이미지 만들기

**1** Layers 패널에서 바탕색과 메인타이틀 사이에 새 레이어를 만듭니다. 브러시 도구를 선택하고 옵션바에서 브러시 종류: Hard Round, Size: 185px로 설정합니다. 전경색: 흰색으로 지정한 다음 도큐먼트 아래에 클릭하여 흰 동그라미를 그립니다. 시야를 가리는 오브젝트 레이어들은 눈 아이콘(👁)을 클릭하여 잠시 가리고 작업합니다.

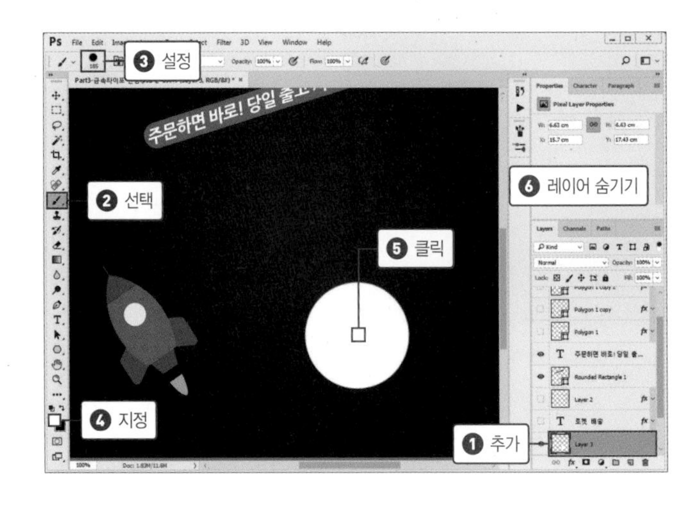


**2** 옵션바에서 Size: 115px로 변경하고 흰 동그라미 양옆을 클릭합니다.

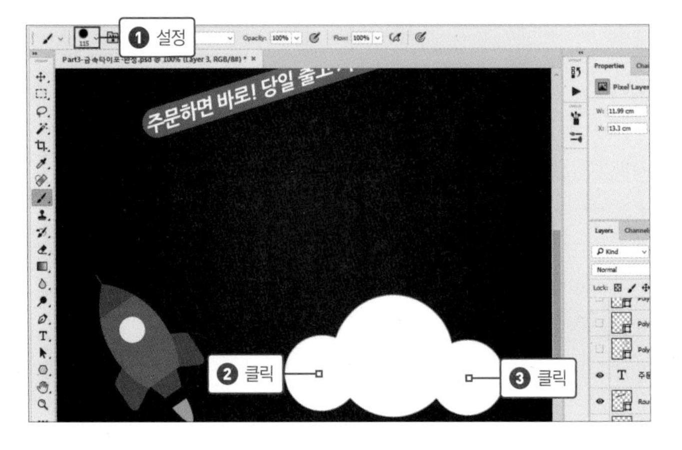

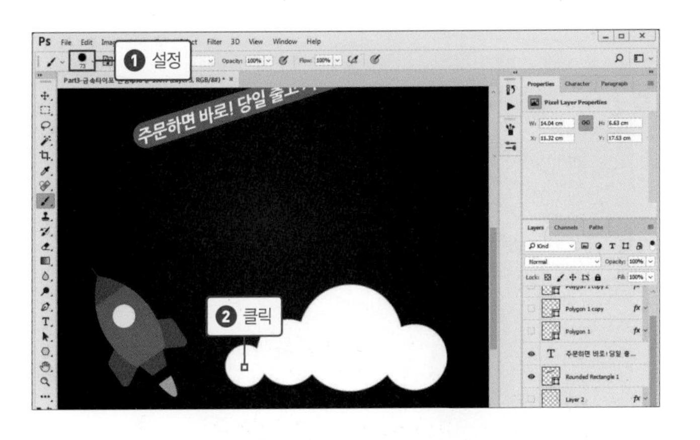


**3** 브러시 Size: 73px로 설정한 다음 왼쪽 끝에만 다시 클릭하여 구름 형태를 만듭니다.

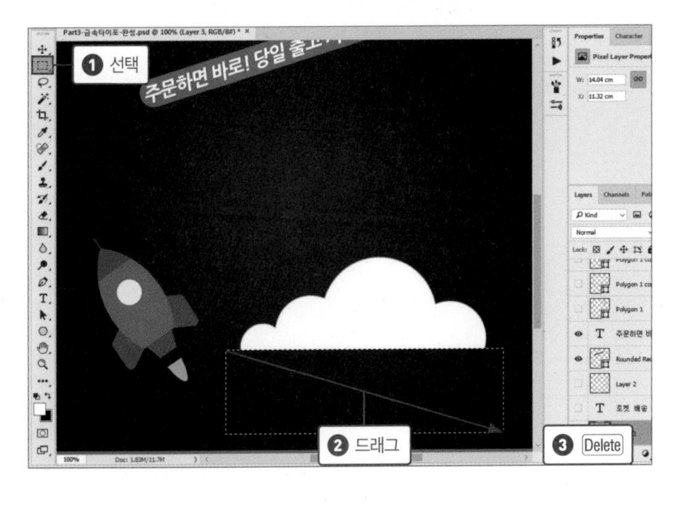


**4** 사각형 선택 도구를 선택하고 구름 아래에 드래그하여 직사각형 선택 영역을 만듭니다. Delete를 눌러 선택 영역을 삭제하여 구름 이미지를 완성합니다.

**5** 구름 이미지가 완성되면 숨겨둔 레이어 눈 아이콘(👁)을 클릭하여 다시 표시합니다. Ctrl을 누른 채 구름 레이어의 섬네일을 클릭하면 구름 이미지 형태대로 선택 영역이 만들어집니다. 구름 레이어의 눈 아이콘(👁)을 클릭하여 숨기고, 그 위에 새 레이어를 만듭니다.

**6** 그레이디언트 도구를 선택하고, 옵션바에서 'Linear Gradient' 아이콘(■)을 클릭합니다. 그러데이션 스타일을 'Foreground to Transparent(전경색과 투명)'로 지정하고 선택 영역 위쪽을 클릭한 다음 아래쪽까지 일직선으로 드래그합니다.

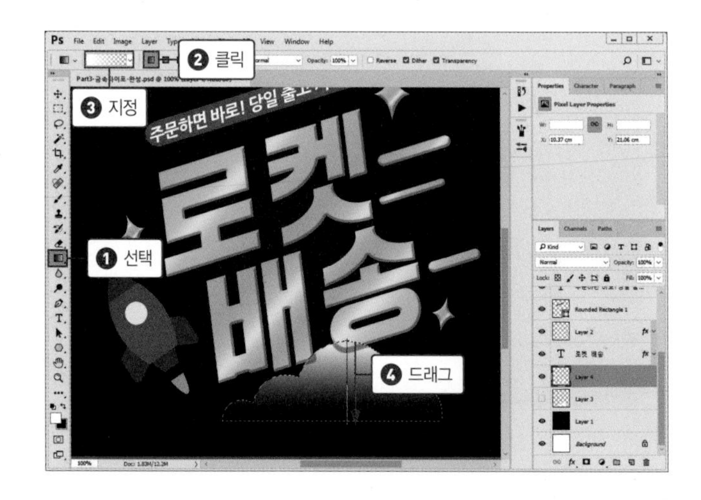


**7** 이동 도구로 Alt를 누른 채 그러데이션 구름 오브젝트를 드래그하여 원하는 위치에 복제합니다.

TIP Layers 패널에서 복제된 구름 레이어 순서를 조정하여 그림과 같이 배치할 수 있습니다.

## 08 배경 일러스트 조정하기

**1** 다시 새 레이어를 만듭니다. 그리고 전경색: 흰색으로 지정합니다. 브러시 도구를 선택하고 옵션바에서 브러시 종류: Hard Round, Size: 7/4px로 설정한 다음 도큐먼트 위에 클릭합니다.

**2** Layers 패널에서 구름과 별 레이어를 모두 선택하고, Ctrl+G를 눌러 그룹으로 지정합니다.

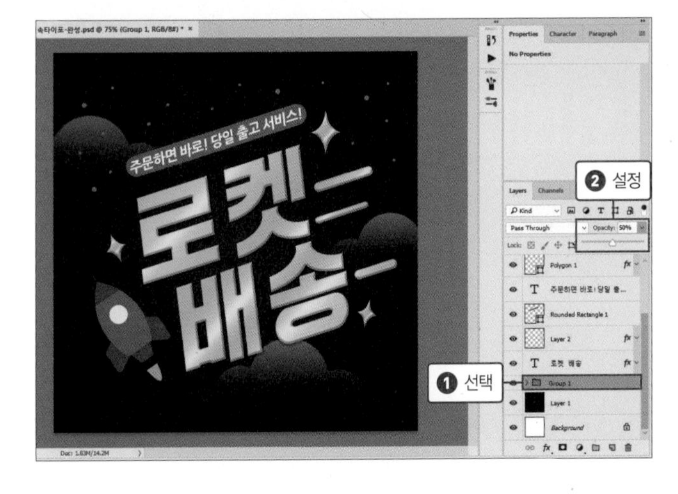


**3** 그룹 폴더를 선택합니다. Layers 패널의 Opacity: 50%로 설정합니다. 은은한 배경을 만들어 마무리합니다.

TIP 그룹 레이어를 지정하고 옵션 값을 설정하면 일일이 개별 레이어 옵션을 지정하지 않아도 되어 편리합니다.

레이어 스타일 기능을 활용하면 딱딱하고 평면적인 글씨가 어느새 투명하고 말랑말랑한 젤리 느낌으로 바뀝니다. 과정이 복잡해 보일 수 있지만 레이어 스타일 기능을 이해하면 어렵지 않으므로 함께 만들어 봅니다.

완성 이미지

완성 파일 04\젤리타이포-완성.psd

## 01 새 도큐먼트 만들기

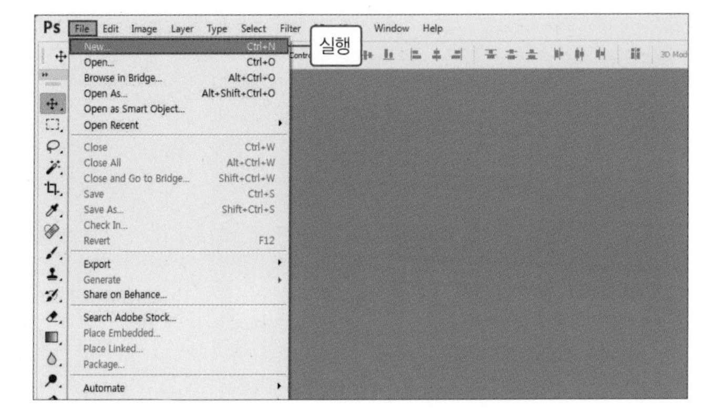


1 새 도큐먼트를 만들기 위해 메뉴에서 [File] → [New]를 실행합니다.

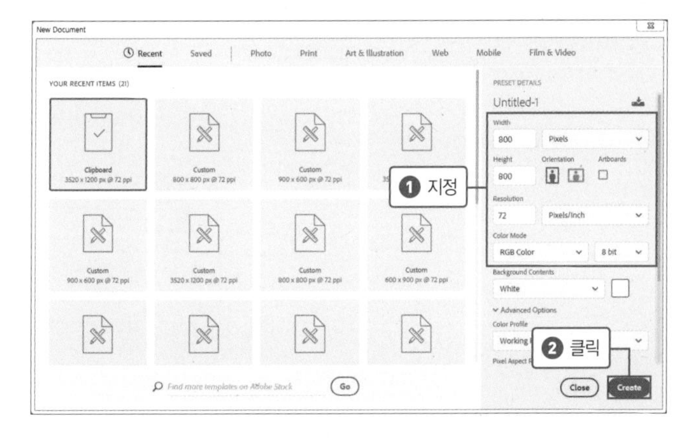


2 New Document 대화상자에서 Width/Height: 800Pixels, Resolution: 72Pixels/Inch, Color Mode: RGB Color로 지정한 다음 〈Create〉 버튼을 클릭합니다.

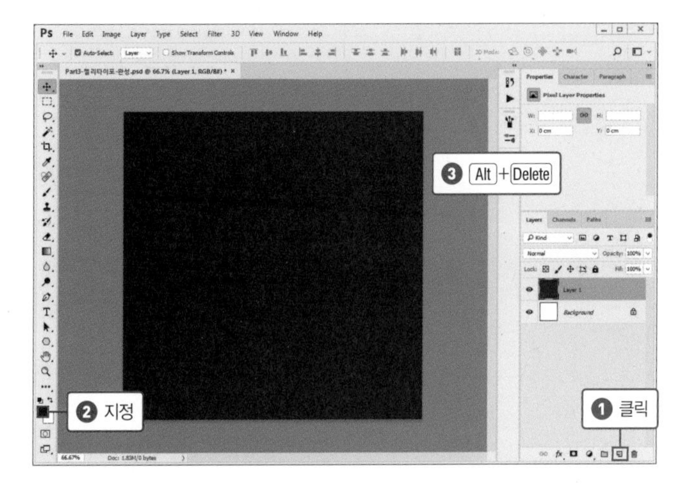


3 Layers 패널에서 'Create a new layer' 아이콘( )을 클릭하여 새 레이어를 만듭니다. 전경색: #4d009d로 지정한 다음 Alt+Delete를 눌러 색상을 채웁니다.

## 02 투명하고 말랑말랑한 젤리 문자 만들기

**1** 문자 도구를 선택하고 Character 패널에서 폰트: 여기어때 잘난체, 글자 크기: 175pt, 행간: 187pt, 색상: 흰색으로 지정합니다. 옵션바에서 정렬: 가운데 정렬로 지정한 다음 그림과 같이 메인타이틀 문구를 입력합니다.

**2** 문자에 어울리는 색을 적용하기 위해 Layers 패널의 'Add a layer style(레이어 스타일 추가)' 아이콘(fx)을 클릭한 다음 [Color Overlay]를 실행합니다.

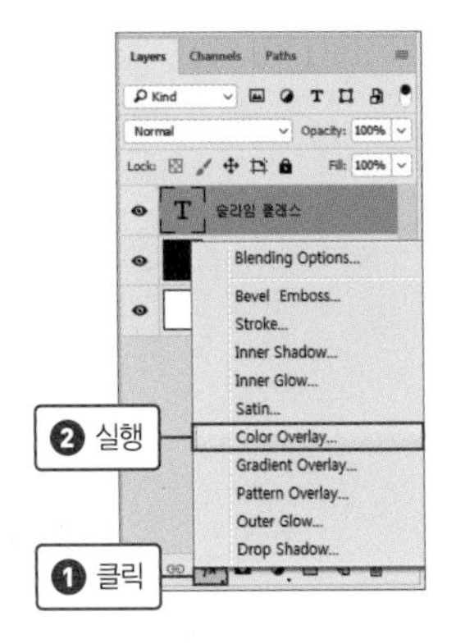


**3** Layer Style 대화상자가 나타나면 Blend Mode(색상): #a9d44f, Opacity: 100%로 설정합니다. 글자가 지정한 색으로 바뀝니다.

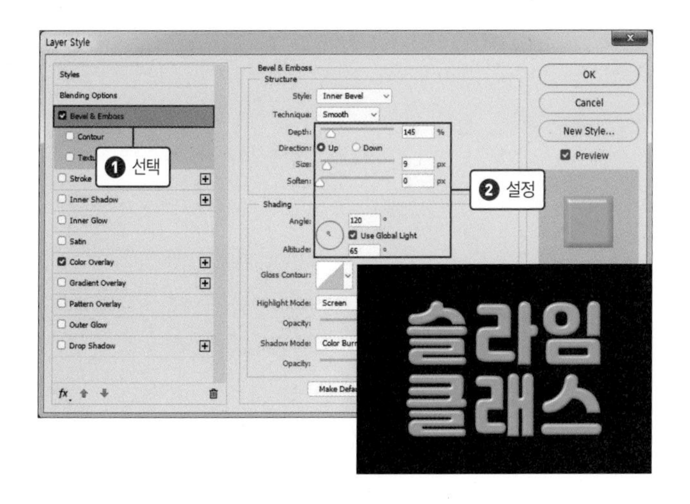


4 문자에 입체감을 주기 위해 Styles 목록에서 [Bevel & Emboss]를 선택합니다. Depth: 145%, Size: 9px, Angle: 120°, Altitude: 65°로 설정합니다.

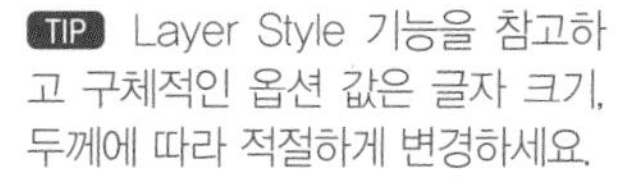
TIP Layer Style 기능을 참고하고 구체적인 옵션 값은 글자 크기, 두께에 따라 적절하게 변경하세요.

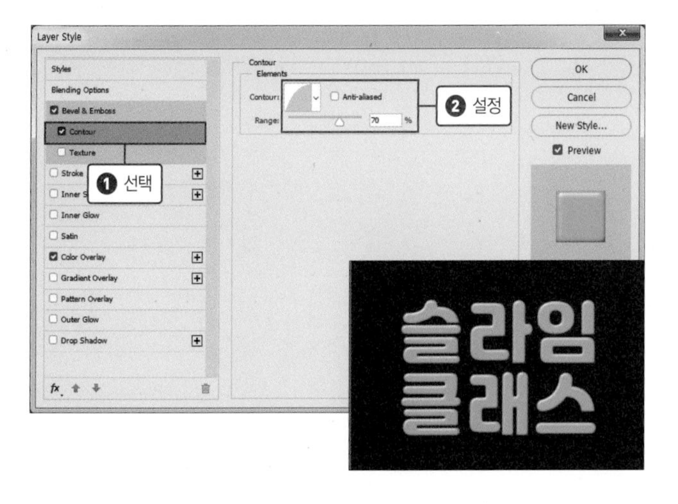


5 Styles 목록에서 [Bevel & Emboss] 아래의 [Contour]를 선택합니다. Contour: Half Round, Range: 70%로 설정합니다.

6 글자 안쪽에 그림자 효과를 추가하기 위해 Styles 목록에서 [Inner Shadow]를 선택합니다. Blend Mode: Multiply/#106d24, Opacity: 40%, Distance: 13px, Size: 14px로 설정합니다.

TIP Inner Shadow 효과는 문자 안에 그림자 효과를 주어 입체감과 투명감을 높입니다.

**7** 이번에는 Styles 목록에서 [Stroke]를 선택합니다. Size: 3px, Position: Outside, Color: #528334로 지정한 다음 〈OK〉 버튼을 클릭합니다.

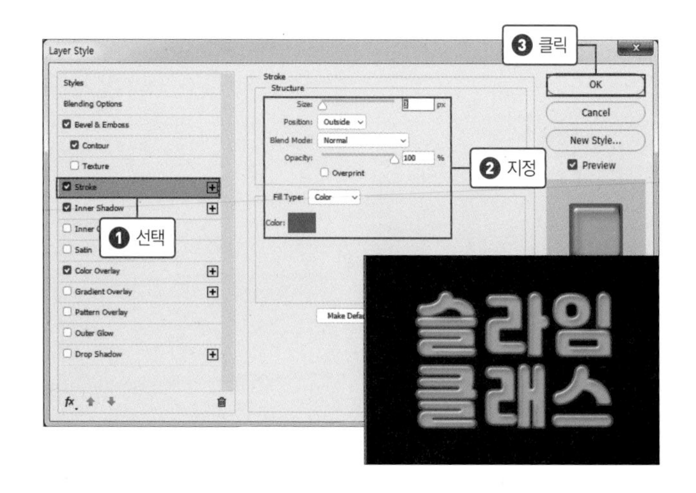


## 03 흘러내리는 젤리 느낌 표현하기

**1** Layers 패널에서 문자 레이어가 선택된 채 Ctrl+J를 눌러 복제합니다. 메뉴에서 [Type] → [Rasterize Type Layer]를 실행합니다. 문자 레이어가 일반 레이어로 변경됩니다.

TIP 원본 문자를 복제하면 나중에 서체 종류나 내용을 수정할 때 편리합니다. 수정 가능성이 있는 작업에서는 반드시 원본을 복제하여 남겨두는 습관을 들입니다.

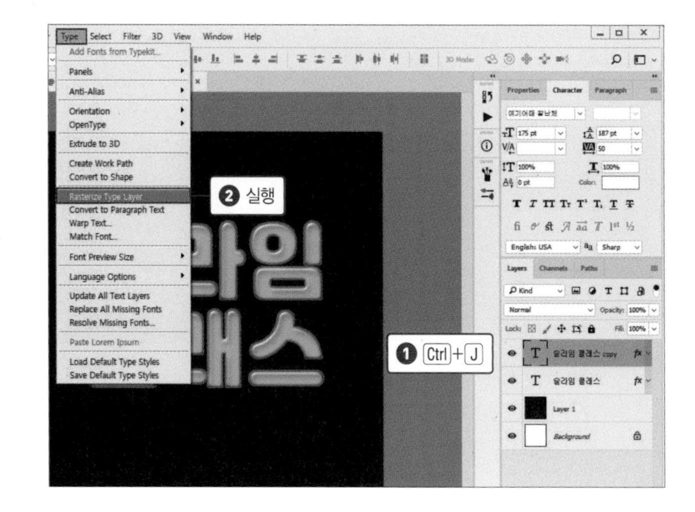


**알아두기**

Layers 패널에서 문자 레이어를 선택하고 마우스 오른쪽 버튼을 클릭하면 [Rasterize Type / Rasterize Layer Style] 두 가지의 Rasterize 명령이 구분되어 나타납니다.

❶ **Rasterize Type**: 문자만 래스터화합니다.

❷ **Rasterize Layer Style**: 문자 스타일까지 일반 오브젝트로 래스터화합니다.

여기서는 스타일 기능이 활성화된 상태에서 작업을 하므로 반드시 문자만 래스터화합니다.

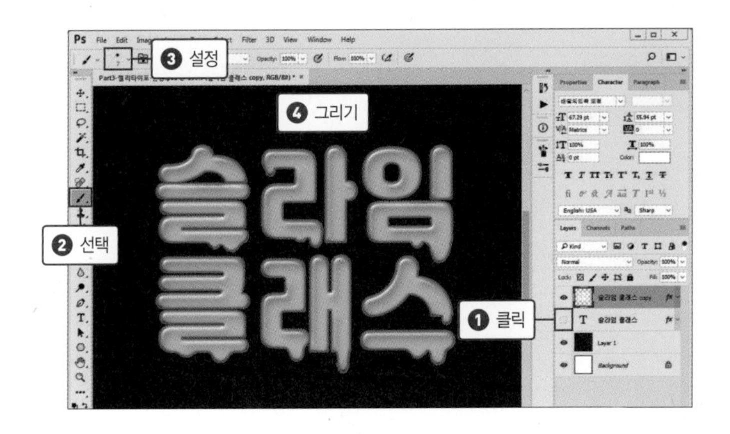


2 Layers 패널에서 원본 문자 레이어 눈 아이콘( )을 클릭하여 잠시 숨깁니다. 브러시 도구를 선택하고 옵션바에서 브러시 종류: Hard Round, Size: 7px로 설정한 다음 그림과 같이 젤리가 흐르는 모양을 문자 위에 그립니다.

## 04 서브타이틀 입력하고 특수 문자로 꾸미기

1 둥근 사각형 도구를 선택하고 옵션바에서 Shape, Fill: #a174e2, Stroke: None, Radius: 30px로 설정한 다음 메인타이틀 위에 드래그합니다.

2 문자 도구를 선택하고 옵션바에서 폰트: 배달의민족 도현, 글자 크기: 45pt, 정렬: 가운데 정렬, 색상: 흰색으로 지정한 다음 연보라색 바에 클릭하여 서브타이틀 문구를 입력합니다.

**3** 서브 문구 왼쪽에 별 모양의 특수 문자를 입력합니다. 먼저 서브 문구 맨 앞을 클릭합니다. 'ㅁ'을 입력한 다음 한자를 누릅니다. 특수 문자가 나타나면 그중에서 '8 ★'을 선택합니다.

**4** 입력한 왼쪽 ★을 선택하고 Character 패널에서 글자 크기: 34pt, 색상: #41107f, Baseline Shift: 4pt로 설정하여 기준선을 이동합니다.

**5** 별표를 선택한 다음 Ctrl+C를 눌러 복사하고 오른쪽 문장 끝을 클릭한 다음 Ctrl+V를 눌러 붙여 넣습니다. 서브 타이틀이 완성됩니다.

## 05 슬라임 일러스트 그리기

**1** 새 레이어를 추가합니다. 사각형 선택 도구를 선택하고 도큐먼트 아래에 드래그하여 직사각형 선택 영역을 만듭니다. 전경색: #26014b로 지정하고, Alt+Delete를 눌러 선택 영역에 색상을 채웁니다. Ctrl+D를 눌러 선택 영역을 해제합니다.

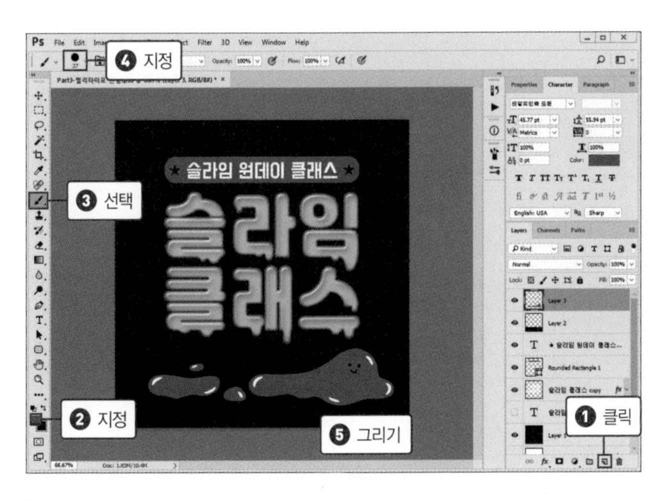


**2** 다시 새 레이어를 만듭니다. 전경색: #a174e2로 지정한 다음 브러시 도구를 선택하고 옵션바에서 브러시 종류: Hard Round로 지정합니다. 브러시 크기를 조절하며 도큐먼트 아래에 슬라임 이미지를 그려 마무리합니다.

TIP 브러시 사용이 불편하다면 펜 도구를 이용하여 자유롭게 그려도 좋습니다.

# SNS PhotoShop

PART 05

# 트렌디한 그래픽 디자인 키워드

도형과 패턴이 어우러지는 기하학적인 디자인, 오묘한 색 조합이 돋보이는 그러데이션과 액체(리퀴드) 질감 표현, 네온사인, 쿠키 글자 등 그래픽 디자인 트렌드 중에서 가장 인기 있는 스타일을 만들어 보고 최신 그래픽 디자인 키워드를 바탕으로 감각적인 디자인을 실현해 보세요.

# 01 > 개성 있는 팝아트 느낌의 후기 이벤트 만들기

개성 있는 배경 디자인을 만들고 싶을 때 다양한 패턴으로 색다른 분위기를 연출할 수 있습니다. 패턴을 이용하여 도형과 패턴이 어우러지는 기하학적인 디자인 또는 팝아트 느낌의 디자인을 연출하는 것이 가능합니다.

완성 이미지

예제 파일 05\패턴유닛.psd, 패턴유닛-2.psd 완성 파일 05\패턴활용-배너-완성.psd

## 01 새 도큐먼트 만들기

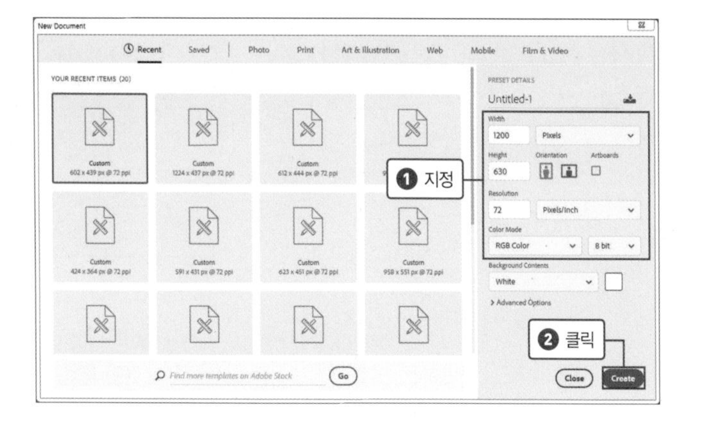


**1** 메뉴의 [File] → [New]를 실행해 New Document 대화상자에서 Width: 1200Pixels, Height: 630Pixels, Resolution: 72Pixels/Inch, Color Mode: RGB Color로 지정한 다음 〈Create〉 버튼을 클릭합니다.

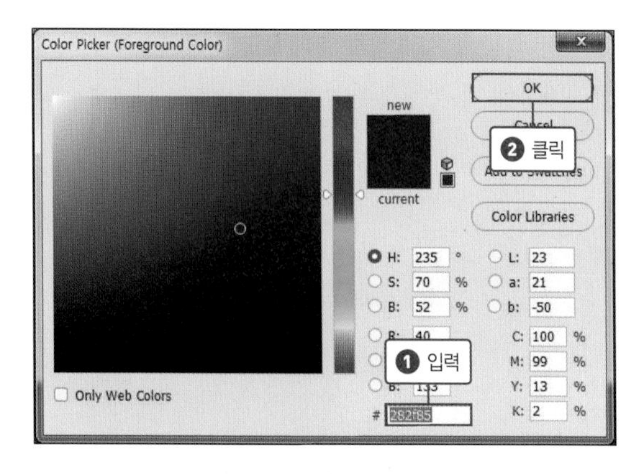


**2** 도구 패널에서 전경색을 클릭한 다음 Color Picker 대화상자가 나타나면 #: 282f85로 입력한 다음 〈OK〉 버튼을 클릭합니다.

**3** Layers 패널의 'Create a new layer' 아이콘(🗊)을 클릭하여 새 레이어를 만듭니다. Alt+Delete를 눌러 색상을 채웁니다.

## 02 첫 번째 패턴 등록하기

**1** 패턴 유닛 도큐먼트를 만들기 위해 메뉴에서 [File] → [New]를 실행합니다. New Document 대화상자가 나타나면 Width/Height: 35Pixels, Resolution: 72Pixels/Inch, Color Mode: RGB Color로 지정한 다음 〈Create〉 버튼을 클릭합니다.

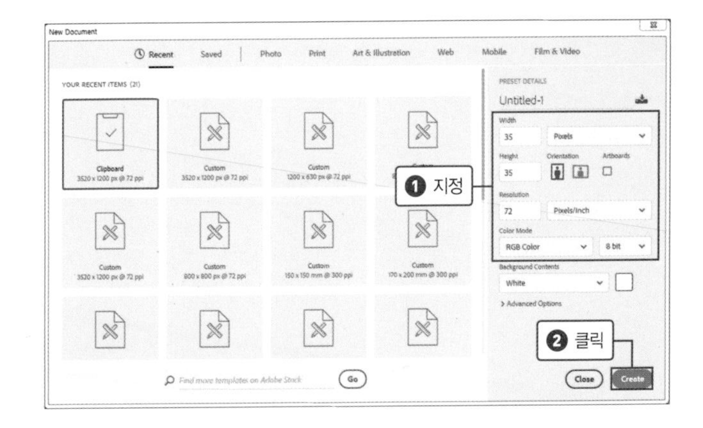


**2** 원형 도구를 선택하고 옵션 바에서 Shape, Fill: 검은색, Stroke: None으로 지정합니다. 캔버스 가운데에 Alt+Shift를 누른 채 드래그하여 원을 그립니다.

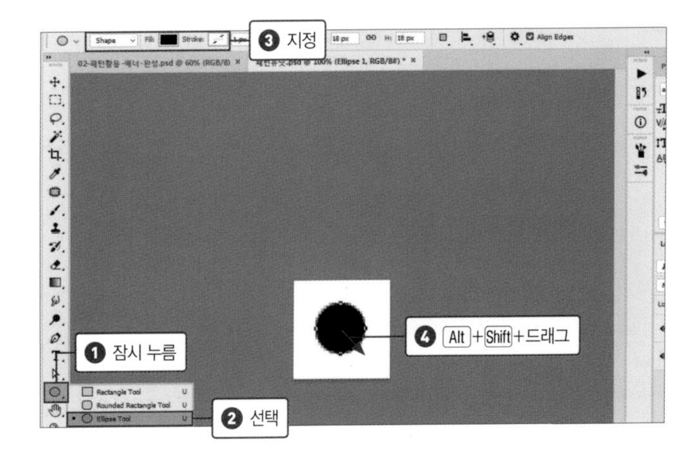


**3** Layers 패널에서 'Back-ground' 레이어의 눈 아이콘(👁)을 클릭하여 바탕을 투명하게 만듭니다. 패턴을 등록하기 위해 메뉴에서 [Edit] → [Define Pattern]을 실행합니다.

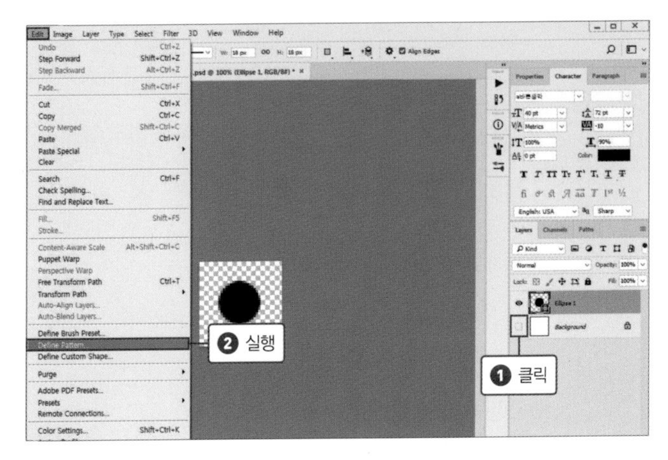

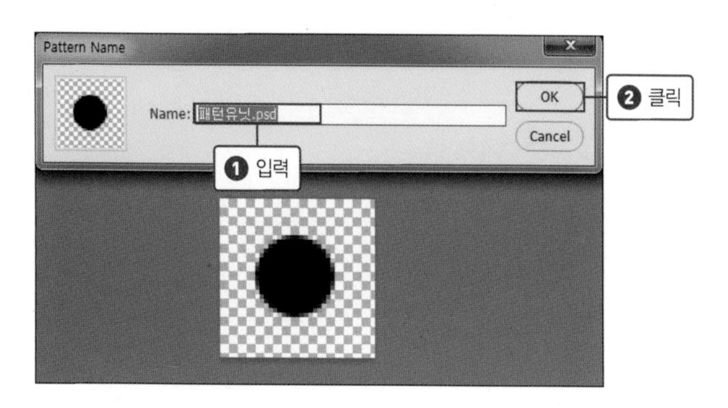


**4** Pattern Name 대화상자가 나타나면 Name에 '패턴유닛'을 입력하고 〈OK〉 버튼을 클릭합니다.

## 03 패턴 적용하기

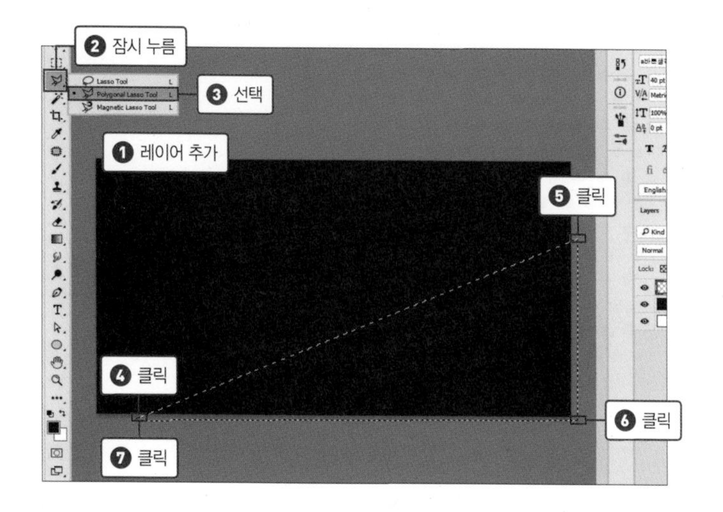


**1** 작업 도큐먼트에서 다시 새 레이어를 추가합니다. 패턴이 들어갈 영역을 지정하기 위해 다각형 올가미 도구를 선택합니다. 도큐먼트 왼쪽 아래를 시작점으로 클릭하고, 오른쪽 아래 모서리와 그 윗부분, 다시 시작점을 연속해서 클릭합니다.

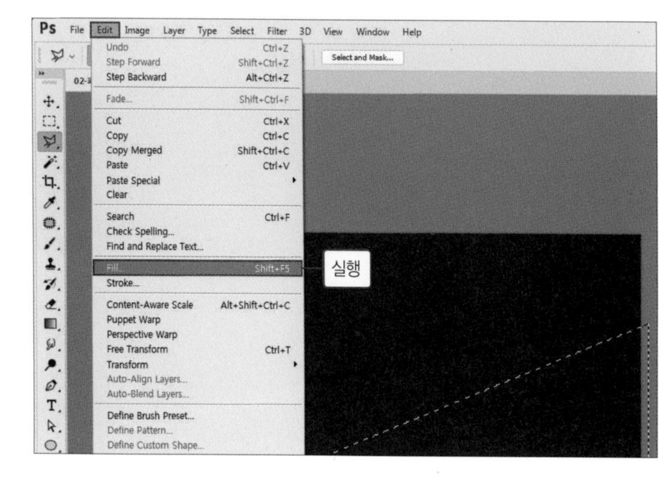


**2** 선택 영역에 패턴을 채우기 위해 메뉴에서 [Edit] → [Fill]을 실행합니다.

**3** Fill 대화상자가 나타나면 Contents: Pattern, Custom Pattern: 패턴유닛, Script: Brick Fill로 지정한 다음 〈OK〉 버튼을 클릭합니다.

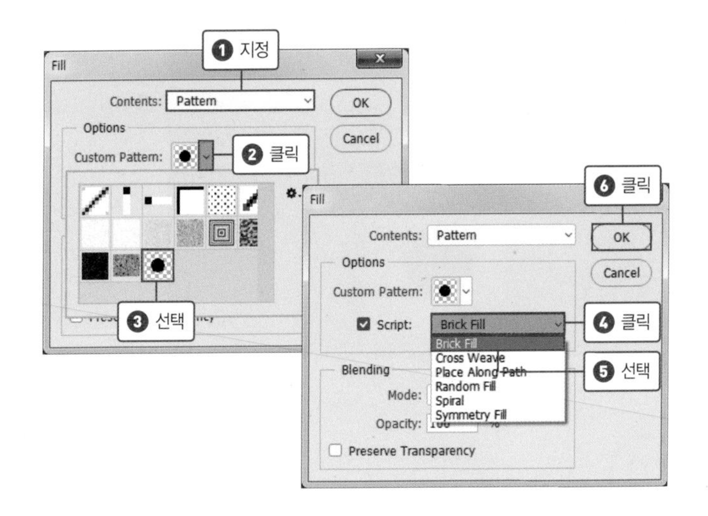


**4** Brick Fill 대화상자가 나타나면 Pattern Scale: 0.5, Offset between rows: 50% of width로 설정한 다음 〈OK〉 버튼을 클릭합니다.

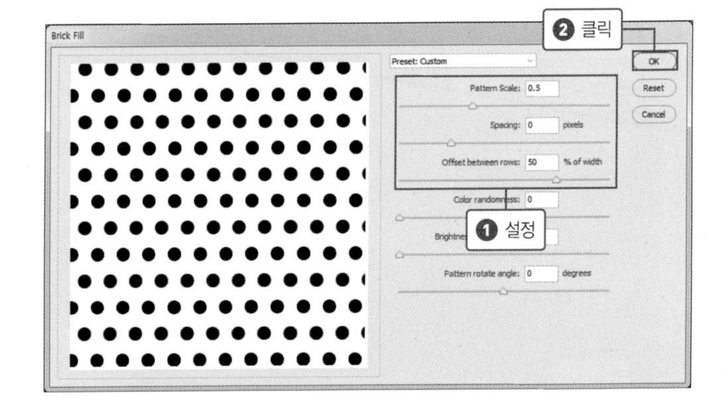


TIP 포토샵 CC에서는 여러 가지 스크립트(Script) 설정으로 패턴 유닛 크기와 각도, 모양을 다양하게 조절할 수 있습니다.

**5** 선택 영역에 도트무늬 패턴이 채워집니다. Ctrl+D를 눌러 선택 영역을 해제합니다.

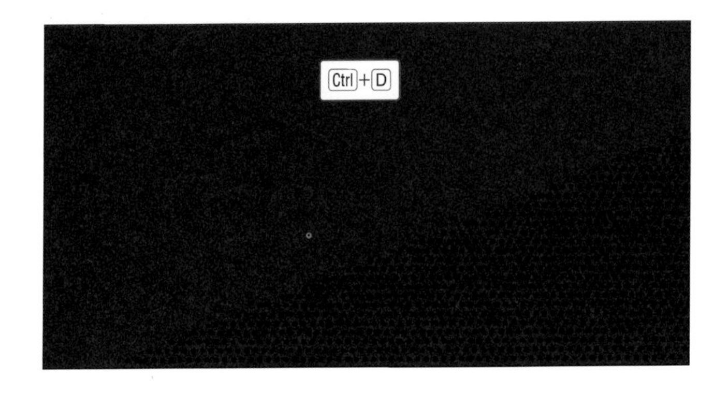

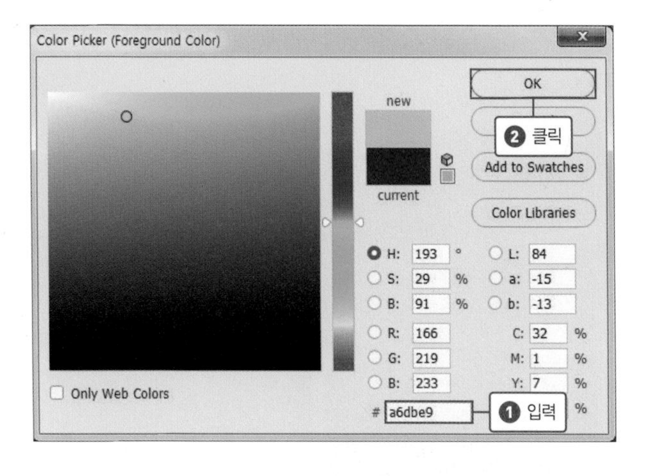


6 도구 패널에서 '전경색'을 클릭하여 Color Picker 대화상자가 나타나면 #: a6dbe9를 입력한 다음 〈OK〉 버튼을 클릭합니다.

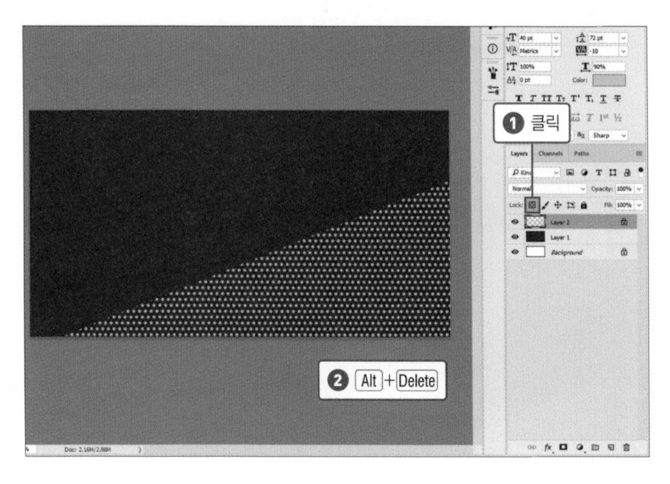


7 Layers 패널의 'Lock transparent pixels(투명 픽셀 잠그기)' 아이콘(▩)을 클릭합니다. Alt+Delete를 눌러 추출한 색상을 도트무늬 패턴에 채웁니다.

❶ **Lock transparent pixels(투명 픽셀 잠그기):** 투명 영역에서 작업할 수 없도록 하는 잠금 기능으로 오브젝트 안에만 채색할 때 유용합니다.

❷ **Lock image pixels(이미지 픽셀 잠그기):** 채색 작업을 할 수 없도록 잠그는 기능입니다.

❸ **Lock position(위치 잠그기):** 레이어를 이동하지 못하도록 잠그는 기능입니다.

❹ **Lock all(모두 잠그기):** 어떤 작업도 할 수 없도록 잠그는 기능입니다.

❺ **Fill(내부 불투명도):** 레이어의 실제 이미지에 대한 불투명도(Opacity)와 마찬가지로 %(수치)가 낮을수록 투명해지는 것은 같습니다. 단, 다른 점은 Opacity는 레이어 자체 투명도이며, Fill은 레이어 이미지가 투명해집니다.

❶ ❷ ❸ ❹ ❺

## 04 컬러 단 구성하기

**1** 도구 패널에서 '전경색'을 클릭하여 Color Picker 대화상자가 나타나면 #: f9cee1을 입력한 다음 〈OK〉 버튼을 클릭합니다.

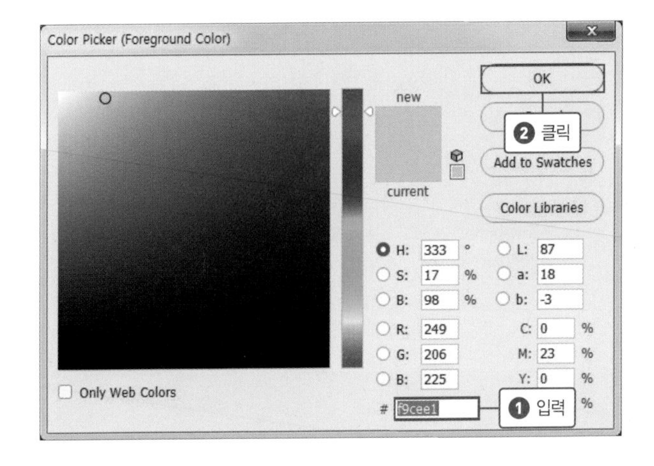


**2** 새 레이어를 추가하고, 다각형 올가미 도구를 이용하여 도트무늬와 반대 방향의 삼각형 선택 영역을 만듭니다. Alt+Delete를 눌러 추출한 색상을 채웁니다.

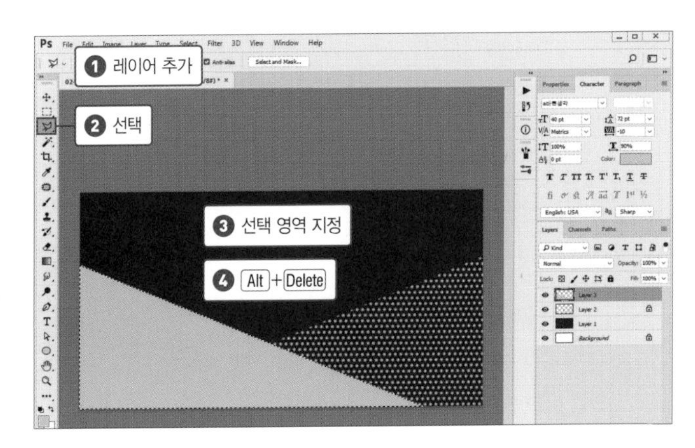


**3** 원형 도구를 선택하고 옵션바에서 Shape, Fill: 흰색, Stroke: None으로 지정합니다. 캔버스 가운데에 Alt+Shift를 누른 채 드래그하여 원을 그립니다.

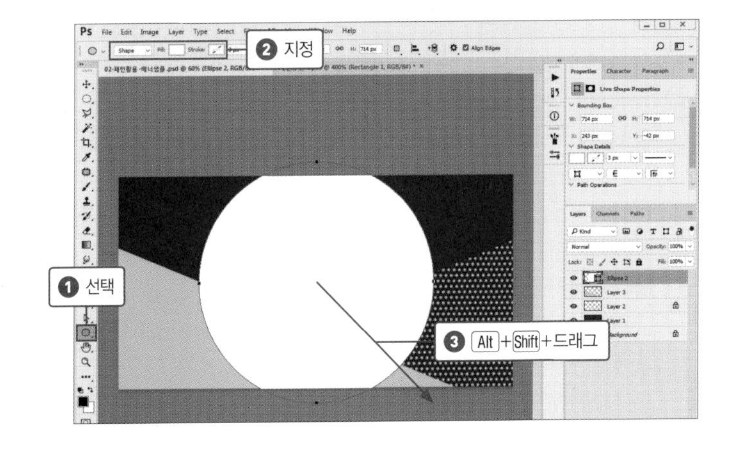

## 05 두 번째 패턴 등록하기

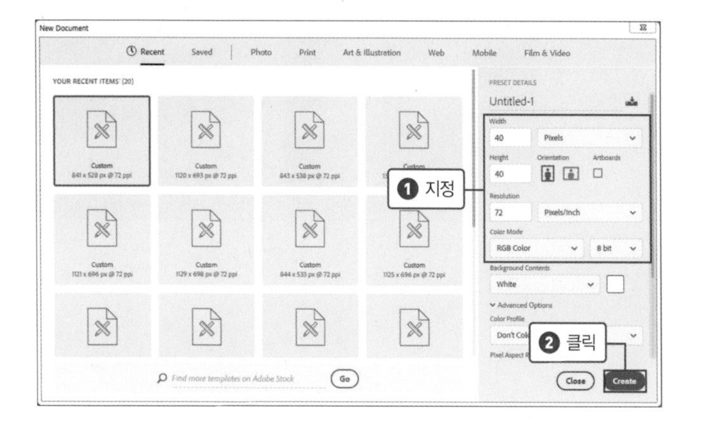


**1** 패턴 유닛을 추가하기 위해 새 도큐먼트를 만듭니다. 메뉴에서 [File] → [New]를 실행하여 New Document 대화상자가 나타나면 Width/Height: 40Pixels, Resolution: 72Pixels/Inch, Color Mode: RGB Color로 지정한 다음 〈Create〉 버튼을 클릭합니다.

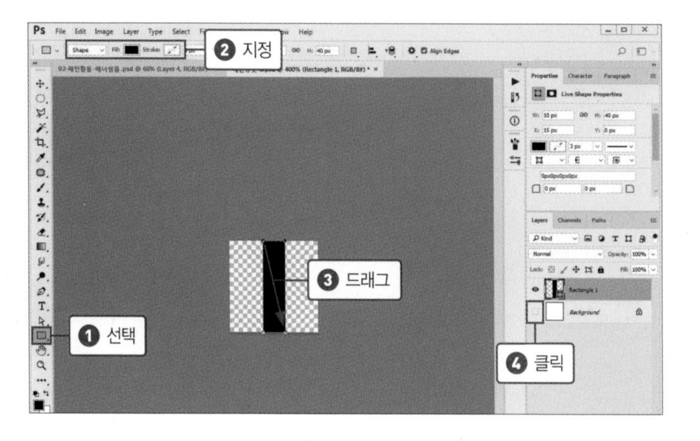


**2** 사각형 도구를 선택하고 옵션바에서 Shape, Fill: 검은색, Stroke: None으로 지정합니다. 캔버스 가운데에 드래그하여 직사각형을 그립니다. Layers 패널에서 'Background' 레이어 눈 아이콘(👁)을 클릭해 바탕을 투명하게 만듭니다.

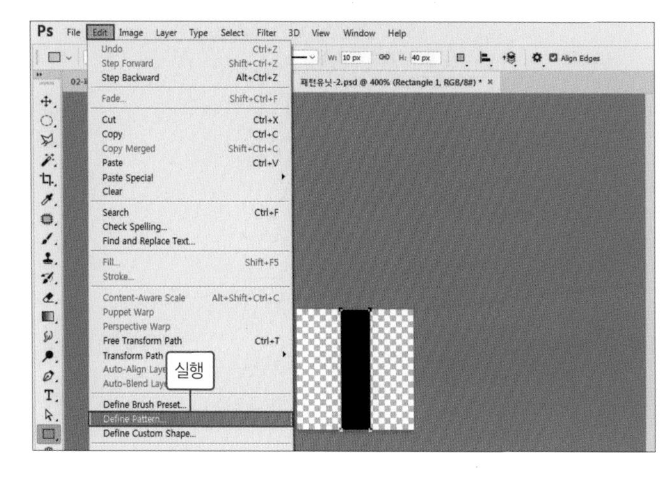


**3** 패턴을 등록하기 위해 메뉴에서 [Edit] → [Define Pattern]을 실행합니다.

**4** Pattern Name 대화상자가 나타나면 Name: 패턴유닛-2를 입력하고 <OK> 버튼을 클릭합니다.

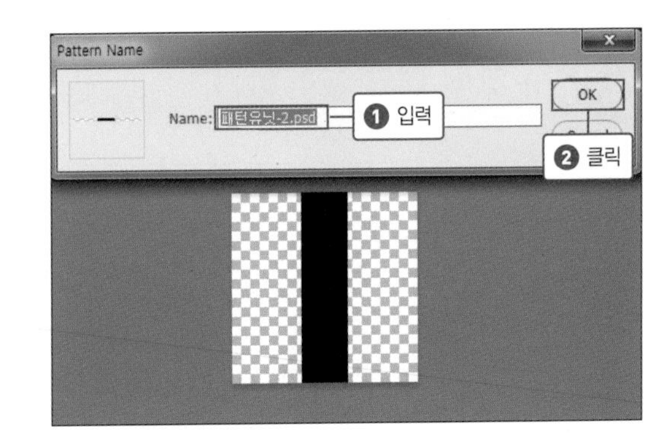


## 06 패턴 적용하기

**1** 새 레이어를 만듭니다. 원형 선택 도구를 선택하고 Shift를 누른 채 드래그하여 정원의 선택 영역을 지정합니다.

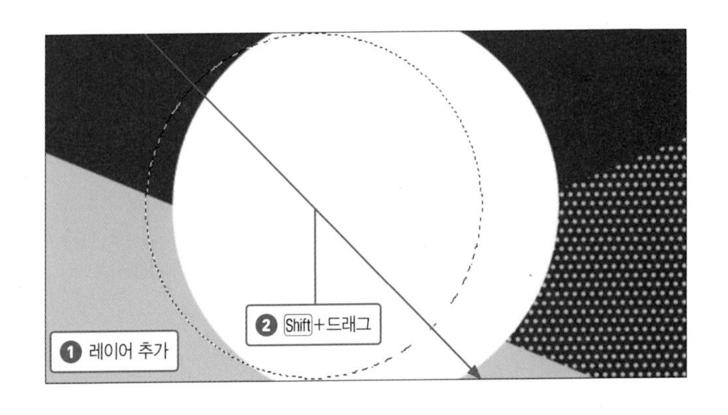


**2** 메뉴에서 [Edit] → [Fill]을 실행합니다. Fill 대화상자가 나타나면 Contents: Pattern, Custom Pattern: 패턴유닛-2, Script: Brick Fill로 지정한 다음 <OK> 버튼을 클릭합니다.

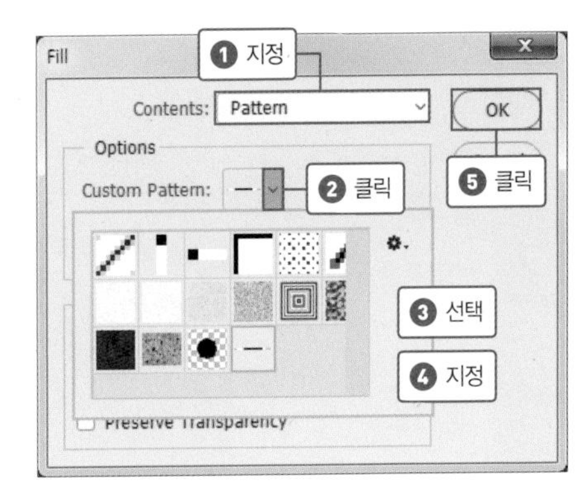

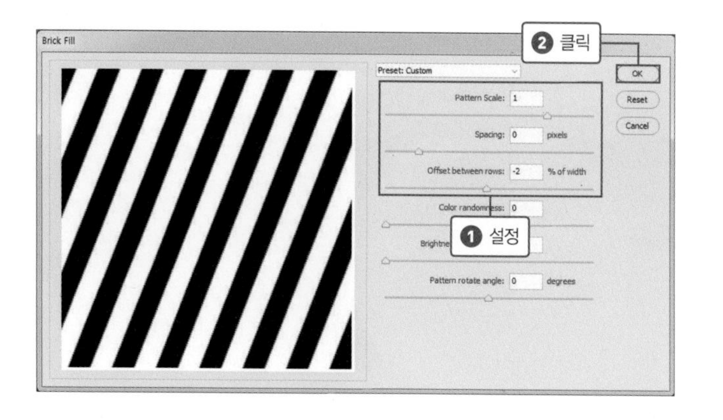


**3** Brick Fill 대화상자가 나타나면 Pattern Scale: 1, Offset between rows: –2% of width로 설정한 다음 〈OK〉 버튼을 클릭합니다.

**4** 선택 영역이 줄무늬 패턴으로 채워집니다. Ctrl+D를 눌러 선택 영역을 해제합니다.

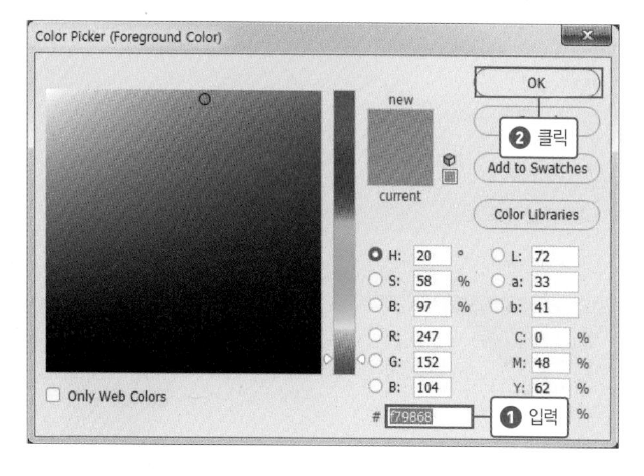


**5** 도구 패널에서 전경색을 클릭하여 Color Picker 대화상자가 나타나면 #: f79868을 입력한 다음 〈OK〉 버튼을 클릭합니다.

**6** Layers 패널의 'Lock transparent pixels(투명 픽셀 잠그기)' 아이콘(⊠)을 클릭한 다음 Alt+Delete를 눌러 추출한 줄무늬 패턴에 색상을 채웁니다.

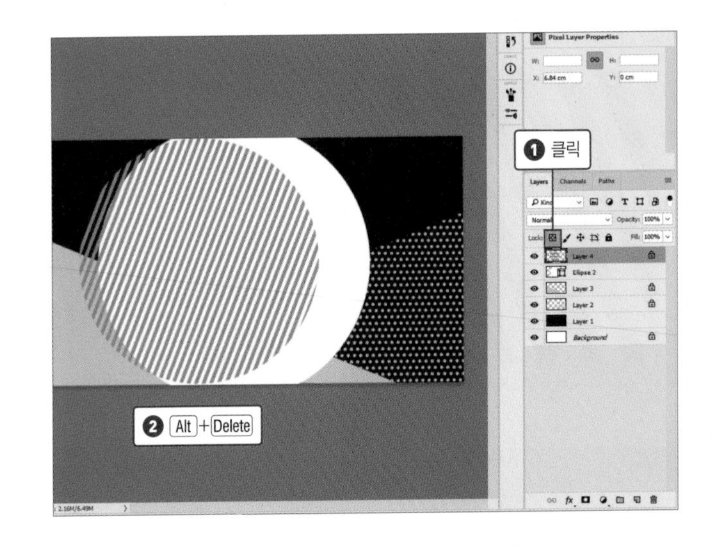


**7** Layers 패널에서 패턴 레이어를 흰색 원형 레이어 아래로 이동합니다. Ctrl+T를 누른 다음 Shift를 누른 채 바운딩 박스 조절점을 드래그하여 크기와 위치를 조정하고 Enter를 눌러 작업을 해제합니다.

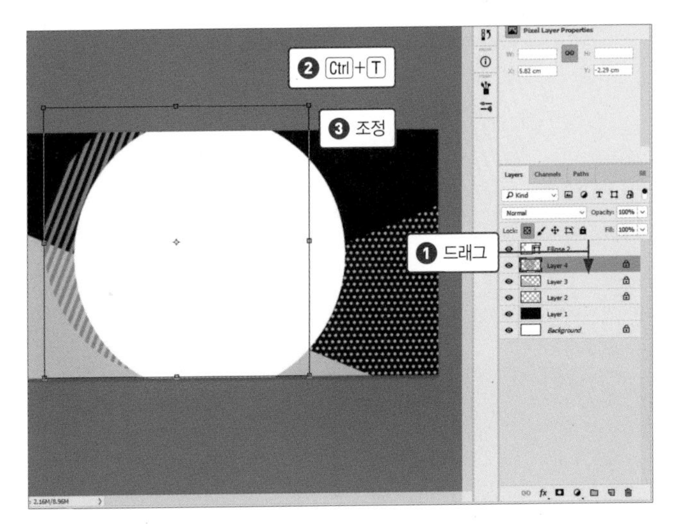


**8** 다양한 도형 도구를 이용하여 여백을 도형들로 꾸밉니다. 단, 색상은 조잡하지 않게 이미 사용한 색상 중에서 선택하여 활용합니다.

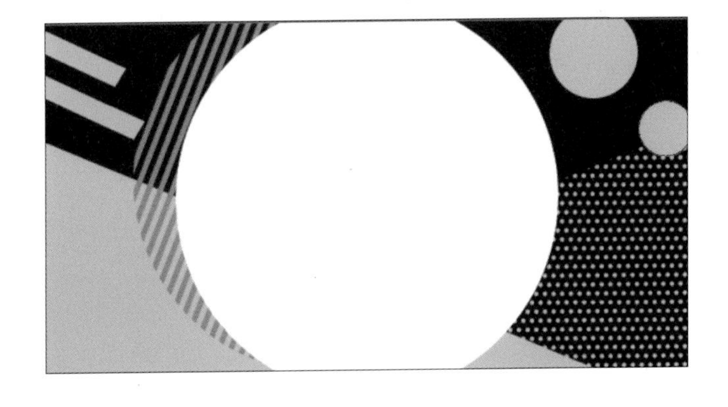

## 07 문자 입력하기

**1** 문자 도구를 선택하고 Character 패널에서 폰트: Tmon몬소리, 글자 크기: 125pt, 행간: 140pt, 색상: #cf4c18(주황)/#282f85(군청)로 지정합니다. 옵션바에서 정렬: 가운데 정렬로 지정하고 그림과 같이 메인타이틀 문구를 입력합니다.

**2** 옵션바에서 폰트: DX국민시대, 글자 크기: 50pt, 문자 폭: 85%, 색상: #282f85로 지정하고 제목 위에 클릭해 서브 문구를 입력합니다.

**3** 옵션바의 'Create Warped Text' 아이콘(T)을 클릭합니다. Warp Text 대화상자가 나타나면 Style: Arc, Bend: 30%로 설정한 다음 〈OK〉 버튼을 클릭합니다.

**4** 문자 도구를 선택하고 옵션 바에서 폰트: DX국민시대, 글자 크기: 40pt, 문자 폭: 85%, 색상: 검은색으로 지정한 다음 제목 아래에 클릭하여 이벤트 기간을 입력합니다.

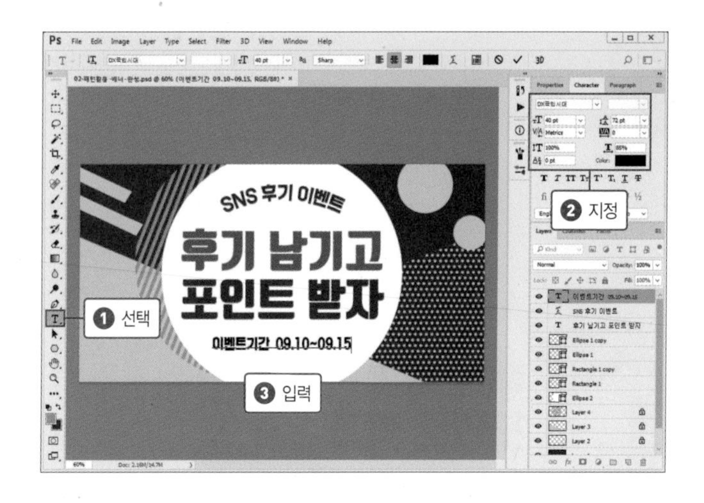


**5** 마지막으로 원형 도구를 선택하고 옵션바에서 Shape, Fill: #f79868, Stroke: None으로 지정합니다. 강조하고 싶은 단어 위에 드래그하여 도트무늬를 그려서 마무리합니다.

# 02 > 믹서 브러시로 패션 위크 이벤트 디자인하기

오묘한 색 조합이 돋보이는 그러데이션과 액체(리퀴드) 질감 표현은 최근 그래픽 디자인 트렌드 중에서 가장 인기 있는 스타일입니다. 믹서 브러시 기능 하나면 이처럼 트렌디하고 감각적인 스타일의 배너 디자인을 간단하게 구현할 수 있습니다.

완성 이미지

완성 파일 05\믹서브러시배너-완성.psd

## 01 새 도큐먼트 만들고 그러데이션 배경 만들기

**1** 새 도큐먼트를 만들기 위해 메뉴에서 [File] → [New]를 실행합니다.

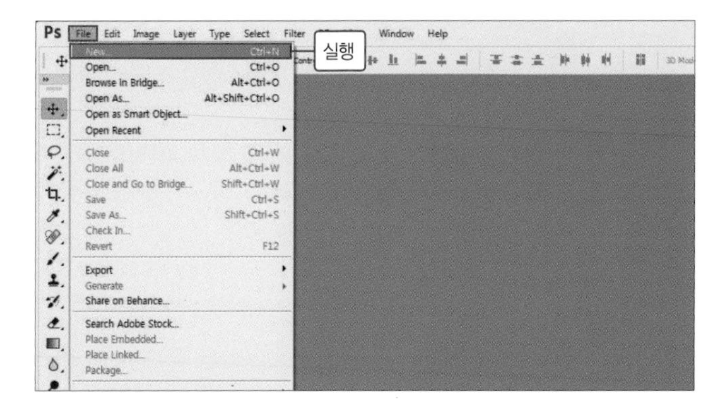


**2** New Document 대화상자에서 Width/Height: 800Pixels, Resolution: 72Pixels/Inch, Color Mode: RGB Color로 지정한 다음 〈Create〉 버튼을 클릭합니다.

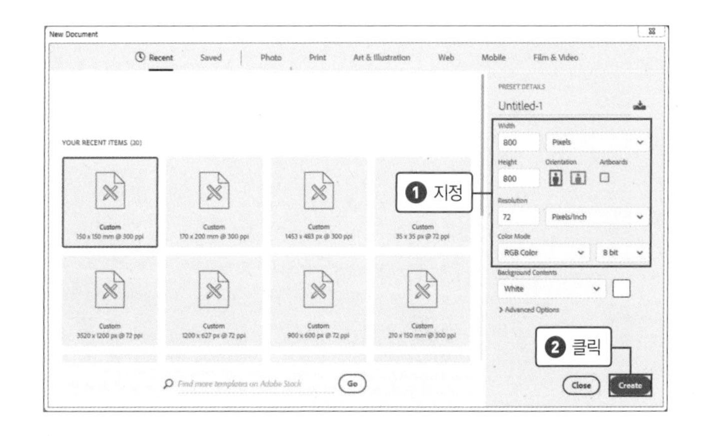


**3** 새 도큐먼트가 만들어지면 전경색: #601db1, 배경색: #35086b로 지정합니다.

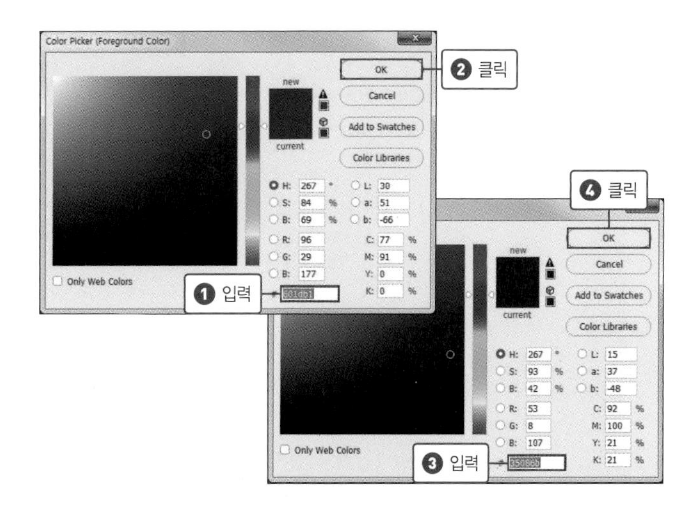

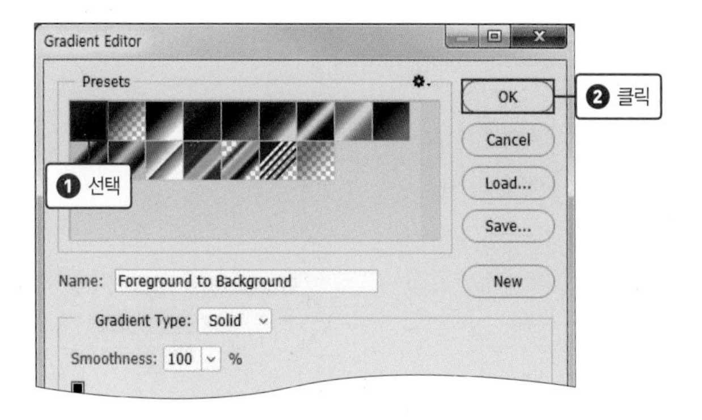


**4** 그레이디언트 도구를 선택하고 옵션바에서 'Linear Gradient' 아이콘을 클릭합니다. 그러데이션 스타일을 클릭하여 Gradient Editor 대화상자의 Presets에서 'Foreground to Background(전경색과 배경색)'를 선택한 다음 <OK> 버튼을 클릭합니다.

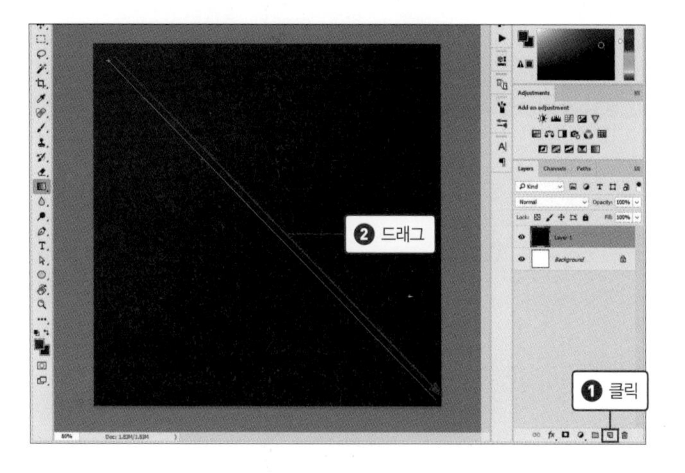


**5** 새 레이어를 만듭니다. 도큐먼트 왼쪽 위에서 오른쪽 아래로 드래그합니다. 지정한 색상에 따라 그러데이션 배경이 만들어집니다.

## 02 컬러 믹서 만들기

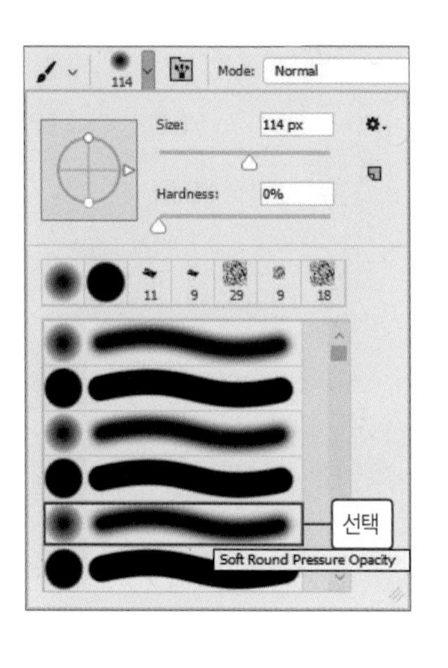


**1** 브러시 도구를 선택하고 옵션바에서 브러시 종류: Soft Round Pressure Opacity로 선택합니다.

**2** 옵션바에서 Size: 165px로 설정합니다. 새 레이어를 만듭니다. 전경색: #32e24a로 지정한 다음 도큐먼트 오른쪽 아래에 드래그하여 그림과 같이 크게 원을 그립니다.

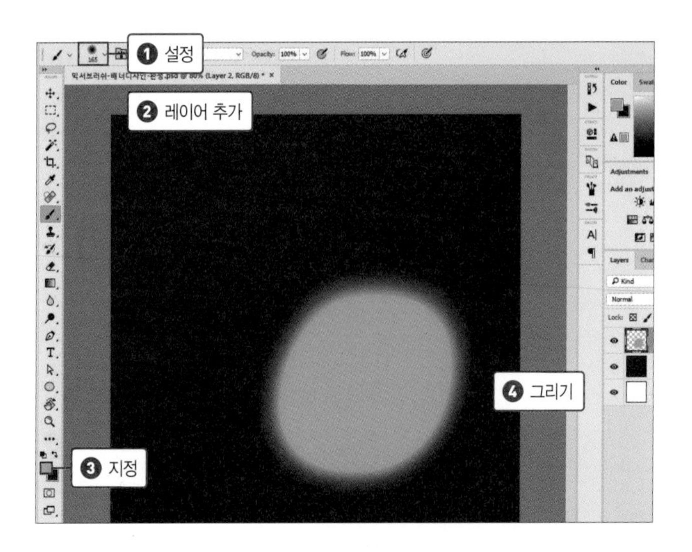


**3** 같은 브러시로 색상을 각각 #5e7fff(파란색), #3fd7bd(하늘색), #9653ff(자주색)로 변경하여 각기 다른 색상 원을 서로 겹치게 그립니다.

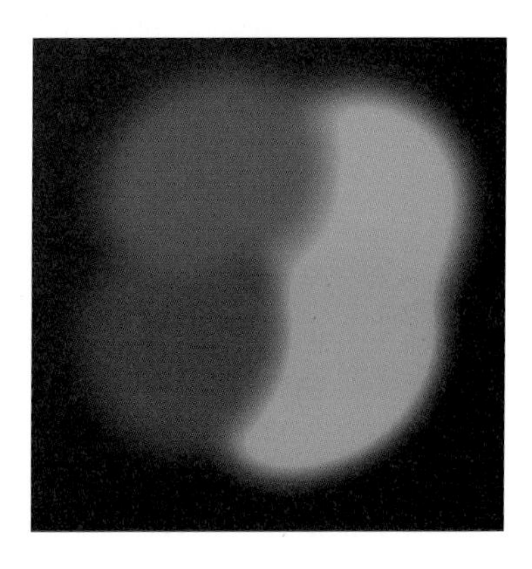

**4** 도구 패널에서 믹서 브러시 도구를 선택합니다. 옵션바에서 브러시 종류: Hard Round, Size: 95px로 설정합니다.

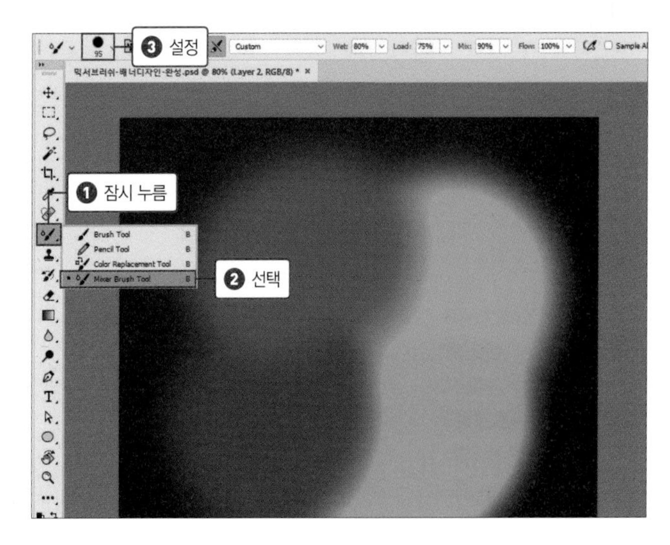

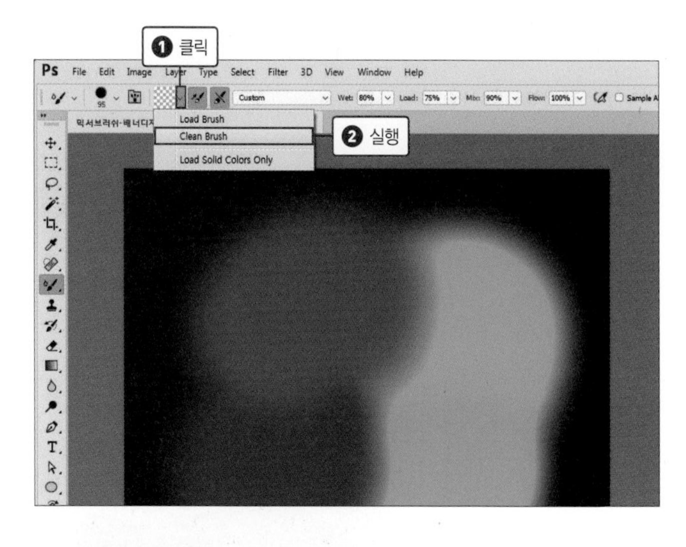


5 옵션바에서 브러시 섬네일 오른쪽 팝업 아이콘을 클릭한 다음 [Clean Brush]를 실행합니다.

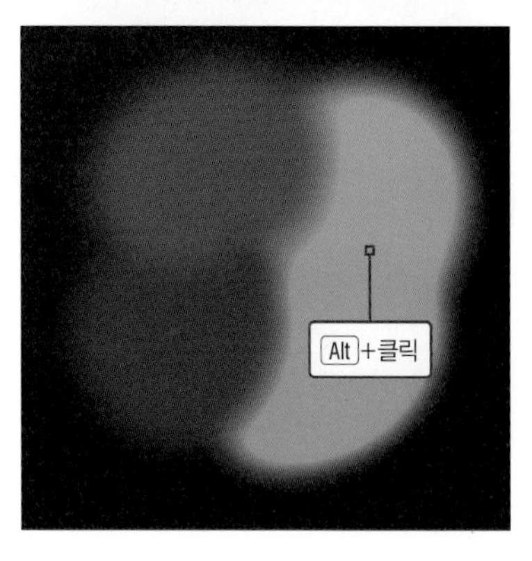


6 도큐먼트 위에 있는 네 가지 컬러 믹서 중 하늘색과 연두색 경계 부분을 Alt를 누른 채 클릭합니다. 옵션바 섬네일에 색이 추출됩니다.

### 믹서 브러시 도구 옵션바 살펴보기

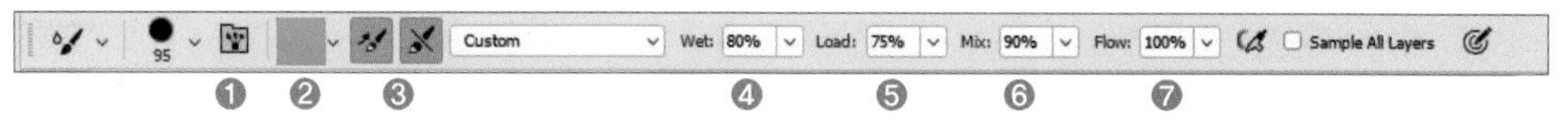


❶ **Load Brush:** 전경색과 이미지 색상을 섞는 브러시입니다.
❷ **Clean Brush:** 이미지에 있는 색상끼리 섞는 브러시입니다.
❸ **Load Solid Colors/Wet Only:** 건조하게 또는 촉촉하게 하는 등의 느낌을 선택할 수 있습니다.
❹ **Wet:** 물의 농도를 조절하는 옵션입니다. 수치가 클수록 물이 많이 묻어 표현됩니다.
❺ **Load:** 페인트 농도를 조절하는 옵션입니다. 수치가 작을수록 페인트가 옅게 표현됩니다.
❻ **Mix:** 섞이는 강도를 조절하는 옵션입니다.
❼ **Flow:** 브러시 강도를 조절하는 옵션입니다.

## 03 믹서 브러시로 드로잉하기

**1** F5를 눌러 Brushes 패널을 표시합니다. Brush Tip Shape 아래에서 Spacing: 1%로 설정합니다.

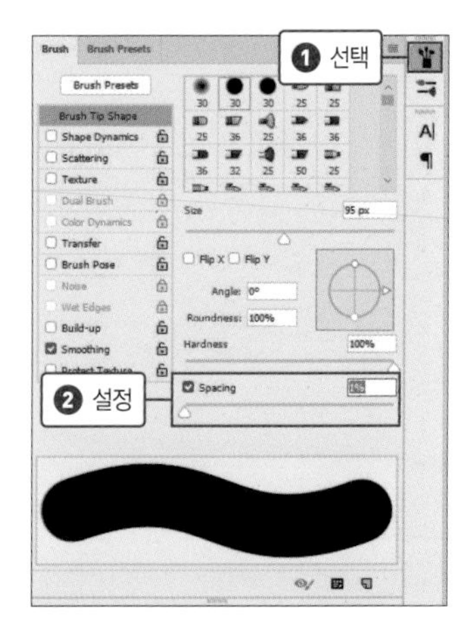


**2** Layers 패널에서 컬러 믹서 레이어 눈 아이콘(👁)을 클릭하여 숨깁니다. 새 레이어를 추가하고, 믹서 브러시를 이용하여 그림과 같이 드로잉합니다. 추출한 믹서 색상이 브러시 방향에 따라 칠해집니다.

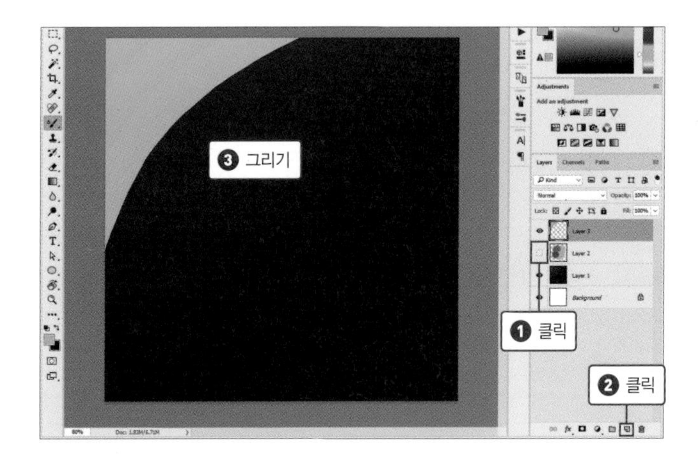


**3** 새 레이어를 추가합니다. 반대편 아래쪽도 그리고, 자유로운 곡선도 그립니다. 클릭하여 점도 찍습니다.

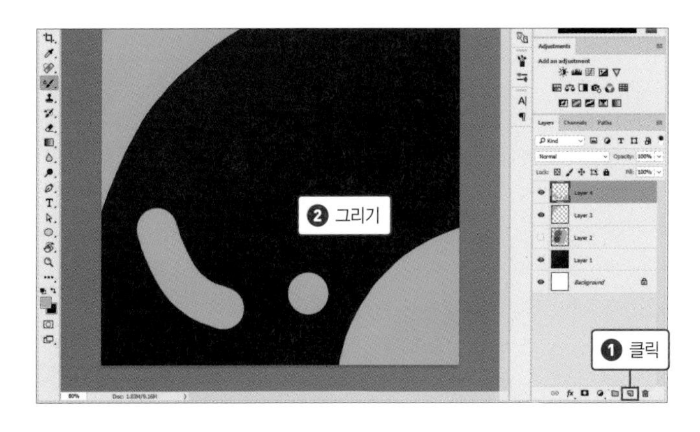

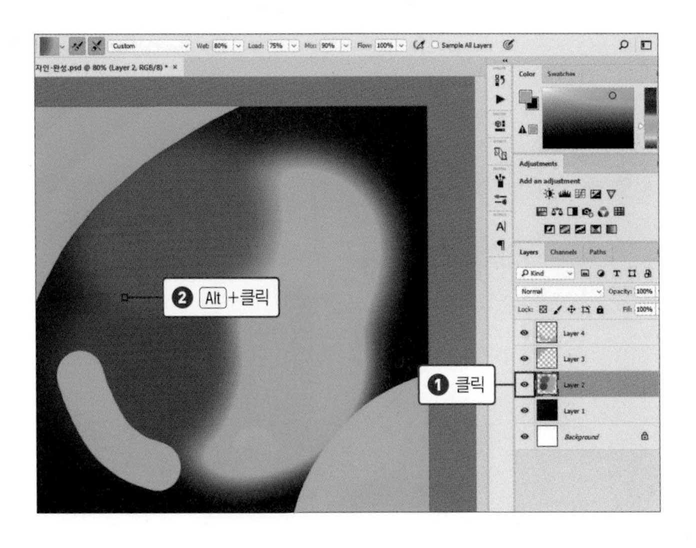


4 숨겼던 컬러 믹서 레이어를 다시 표시하고, 이번에는 Alt를 누른 채 파란색과 하늘색 경계 부분을 클릭합니다. 옵션바 섬네일에 새로 추출된 색상이 나타납니다.

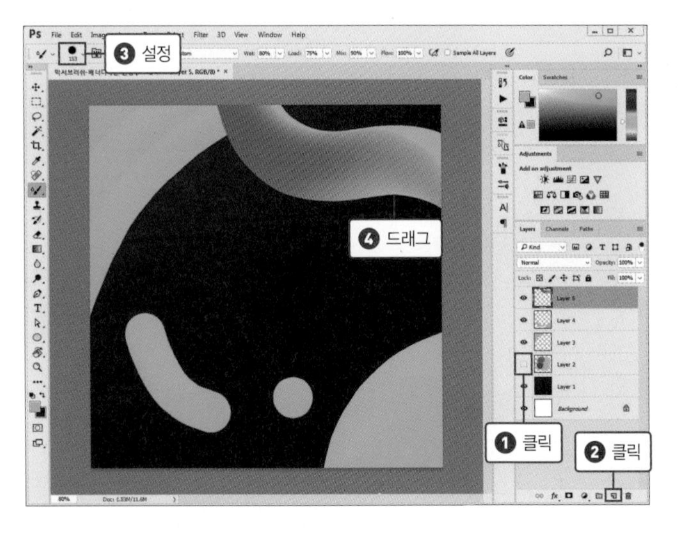


5 다시 컬러 믹서 레이어를 숨깁니다. 새 레이어를 추가하고, 옵션바에서 Size: 153px로 설정한 다음 그림과 같이 브러시를 이용하여 부드러운 곡선을 표현합니다.

6 같은 과정을 반복하며 다양한 색상을 추출하고, 여러 유닛을 만듭니다.

## 04 사각형 테두리 만들기

**1** 컬러 유닛 레이어들 사이에 새 레이어를 하나 만듭니다. 사각형 선택 도구를 선택하고 도큐먼트 가운데에 드래그하여 정사각형 선택 영역을 만듭니다. 도구 패널에서 '기본 색상(흑백)' 아이콘(■)을 클릭한 다음 Ctrl+Delete를 눌러 흰색을 채웁니다.

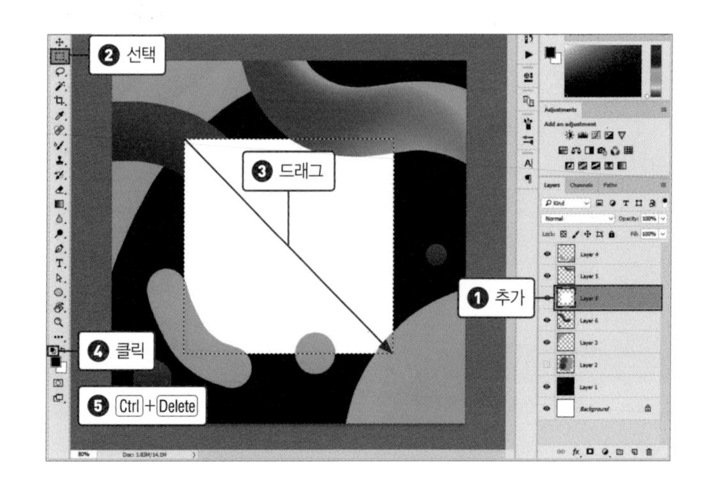


**2** Ctrl+D를 눌러 선택 영역을 해제합니다. Layers 패널에서 'Add a layer style(레이어 스타일 추가)' 아이콘(fx)을 클릭하고, 사각형에 테두리를 적용하기 위해 [Stroke]를 실행합니다.

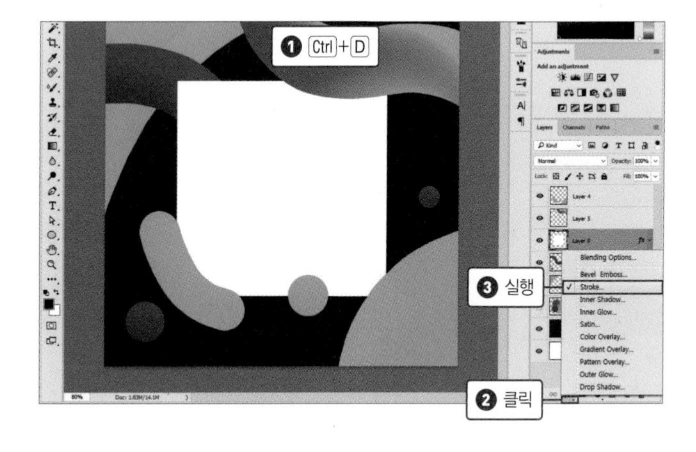


**3** Layer Style 대화상자가 나타나면 Size: 4px, Position: Inside, Opacity: 100%, Color: 흰색으로 지정한 다음 〈OK〉 버튼을 클릭합니다.

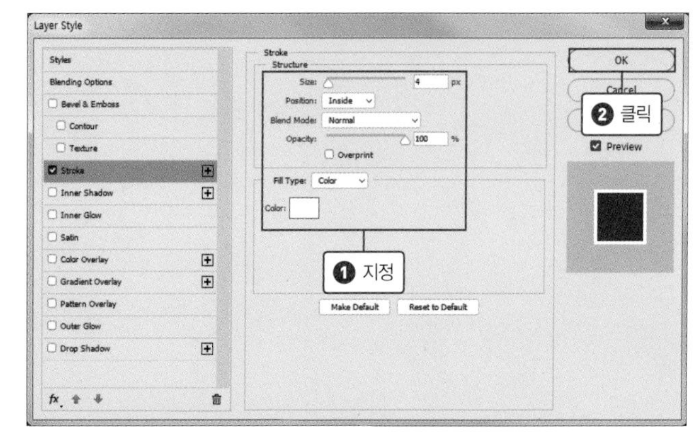

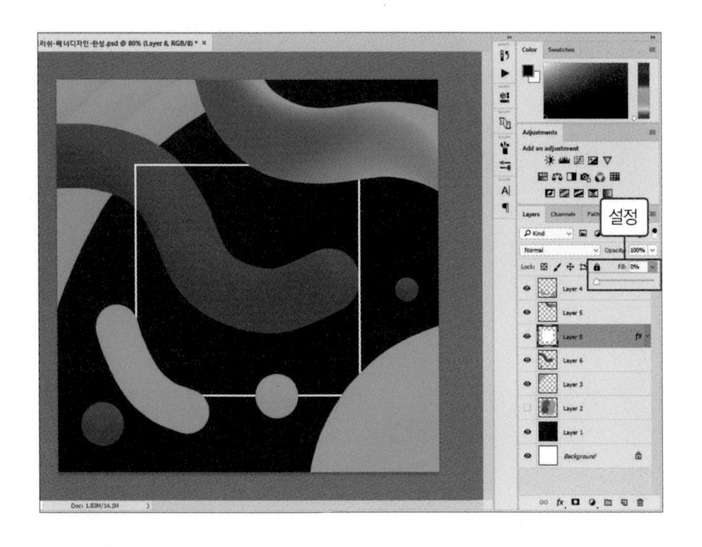


**4** Layers 패널에서 Fill: 0%로 설정합니다. 선은 그대로 유지되고, 사각형 면 색상만 투명하게 사라지는 것을 확인할 수 있습니다.

### Opacity와 Fill의 차이점

❶ **Opacity:** 어떤 효과가 주어졌던 상관없이 레이어 오브젝트 전체에 적용되는 불투명도를 말합니다.

❷ **Fill:** 어떤 효과가 주어졌다면 효과에는 영향을 미치지 않고, 오브젝트 자체에만 적용되는 불투명도를 말합니다.

## 05 문자 입력하기

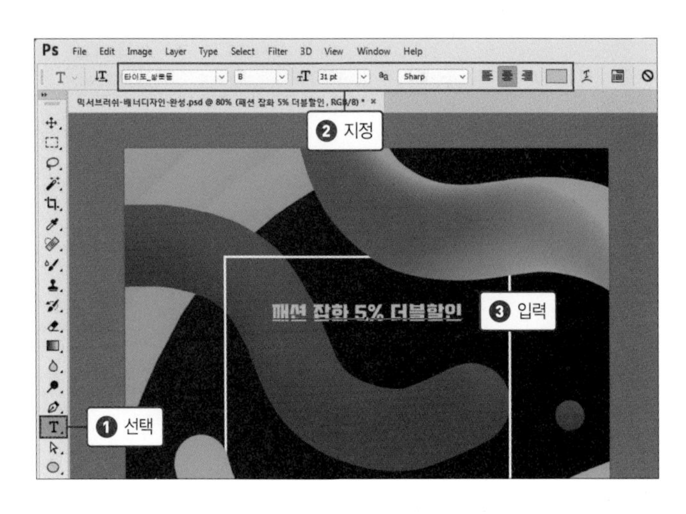


**1** 문자 도구를 선택하고 옵션바에서 폰트: 타이포_쌍문동B, 글자 크기: 31pt, 색상: #fddf78, 정렬: 가운데 정렬로 지정한 다음 흰색 선 사각형에 클릭하여 서브타이틀 문구를 입력합니다.

**2** 이번에는 Character 패널에서 폰트: Din_bold, 글자 크기: 75/113pt, 행간: 107pt, 색상: 흰색으로 지정하고 그림과 같이 메인타이틀 문구를 입력합니다.

**3** 마지막으로 Character 패널에서 폰트: 나눔고딕, 글자 크기: 24pt, 행간: 33pt, 문자 폭: 85%로 설정하고 제목 아래에 클릭하여 본문 내용을 입력합니다.

**4** 새 레이어를 만들고 Color 패널에서 전경색: #fddf78로 지정한 다음 연필 도구를 선택합니다. Size: 4px로 설정하고 제목과 본문 사이에 직선을 그려 마무리합니다.

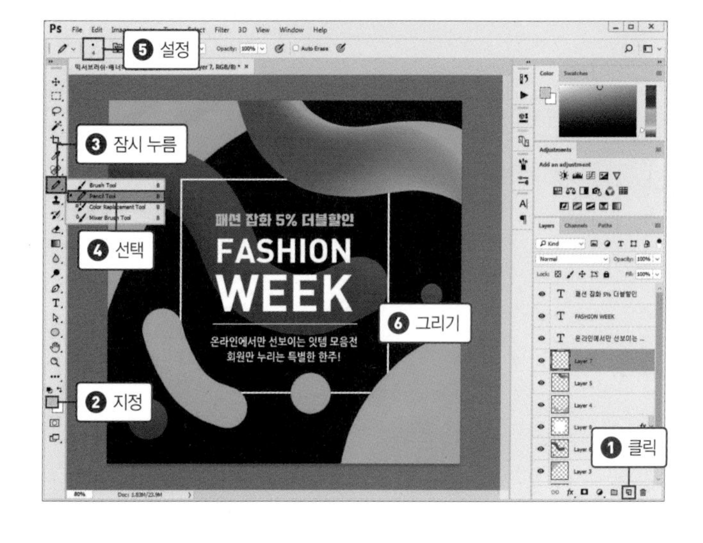


TIP 직선을 그릴 때는 연필 도구로 Shift를 누른 채 드래그합니다.

# 03 > 합성만으로 세련된 재즈 콘서트 타이틀 디자인하기

포토샵 CC에서 선택할 수 있는 블렌딩 모드는 총 26가지입니다. 블렌딩 모드별 특징을 알아두면 상황에 따라 효과적으로 레이어를 합성할 수 있습니다. 이번에는 다른 작업 없이 블렌딩 모드 합성만으로 자연스럽고 세련된 작업물을 완성해 봅니다. 예제에서 사용한 블렌딩 모드 외의 합성 효과를 다양하게 활용해 보세요.

**완성 이미지**

**완성 파일** 05\재즈.jpg **완성 파일** 05\재즈콘서트–완성.psd

## 01 새 도큐먼트 만들기

**1** 새 도큐먼트를 만들기 위해 메뉴에서 [File] → [New]를 실행합니다.

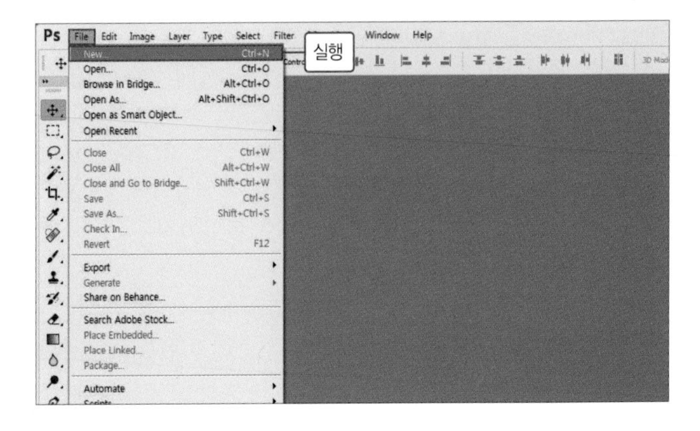


**2** New Document 대화상자에서 Width: 900Pixels, Height: 600Pixels, Resolution: 72Pixels/Inch, Color Mode: RGB Color로 지정한 다음 〈Create〉 버튼을 클릭합니다.

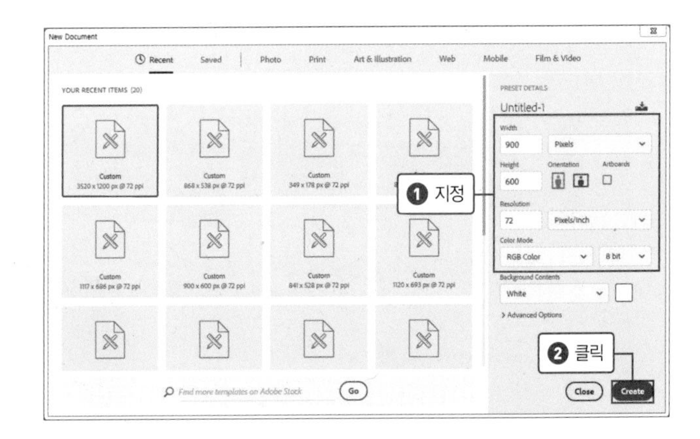


**3** 새 레이어를 만듭니다. 전경색: #f2a6c4로 지정한 다음 Alt+Delete를 눌러 색상을 채웁니다.

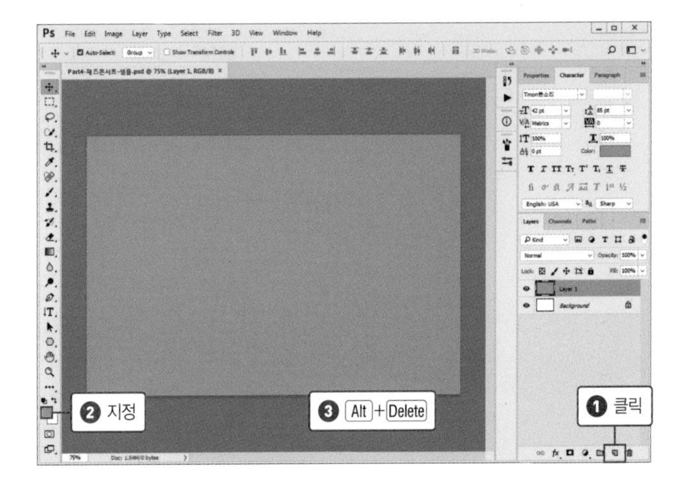

# 02 메인 사진 누끼 따기

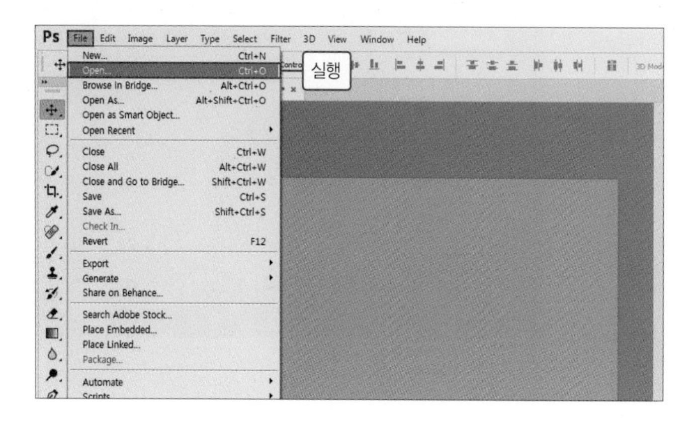


**1** 배너 광고에 사용할 사진 이미지를 불러오기 위해 메뉴에서 [File] → [Open]을 실행합니다.

**2** 05 폴더의 '재즈.jpg' 파일을 불러옵니다. 빠른 선택 도구를 선택한 다음 인물 주변 배경을 드래그하여 선택합니다.

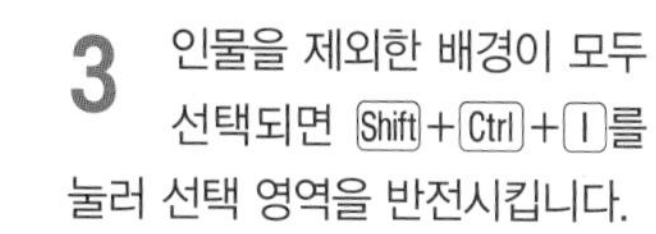

TIP 빠른 선택 도구는 드래그 궤적에 따라 물체를 인식하여 빠르게 선택할 수 있습니다. 여기서는 인물 색보다 바탕색이 더 단조로워 선택에 유리합니다.

**3** 인물을 제외한 배경이 모두 선택되면 Shift+Ctrl+I를 눌러 선택 영역을 반전시킵니다.

**4** 좀 더 섬세한 선택 작업을 위해 화면을 확대하고, 다시 빠른 선택 도구를 이용하여 선택 영역을 보완합니다. 작업을 마치면 Ctrl+C를 눌러 선택 영역을 복사합니다.

**5** 작업 도큐먼트를 선택한 다음 Ctrl+V를 눌러 복사한 이미지를 붙여 넣습니다.

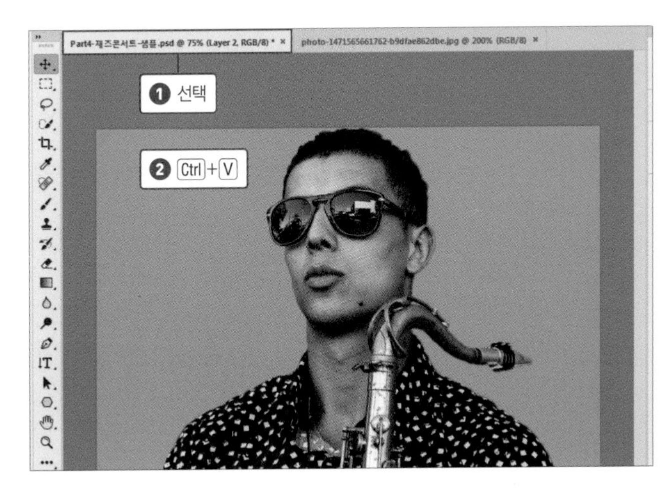


**6** 크기 조절을 위해 Ctrl+T를 누릅니다. 바운딩 박스가 활성화되면 왼쪽 조절점을 오른쪽으로 드래그해 크기와 구도를 조정하고 Enter를 누릅니다.

## 03 흑백 이미지로 전환하고 블렌딩 모드 적용하기

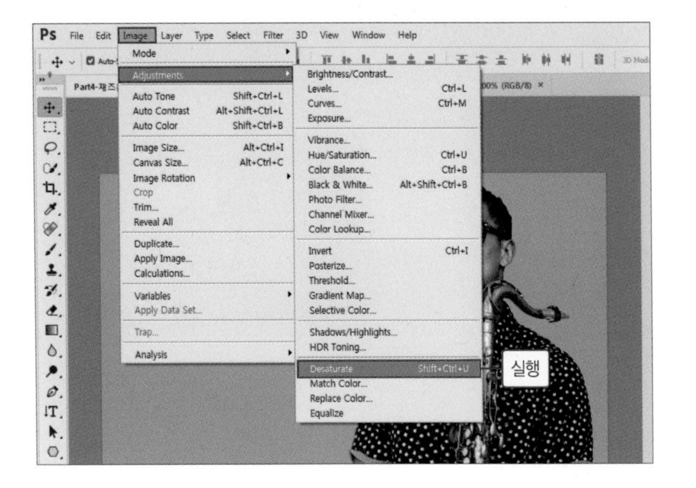


**1** 사진 이미지에 흑백 효과를 적용하기 위해 메뉴에서 [Image] → [Adjustments] → [Desaturate]를 실행합니다.

**2** 컬러 사진이 흑백으로 전환됩니다. Layers 패널의 블렌딩 모드를 [Multiply]로 선택합니다.

**블렌딩 모드란?**

이미지를 합성하는 방법 중 하나로 상위 레이어를 중심으로 하위 레이어를 혼합하는 방식입니다. 원본 이미지에 손상을 주지 않으면서 다양한 분위기를 연출할 수 있는 방법입니다.

**3** 사각형 도구를 선택하고 옵션바에서 Fill: #053b0b(청록), Stroke: None으로 지정합니다. 사진 이미지에 드래그하여 청록색 직사각형을 만듭니다.

**4** 이동 도구를 선택하고 Alt+Shift를 누른 채 직사각형을 오른쪽으로 두 번 드래그하여 복제합니다. 직사각형 3개를 모두 선택하고, 옵션바에서 'Distribute Horizontal centers' 아이콘( )을 클릭합니다. 오브젝트 사이 간격이 균등하게 조절됩니다.

**5** Ctrl+E를 눌러 직사각형 오브젝트 레이어를 하나로 합칩니다. Layers 패널의 블렌딩 모드를 [Pin Light]로 선택합니다.

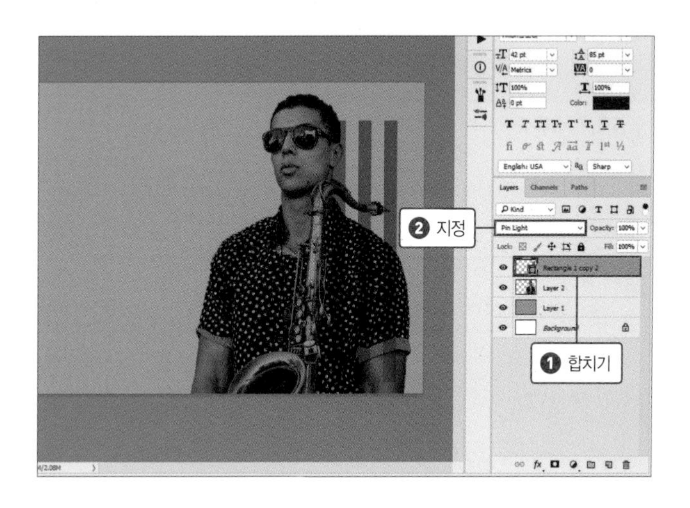

6 Ctrl+T를 누르고, 바운딩 박스 조절점을 드래그하여 오브젝트를 45° 회전합니다. 작업을 마치면 Enter를 눌러 해제합니다.

7 이동 도구를 선택한 다음 Alt를 누른 채 오브젝트를 드래그하여 복제합니다. 그림과 같이 왼쪽 아래로 사선이 이어지도록 만듭니다.

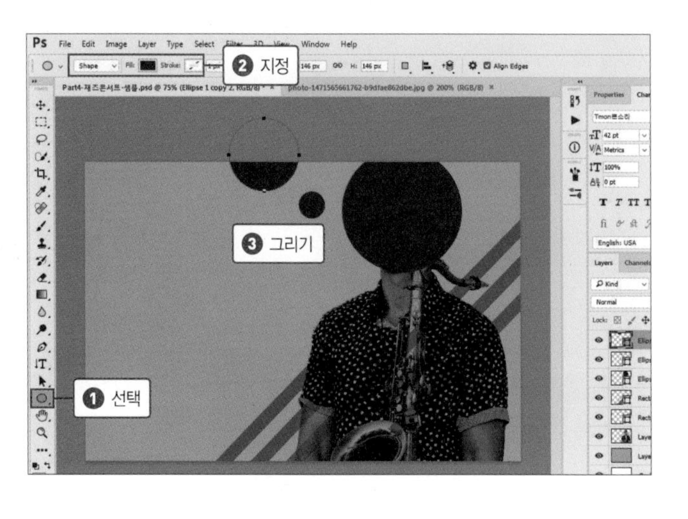


8 원형 도구를 선택하고 옵션바에서 Shape, Fill: #053b0b(청록), Stroke: None으로 지정합니다. 도큐먼트에 Shift를 누른 채 드래그하여 크기가 다른 원 3개를 만듭니다.

**9** Layers 패널에서 원형 레이어를 모두 선택한 다음 블렌딩 모드의 [Color Dodge]를 선택합니다.

## 04 문자 입력하기

**1** 문자 도구를 선택한 다음 옵션바에서 폰트: Meta PlusBlack, 글자 크기: 111pt, 정렬: 왼쪽 정렬, 색상: #053b0b(청록)로 지정하고 그림과 같이 메인 타이틀 문구를 입력합니다.

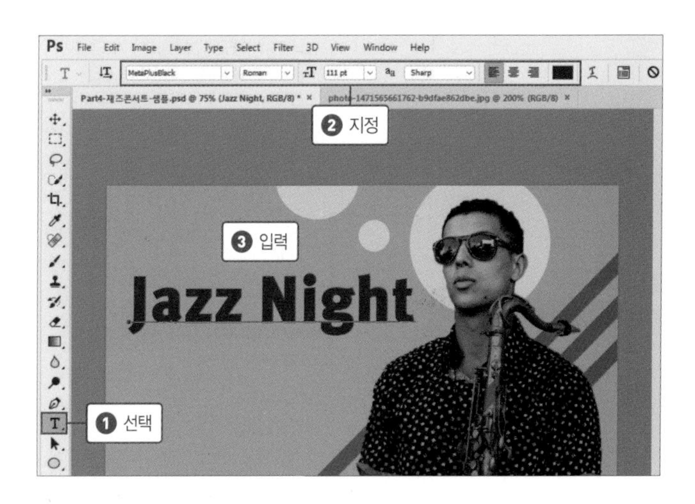


**2** Character 패널에서 폰트: Segoe Print, 글자 크기: 69pt로 설정하고, 메인타이틀 아래에 클릭하여 문자를 입력합니다. 'Faux Italic' 아이콘(*T*)을 클릭하여 문자를 기울입니다.

3 옵션바에서 폰트: Tmon몬소리, 글자 크기: 42pt로 설정합니다. 아래에 한글 서브 문구를 입력합니다.

4 Layers 패널의 한글 서브 문자 레이어를 선택하고, 블렌딩 모드에서 [Luminosity]를 선택합니다.

## 05 타이틀 꾸미기

1 사용자 셰이프 도구를 선택하고 옵션바에서 Shape, Fill: #053b0b(청록), Stroke: None, Shape: leaf 3으로 지정합니다. 도큐먼트에 드래그하여 그림과 같이 나뭇잎 모양을 만듭니다.

**2** 사각형 도구를 선택하고 옵션바에서 Shape, Fill: #053b0b(청록), Stroke: None으로 지정합니다. 나뭇잎 왼쪽에 드래그하여 청록색 띠를 만듭니다.

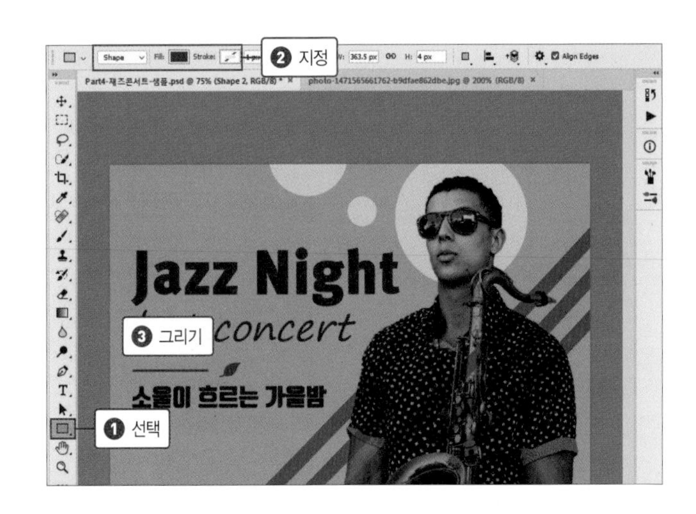


**3** 패스 선택 도구를 선택한 다음 청록색 띠를 선택하고 Alt+Shift를 누른 채 나뭇잎 오른쪽으로 드래그하여 복제합니다.

**4** Ctrl+E를 눌러 나뭇잎과 띠 오브젝트를 하나의 레이어로 합칩니다. 블렌딩 모드에서 [Luminosity]를 선택하여 마무리합니다.

# 04 > 세상에 나쁜 개는 없다! 유튜브 섬네일 디자인하기

유튜브 섬네일은 영상 내용을 한눈에 볼 수 있도록 한 컷 이미지로 요약한 것을 말합니다. 섬네일 디자인은 유튜브 채널 홍보와 브랜딩에 중요한 요소로 여겨지고 있습니다. 사람들은 콘텐츠 내용을 접하기 이전에 눈길을 끄는 섬네일 이미지에 관심을 갖기 때문입니다. 개성 넘치고 눈에 띄는 섬네일을 만들어 채널 구독자 수를 올려 보세요.

완성 이미지

완성 파일 05\강아지.jpg 완성 파일 05\애완동물-유튜브썸네일-완성.psd

## 01 새 도큐먼트 만들고 곡선 오브젝트 만들기

**1** 새 도큐먼트를 만들기 위해 메뉴에서 [File] → [New]를 실행합니다.

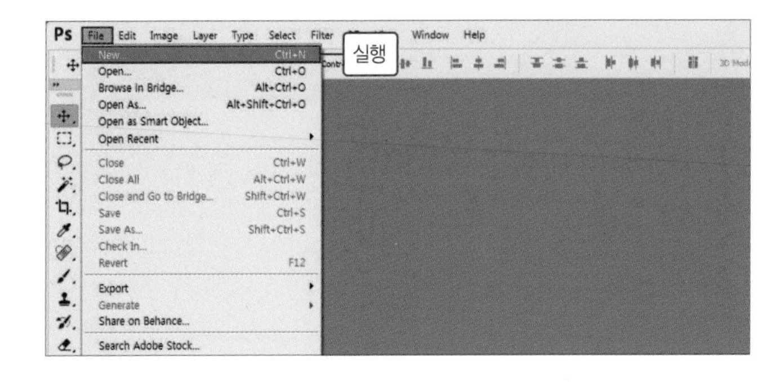


**2** New Document 대화상자에서 Width: 1280Pixels, Height: 720Pixels, Resolution: 72Pixels/Inch, Color Mode: RGB Color로 지정한 다음 〈Create〉 버튼을 클릭합니다.

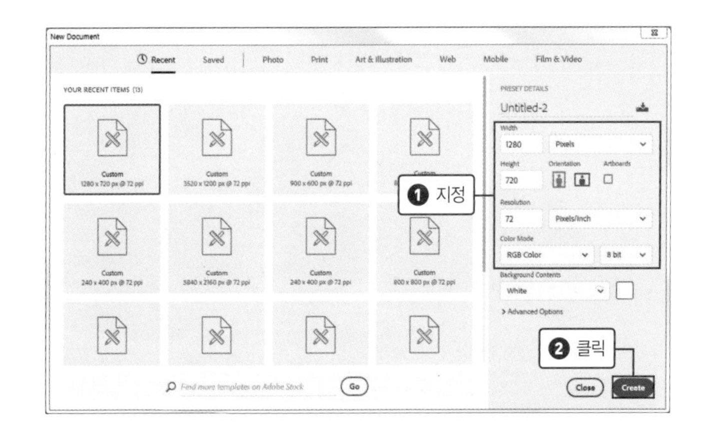


**3** 펜 도구를 선택하고, 옵션 바에서 'Shape'로 지정합니다. 도큐먼트에 자유로운 형태의 곡선을 그립니다.

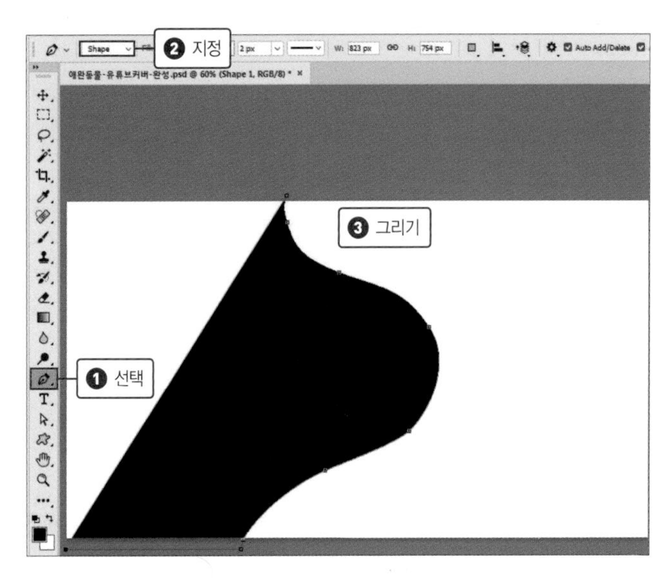


TIP 곡선을 그릴 때는 클릭 및 드래그하면서 선을 그립니다.

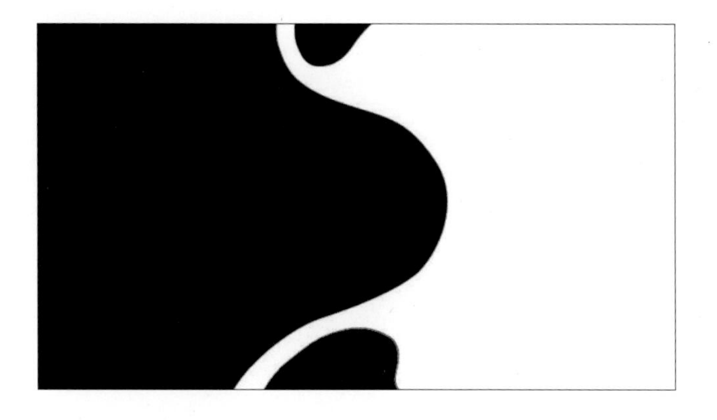

**4** 도큐먼트 반 정도에 그림과 같이 자유 곡선 오브젝트를 만듭니다.

TIP 펜 도구로 원하는 형태가 완성되면 시작점을 다시 한 번 클릭합니다.

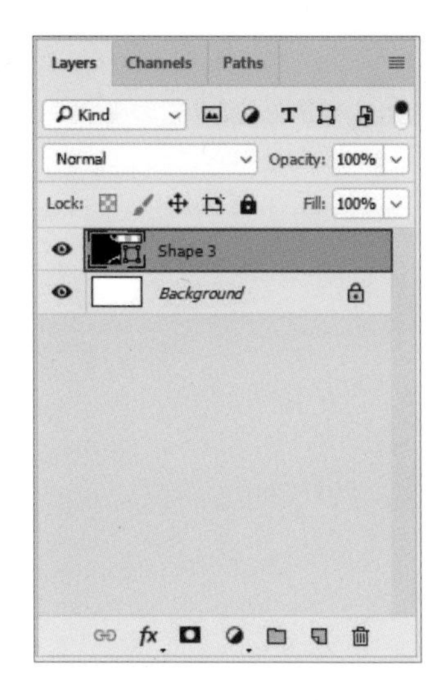


**5** Layers 패널에서 만들어진 Shape 레이어를 모두 선택하고 Ctrl+E를 눌러 하나로 합칩니다.

TIP 셰이프(Shape)는 오브젝트별로 레이어가 자동으로 만들어집니다.

TIP 또는 레이어를 모두 선택하고, 마우스 오른쪽 버튼을 클릭한 다음 [Merge Layers]를 실행합니다.

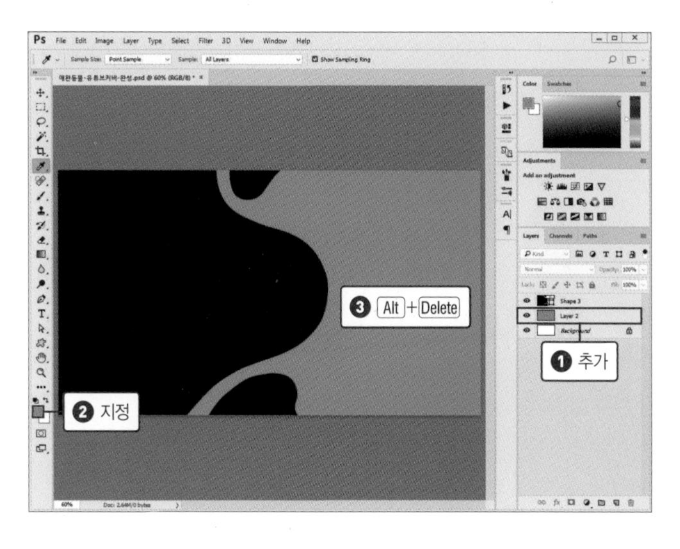


**6** Shape 레이어 아래에 새 레이어를 만듭니다. 전경색: #00aedc로 지정하고, Alt+Delete를 눌러 선택 영역에 색상을 채웁니다.

## 02 메인 이미지 불러와서 합성하기

**1** 섬네일에 들어갈 이미지를 불러오기 위해 메뉴에서 [File] → [Place Embedded]를 실행합니다.

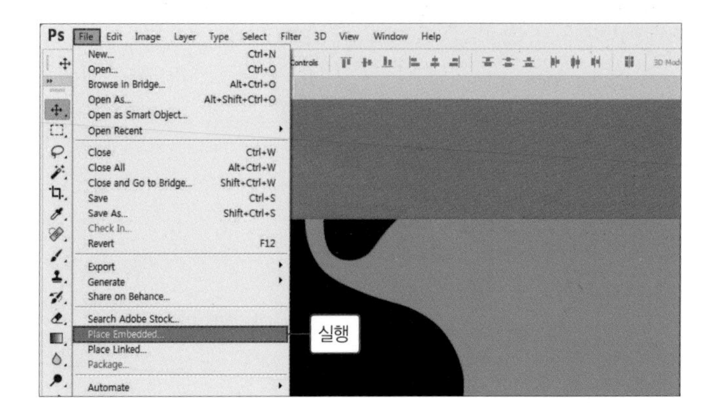


**2** 05 폴더에서 '강아지.jpg' 파일을 불러옵니다. 이미지가 반드시 Shape 레이어 위에 나타나도록 위치를 조절합니다.

TIP 클리핑 마스크를 적용할 때는 틀 안에 들어갈 이미지 레이어가 반드시 틀 위에 있어야 합니다.

**3** 사진 레이어와 Shape 레이어 사이 경계 부분에 마우스 포인터를 위치시키고 Alt를 누른 채 클릭합니다.
클리핑 마스크(Clipping Mask)가 적용되어 강아지 사진이 셰이프 형태대로 나타납니다.

TIP 강아지 사진 레이어에서 마우스 오른쪽 버튼을 클릭하고 [Create Clipping Mask]를 실행해도 됩니다.

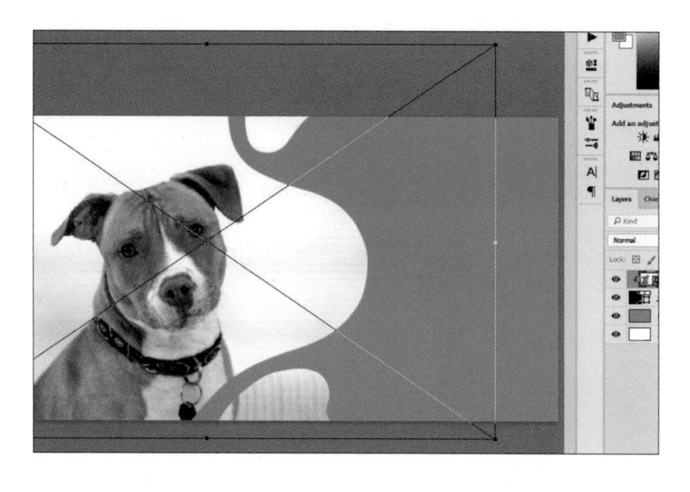

**4** 강아지 사진의 크기와 구도를 조정하기 위해 Ctrl+T를 누릅니다. Shift를 누른 채 조절점을 드래그해 크기와 구도를 조정한 다음 Enter를 누릅니다.

## 03 곡선 오브젝트 만들기

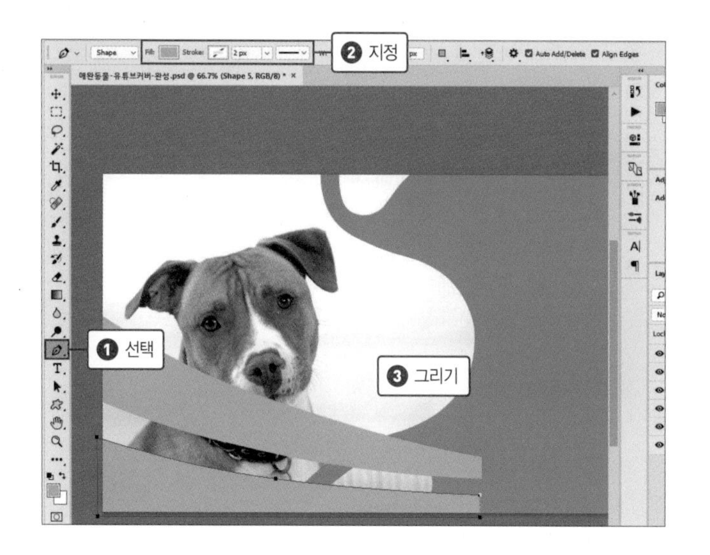


**1** 다시 펜 도구를 선택하고, 옵션바에서 Fill: #f7cd00, Stroke: None으로 지정합니다. 그림과 같이 곡선 형태의 오브젝트를 두 개 그립니다.

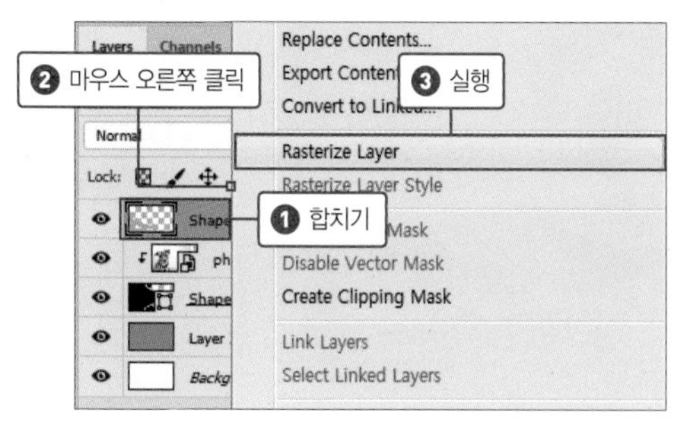


**2** 노란색 셰이프 레이어를 모두 선택하고 Ctrl+E를 눌러 하나로 합칩니다. 레이어가 선택된 상태에서 마우스 오른쪽 버튼을 클릭하고 [Rasterize(래스터화) Layer]를 실행합니다.

## 04 사진 배경 꾸미기

**1** Layers 패널에서 Opacity: 55%로 설정하여 노란색 셰이프가 반투명하게 보이도록 조절합니다.

**2** 강아지 사진 레이어를 선택하고, 빠른 선택 도구를 선택합니다. 노란색 셰이프와 겹친 부분을 중심으로 강아지 몸통 부분을 드래그합니다.

TIP 빠른 선택 도구를 이용하면 마우스 움직임을 따라 물체를 인식하여 빠르게 선택할 수 있습니다.

**3** Layers 패널에서 노란색 셰이프 레이어를 선택하고 Delete를 눌러 선택 영역을 삭제합니다. 작업을 마치면 Ctrl+D를 눌러 선택 영역을 해제합니다.

**4** 강아지 사진 레이어와 노란색 셰이프 레이어 사이 경계에 마우스 포인터를 위치하고 Alt를 누른 채 클릭합니다. 노란색 셰이프도 배경 무늬 안에 나타납니다.

## 05 서브/메인타이틀, 제목 입력하기

**1** 문자 도구를 선택하고 옵션바에서 폰트: DX로고B, 글자 크기: 45pt, 정렬: 오른쪽 정렬, 색상: 흰색으로 지정한 다음 그림과 같이 서브타이틀 문구를 입력합니다.

**2** 옵션바에서 폰트: 여기어때 잘난체, 글자 크기: 90pt, 행간: 101pt로 설정하고 메인타이틀 문구를 입력합니다.

**3** 마지막으로 글자 크기: 46pt, 행간: 60pt, 색상: 검은색으로 지정한 다음 그림과 같이 소제목 문구를 입력합니다.

## 06 타이틀, 메인 사진 꾸미기

**1** 사용자 셰이프 도구를 선택하고 옵션바에서 Shape, Fill: #40cef3, Stroke: None, Shape: Cat print로 지정합니다. 도큐먼트에 드래그하여 크기가 다른 두 개의 발자국을 만듭니다.

**2** 각각의 발자국 레이어를 선택하고 Ctrl+T를 누릅니다. 모서리 조절점을 드래그하여 각도를 조정하고 Enter를 눌러 작업을 해제합니다.

**3** 다시 사용자 셰이프 도구를 선택하고 옵션바에서 Shape, Fill: #f7cd00, Stroke: None, Shape: Thought 1로 지정합니다. 도큐먼트에 드래그하여 말풍선을 만듭니다.

**4** 문자 도구를 선택하고 옵션바에서 폰트: 배달의민족 도현, 글자 크기: 35pt, 행간: 48pt, 색상: 검은색으로 지정한 다음 그림과 같이 문구를 입력합니다.

**5** Ctrl+T를 누른 다음 글자를 말풍선 각도에 맞춰 조정하고, Enter를 눌러 작업을 해제합니다.

**6** 새 레이어를 만듭니다. 다각형 선택 도구를 선택하고 왕관 형태로 클릭하면서 선택 영역을 만듭니다. Alt+Delete를 눌러 선택 영역에 말풍선과 같은 노란색(#f7cd00)을 채웁니다.

**7** 전경색: 검은색으로 지정하고, 브러시 도구를 선택합니다. 옵션바에서 브러시 종류: Hard Round, Size: 7px로 설정한 다음 왕관 주변에 약간의 꾸밈 선을 더해 완성합니다.

# 05 > 반짝반짝! 네온사인으로 옥상 파티 초대장 만들기

네온사인은 여러 방면에서 인기 있는 디자인 아이템입니다. 포토샵에서도 네온사인 효과를 표현할 수 있어 여러 가지 마케팅 디자인에 적용하면 매우 유용합니다.

완성 이미지

**완성 파일** 05\벽.jpg **완성 파일** 05\네온사인-이벤트배너-완성.psd

## 01 새 도큐먼트 만들고 배경 이미지 불러오기

**1** 새 도큐먼트를 만들기 위해 메뉴에서 [File] → [New]를 실행합니다.

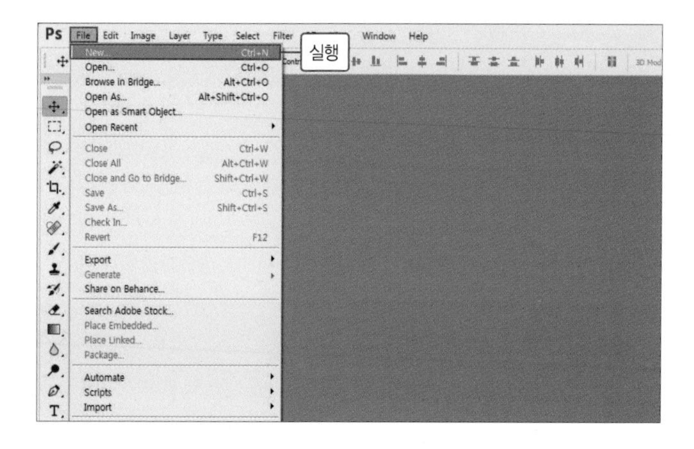


**2** New Document 대화상자에서 Width/Height: 800Pixels, Resolution: 72Pixels/Inch, Color Mode: RGB Color로 지정한 다음 〈Create〉 버튼을 클릭합니다.

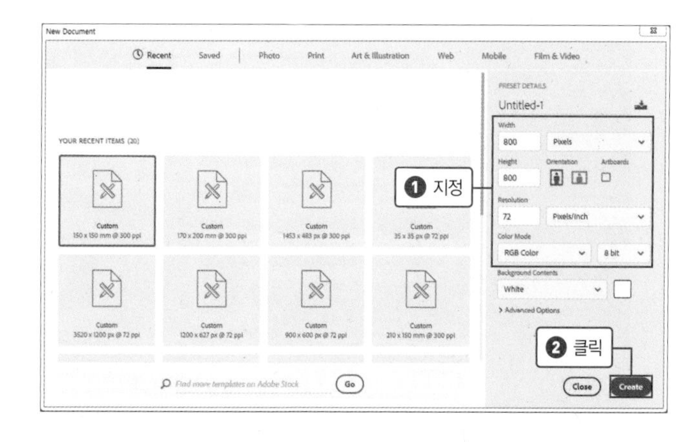


**3** 배경 이미지를 불러오기 위해 메뉴에서 [File] → [Place Embedded]를 실행합니다.

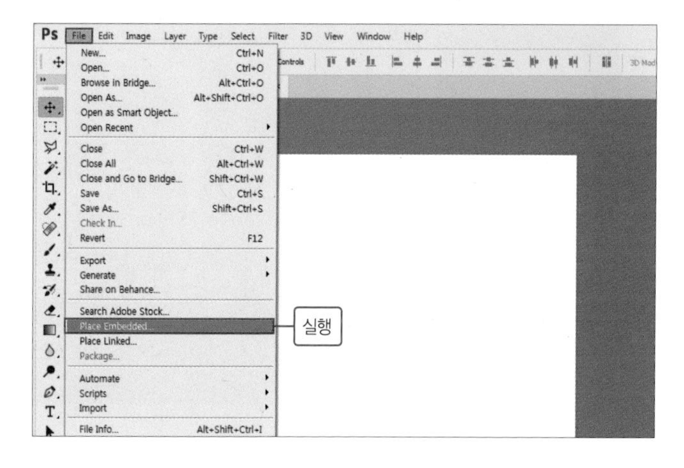

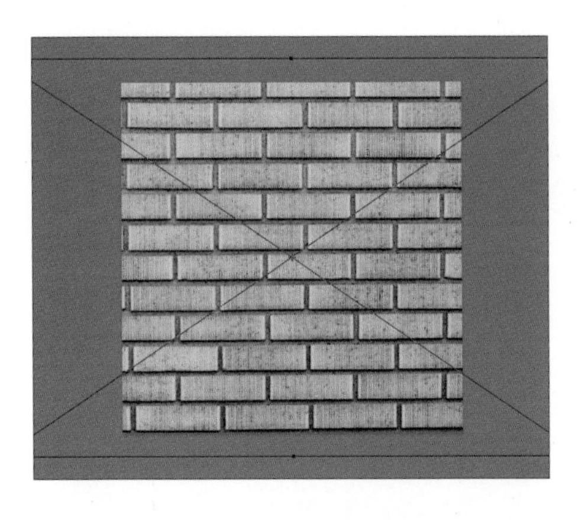

4 05 폴더에서 '벽.jpg' 이미지를 불러옵니다. 이미지가 도큐먼트에 나타나면 바운딩 박스가 활성화된 상태에서 Alt+Shift를 누른 채 조절점을 드래그하여 사진 이미지를 확대하고 구도를 조정합니다. Enter를 눌러 작업을 해제합니다.

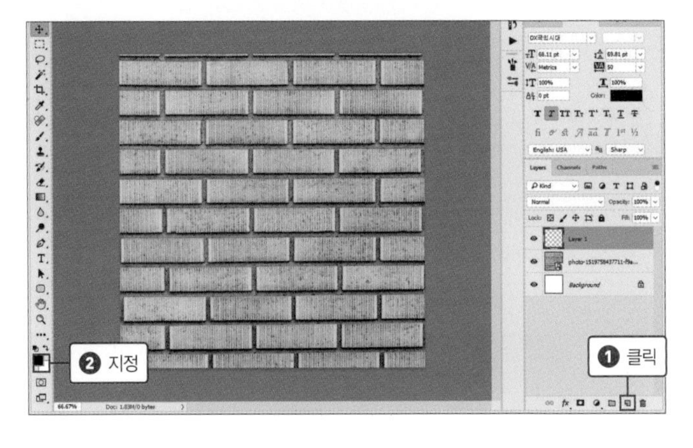


5 새 레이어를 만듭니다. 도구 패널에서 전경색: #100924, 배경색: #2f1441로 지정합니다.

## 02 그러데이션 배경 만들기

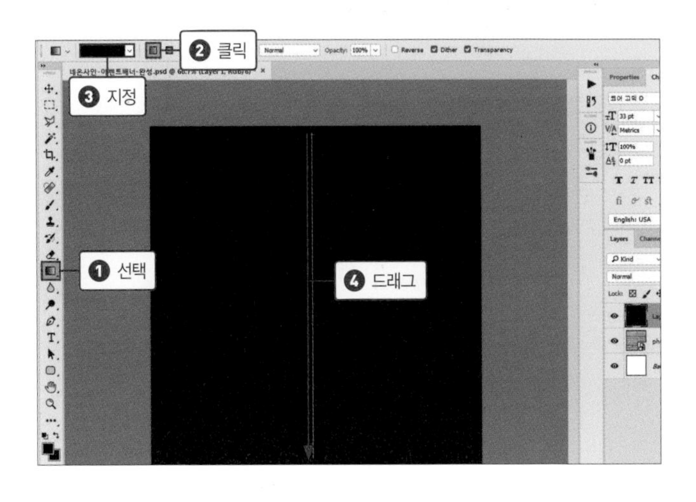


1 그레이디언트 도구를 선택하고, 옵션바에서 'Linear Gradient' 아이콘을 클릭합니다. 'Foreground to Background(전경색과 배경색)' 그러데이션을 선택합니다. 도큐먼트 위에서 아래까지 수직 방향으로 드래그합니다.

**2** 그러데이션 레이어가 선택된 상태에서 Layers 패널의 블렌딩 모드를 [Multiply]로 선택합니다.

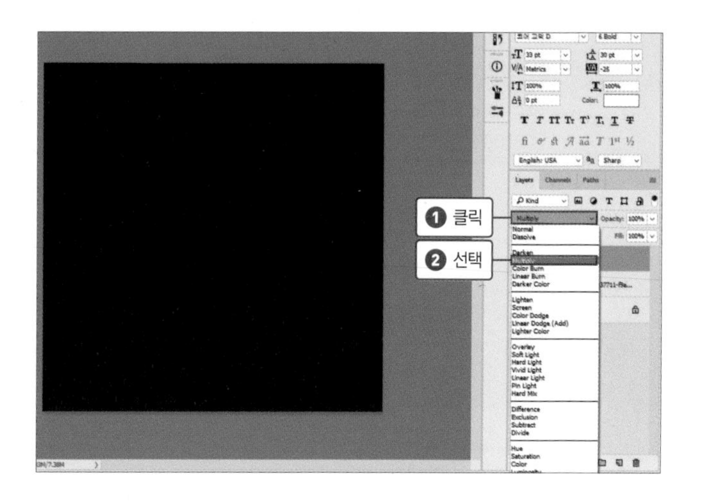


## 03 네온사인 문자 표현하기

**1** 문자 도구를 선택하고 Character 패널에서 폰트: 여기어때 잘난체, 글자 크기: 257pt, 행간: 263pt, 색상: #62e1e4로 지정합니다. 옵션바에서 정렬: 가운데 정렬로 지정하고 메인타이틀을 입력합니다.

**2** 문자에 테두리를 적용하기 위해 Layers 패널에서 'Add a layer style(레이어 스타일 추가)' 아이콘(fx)을 클릭하고 [Stroke]를 실행합니다.

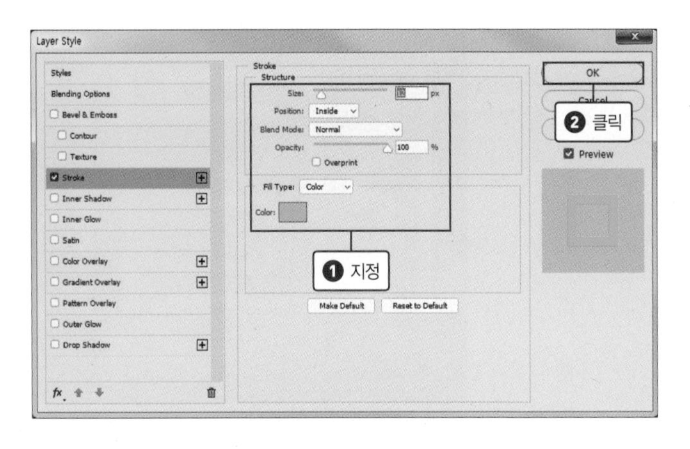


**3** Layer Style 대화상자가 나타나면 Size: 12px, Color: #62e1e4로 지정한 다음 〈OK〉 버튼을 클릭합니다.

**4** Layers 패널에서 Fill: 0%로 설정합니다. 선은 그대로 유지되고, 글자의 면 색상만 투명해집니다.

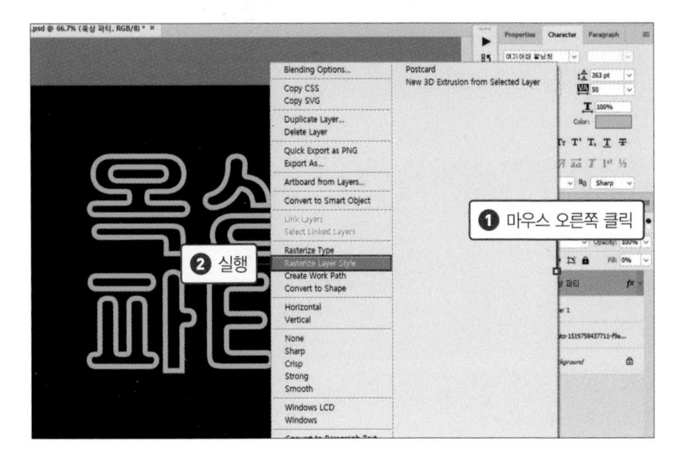


**5** 문자 레이어에서 마우스 오른쪽 버튼을 클릭하고 [Rasterize Layer Style]을 실행합니다. 레이어의 'fx'가 사라지면서 스타일이 적용된 채 텍스트 레이어가 일반 레이어로 전환됩니다.

**6** 사각형 선택 도구를 이용해 글자마다 이음새 부분만 선택한 다음 삭제합니다. 마치 한 줄을 이용하여 글자를 만든 느낌이 납니다.

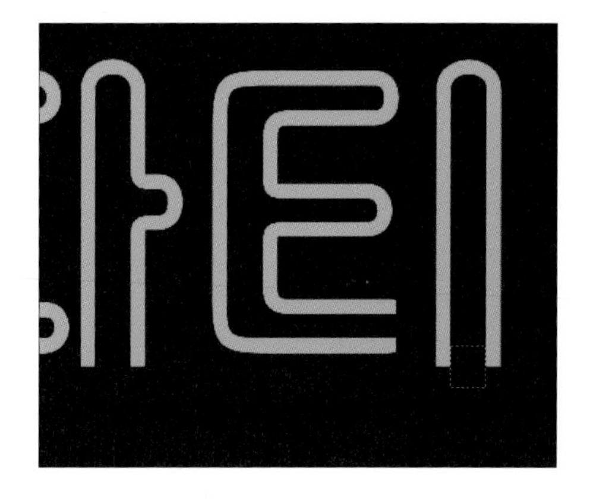

## 04 반짝반짝 네온사인 조명 효과 나타내기

**1** 네온사인 조명의 빛 번짐을 표현하기 위해 Layers 패널에서 'Add a layer style(레이어 스타일 추가)' 아이콘(fx)을 클릭한 다음 [Outer Glow]를 실행합니다.

**2** Layer Style 대화상자가 나타나면 Opacity: 34%, Fill: #30ccc98, Spread: 0%, Size: 75px로 설정합니다.

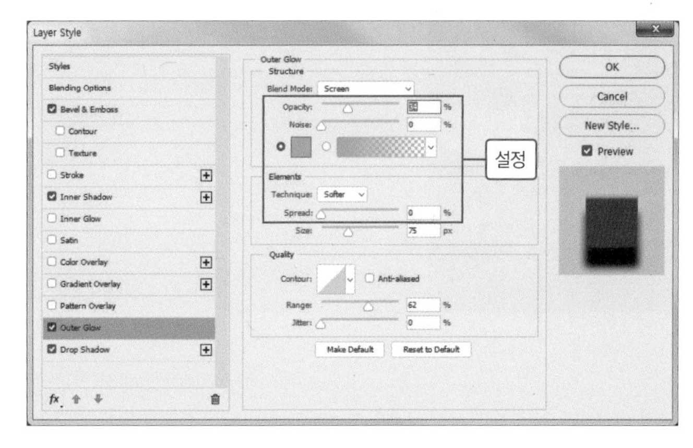


TIP Layer Style 기능을 참고합니다. 구체적인 옵션은 글자 크기, 두께에 따라 적절하게 변경할 수 있습니다.

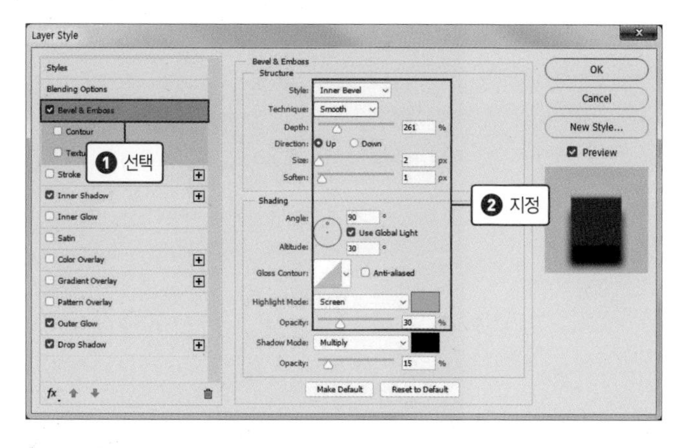


3 Styles 목록에서 [Bevel & Emboss]를 선택합니다. 글자에 입체감을 주기 위해 Style: Inner Bevel, Depth: 261%, Size: 2px, Soften: 1px로 설정합니다. 특히 Highlight Mode 색상은 글자보다 밝은 색을 선택하여 입체감을 확연하게 나타냅니다.

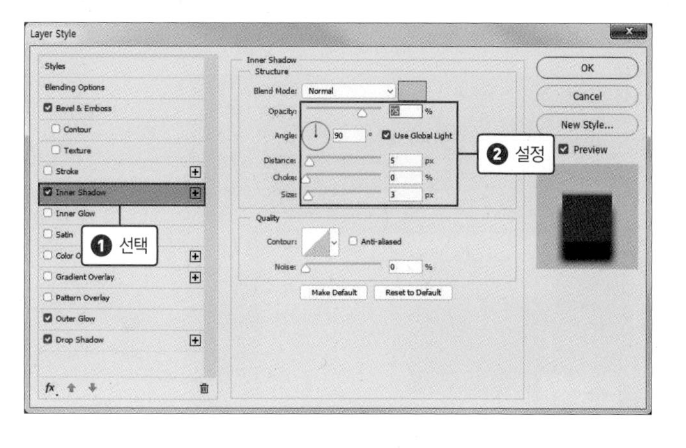


4 Styles 목록에서 [Inner Shadow]를 선택하고 Opacity: 75%, Angle: 90°, Distance: 5px, Size: 3px로 설정합니다.

TIP Inner Shadow 효과는 글자에 깊이감을 더해 입체 효과를 두드러지게 합니다.

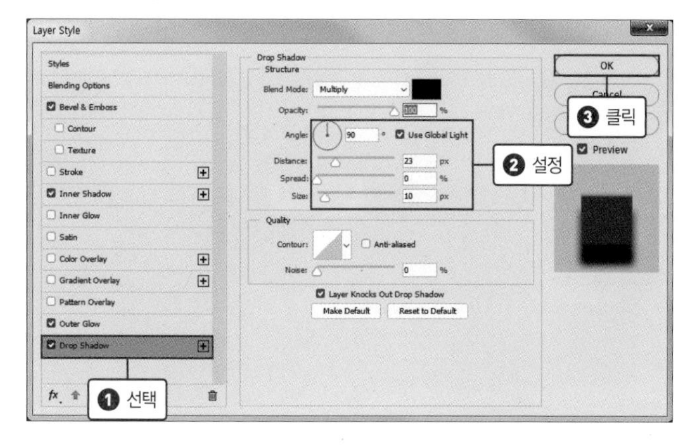


5 Styles 목록에서 [Drop Shadow]를 선택합니다. 네온사인이 벽면 위에 살짝 떠 있는 느낌이 들도록 문자에 그림자를 만들어 봅니다. Angle: 90°, Distance: 32px, Size: 10px로 설정한 다음 〈OK〉 버튼을 클릭합니다.

**6** 모든 스타일 적용을 마치면 어느 정도 네온사인 느낌이 나타납니다.

TIP 여러 단계 스타일 적용 과정이 복잡하면 Outer Glow와 Drop Shadow 효과만 이용해도 충분히 표현할 수 있으므로 자유롭게 적용하기 바랍니다.

**7** 메인타이틀 레이어가 선택된 상태에서 Ctrl을 누른 채 'Create a new layer' 아이콘( )을 클릭합니다. 문자 레이어 아래에 새 레이어가 만들어집니다. 도구 패널에서 전경색을 클릭하고 Color Picker 대화상자가 나타나면 #: adf7bf를 입력한 다음 〈OK〉 버튼을 클릭합니다.

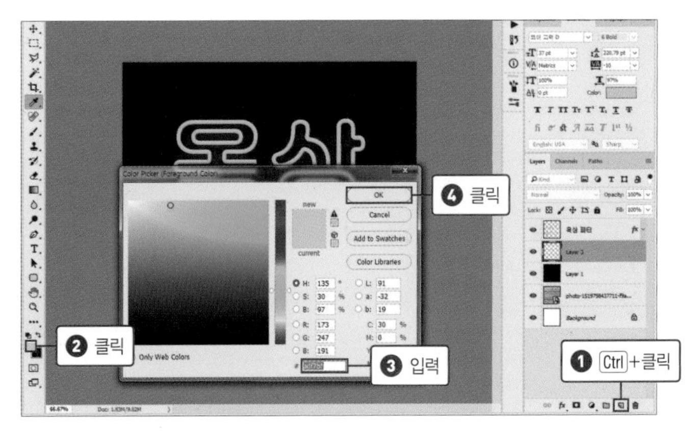


**8** 브러시 도구를 선택하고 옵션바에서 브러시 종류: Soft Round Pressure Opacity, Size: 170px로 설정합니다. 도큐먼트 가운데에 드래그하여 그림과 같이 크게 원을 그립니다.

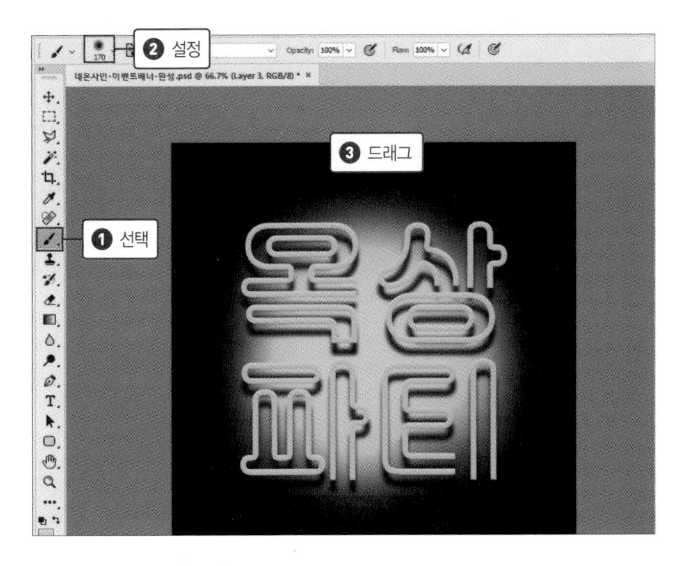

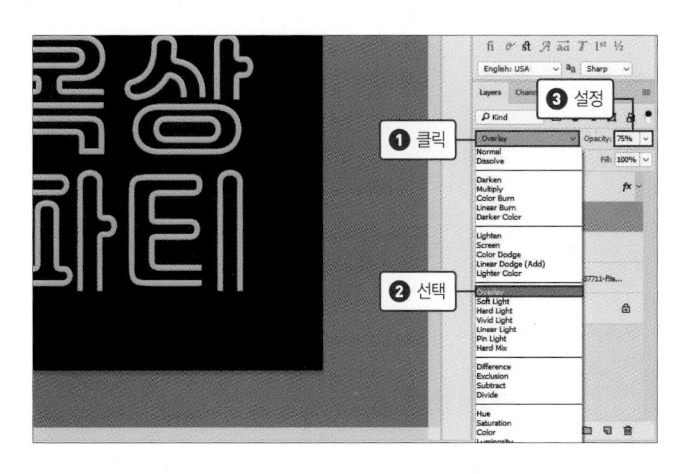


**9** Layers 패널에서 블렌딩 모드를 [Overlay]로 선택한 다음 Opacity: 75%로 설정합니다.

## 05 서브타이틀과 특수 문자 입력하기

**1** 문자 도구를 선택하고 옵션바에서 폰트: Din_regular/bold, 글자 크기: 37pt, 정렬: 가운데 정렬, 색상: #b930e6으로 지정한 다음 제목 위에 클릭하여 서브타이틀 문구를 입력합니다.

**2** 이번에는 옵션바에서 폰트: 코어고딕D 6 Bold, 글자 크기: 33pt, 색상: 흰색으로 지정하고 제목 아래에 클릭하여 홍보 문구를 입력합니다.

## 3 홍보 문구 양 끝에 특수 문자를 입력합니다. 홍보 문구 맨 앞을 클릭한 다음 'ㅁ'을 입력하고 한자를 누릅니다. 특수 문자표가 나타나면 '8 ★'을 클릭합니다.

TIP 포토샵에서 특수 문자를 입력하는 방법은 키보드에서 한글 자음을 선택하고 곧바로 한자를 누르면 모니터 오른쪽 아래에 특수 문자를 선택할 수 있는 표가 나타납니다.

## 4 입력한 왼쪽 ★을 선택한 다음 Ctrl+C를 눌러 복사하고, 오른쪽 문장 끝을 선택한 다음 Ctrl+V를 눌러 붙여 넣습니다. 이렇게 '옥상 파티' 이벤트 배너를 완성합니다.

# 06 > 사르르~ 달콤한 쿠킹 클래스 디자인하기

단순한 문자에 쿠키 질감을 입히고, 아이싱 표현까지 더해 순식간에 먹음직스러운 아이싱 쿠키로 변하는 과정을 경험해 보세요. 직접 쿠키를 만드는 것만큼 무척 신나고 즐거운 작업이 될 것입니다.

완성 이미지

완성 파일 05\쿠키타이포-완성.psd

## 01 쿠키 문자 만들기

**1** 메뉴에서 [File] → [New]를 실행합니다. New Document 대화상자에서 Width: 900Pixels, Height: 600Pixels, Resolution: 72Pixels/Inch, Color Mode: RGB Color로 지정한 다음 〈Create〉 버튼을 클릭합니다.

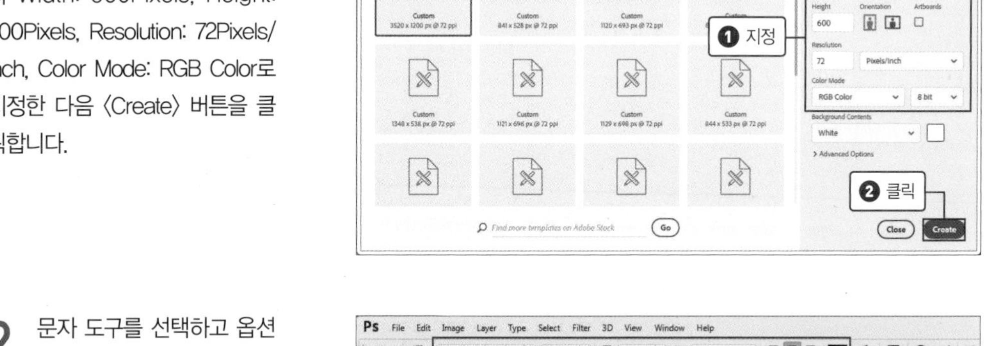


**2** 문자 도구를 선택하고 옵션 바에서 폰트: Berlin Sans FB_Bold, 글자 크기: 252pt, 정렬: 가운데 정렬, 색상: 검은색으로 지정한 다음 그림과 같이 메인타이틀 문구를 입력합니다.

TIP 되도록 두껍고, 동글동글한 글씨체를 선택해야 쿠키 이미지 연출에 효과적입니다.

**3** 문자에 쿠키 색을 적용하기 위해 Layers 패널의 'Add a layer style(레이어 스타일 추가)' 아이콘(fx)을 클릭하고 [Color Overlay]를 실행합니다.

**4** Layer Style 대화상자가 나타나면 Blend Mode(색상): #b7782d, Opacity: 100%로 설정합니다. 글자 색이 지정한 색으로 바뀝니다.

**5** 문자에 입체감을 주기 위해 Styles 목록의 [Bevel & Emboss]를 선택합니다. Style: Inner Bevel, Depth: 90, Size: 15px, Soften: 5px, Angle: 132°, Altitude: 30°, Highlight: Screen/#d7a256, Shadow: Linear Burn/#60370e로 지정합니다.

**6** 쿠키 질감을 연출하기 위해 [Bevel & Emboss] 아래 [Texture]를 선택합니다. Pattern: Texture Fill 2, Scale: 15%로 설정합니다.

**7** Styles 목록에서 [Inner Shadow]를 선택합니다.
Blend Mode: Multiply/#996419, Opacity: 58%, Angle: 132%, Distance: 20px, Size: 20px, Noise: 60%로 설정합니다.

**8** 그림자 효과를 추가하기 위해 Styles 목록에서 [Drop Shadow]를 선택합니다.
Opacity: 56%, Angle: 130°, Distance: 5px, Size: 11px로 설정한 다음 〈OK〉 버튼을 클릭합니다.

## 02 아이싱 문자 준비하기

**1** Ctrl+J를 눌러 문자 레이어를 복제합니다. 복제된 문자 레이어에 적용된 'fx'를 'Delete layer(휴지통)' 아이콘(🗑)으로 드래그합니다. 문자에 적용된 스타일 옵션이 모두 사라집니다.

2 복제된 문자 레이어를 선택한 채 메뉴에서 [Type] → [Rasterize Layer Style]을 실행하여 래스터화합니다. Ctrl을 누른 채 문자 오브젝트 섬네일을 클릭하여 문자 형태대로 선택 영역을 만듭니다. Shift+Ctrl+I를 눌러 반전합니다.

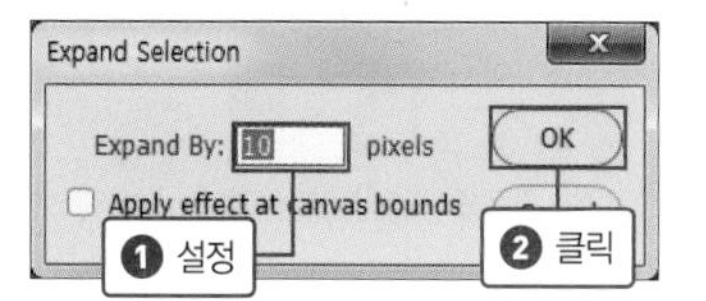


3 메뉴에서 [Select] → [Modify] → [Expand]를 실행합니다. Expand Selection 대화상자에서 Expand By: 10pixels로 설정한 다음 〈OK〉 버튼을 클릭합니다.

4 기존 선택 영역이 입력한 수치만큼 확장됩니다. Delete를 눌러 확장 값만큼 오브젝트에서 삭제합니다. Ctrl+D를 눌러 선택 영역을 해제합니다.

## 03 아이싱 크림 표현하기

1 문자 형태대로 아이싱 크림색을 적용하기 위해 Layers 패널에서 'Add a layer style(레이어 스타일 추가)' 아이콘(fx)을 클릭한 다음 [Color Overlay]를 실행합니다. Layer Style 대화상자가 나타나면 Blend Mode: #f7e8d2로 지정합니다.

**2** 문자에 입체감을 주기 위해 Styles 목록에서 [Bevel & Emboss]를 선택합니다. Style: Inner Bevel, Depth: 50, Size: 8px, Soften: 8px, Angle: 132°, Altitude: 30°, Highlight: Screen/#e5ba7e, Shadow: Linear Burn/#653717로 지정합니다.

**3** 크림 질감을 만들기 위해 [Bevel & Emboss] 아래 [Texture]를 선택합니다. 쿠키와 같은 패턴을 선택하고 Scale: 15%로 설정합니다.

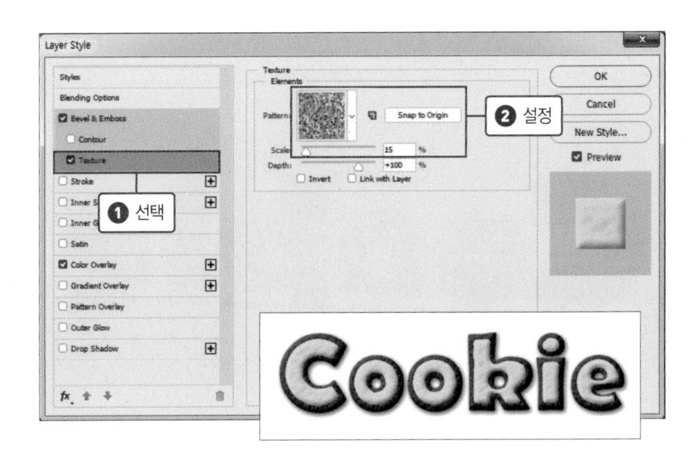


**4** 마지막으로 그림자 효과를 적용하기 위해 Styles 목록에서 [Drop Shadow]를 선택합니다. Distance: 2px, Size: 5px로 설정한 다음 〈OK〉 버튼을 클릭합니다.

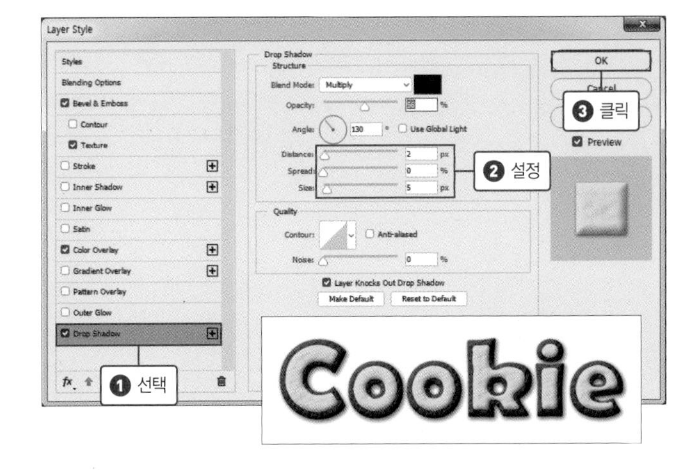

## 04 스프링클 만들기

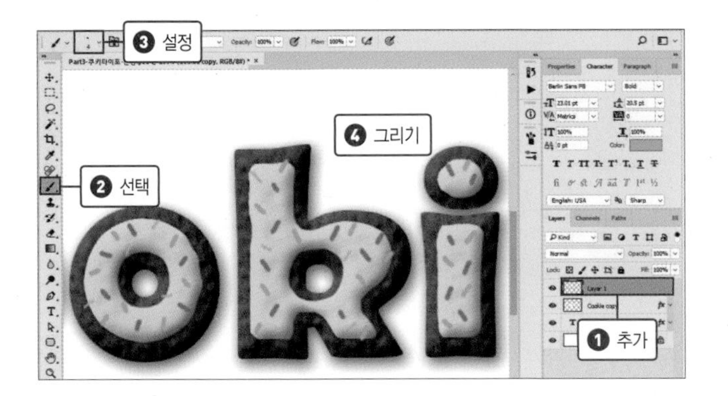


**1** 새 레이어를 만듭니다. 브러시 도구를 선택하고 옵션바에서 브러시 종류: Hard Round, Size: 4px로 설정합니다. 다양한 색상을 지정하며 알록달록 스프링클을 그립니다.

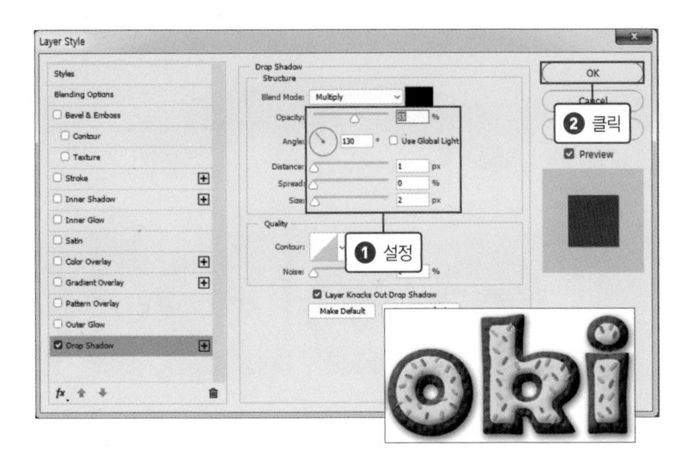


**2** 스프링클 역시 입체감을 주기 위해 Layers 패널에서 'Add a layer style(레이어 스타일 추가)' 아이콘(fx)을 클릭한 다음 [Drop Shadow]를 실행합니다.

Layer Style 대화상자가 나타나면 Opacity: 55%, Distance: 1px, Size: 2px로 설정한 다음 〈OK〉 버튼을 클릭합니다.

## 05 리본 만들기

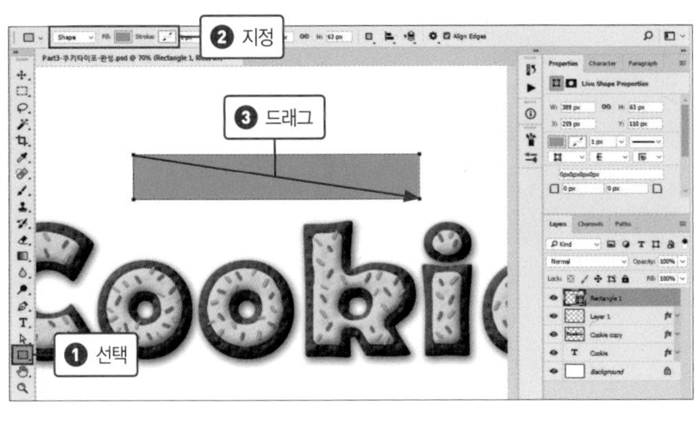


**1** 사각형 도구를 선택하고 옵션바에서 Shape, Fill: #3cb878, Stroke: None으로 지정합니다. 도큐먼트 위에 드래그하여 그림과 같이 초록색 띠를 만듭니다.

**2** Ctrl+T를 누르고 문자 도구 옵션바에서 'Warped Modes' 아이콘( )을 클릭합니다.

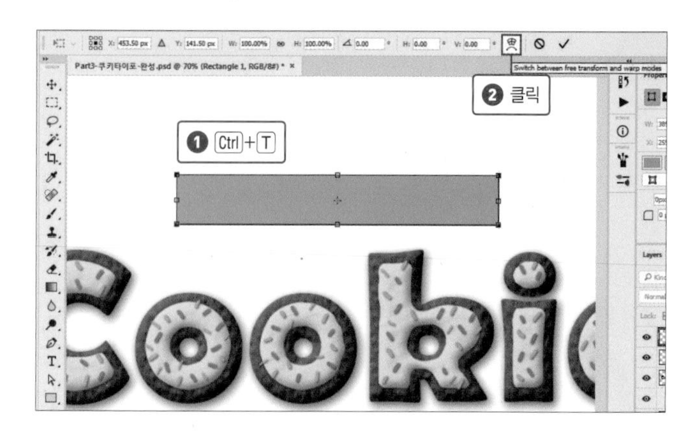


**3** 옵션바에서 Warp: Arc, Bend: 30%로 설정합니다.

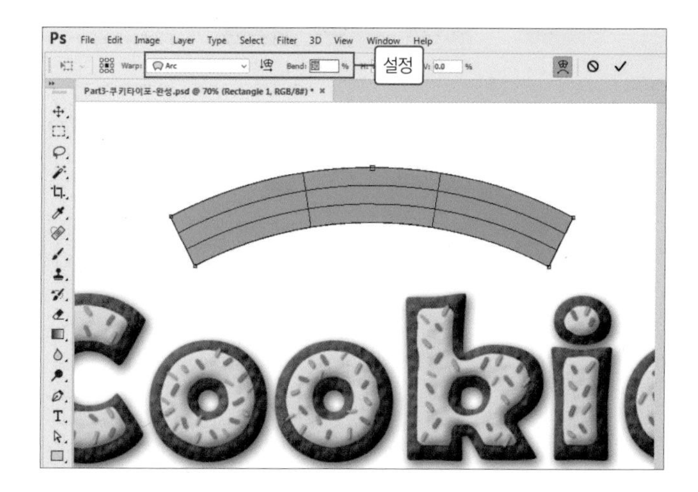


**4** 사각형 도구를 선택하고 옵션바에서 Shape, Fill: #27985e, Stroke: None으로 지정합니다. 도큐먼트 위에 드래그하여 그림과 같이 초록색 사각형을 만듭니다.

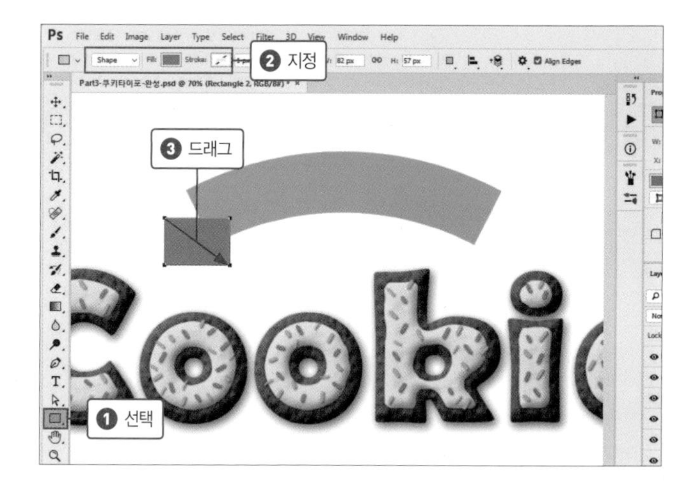

5 펜 도구로 사각형 왼쪽 세로 변 가운데를 클릭하여 기준점을 추가합니다. 추가된 기준점을 그림과 같이 오른쪽으로 이동합니다.

6 기준점 변환 도구를 선택하고 추가한 기준점을 클릭하여 변곡선을 삭제합니다. 곡선이었던 변이 직선으로 바뀝니다.

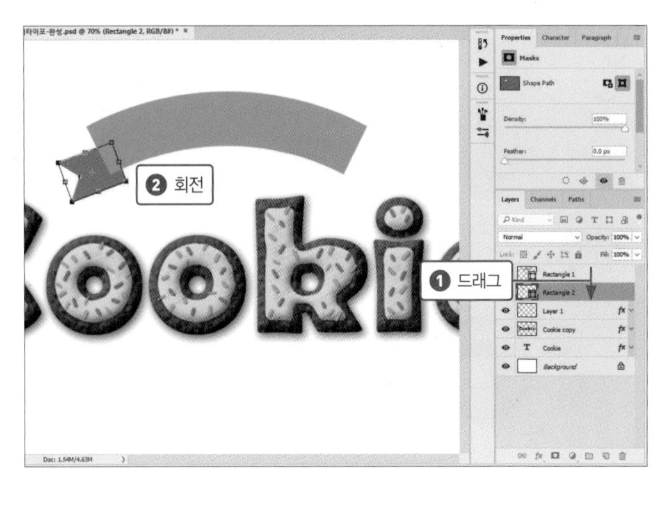


7 Layers 패널에서 새로운 'Rectangle 2' 레이어를 'Rectangle 1' 레이어 아래로 이동합니다. 각도 조절을 위해 Ctrl+T를 누르고, 바운딩 박스의 각도를 리본 모양에 맞게 회전한 다음 Enter를 누릅니다.

**8** 이동 도구를 선택한 다음 Alt+Shift를 누른 채 오브젝트를 오른쪽으로 드래그하여 복제합니다.

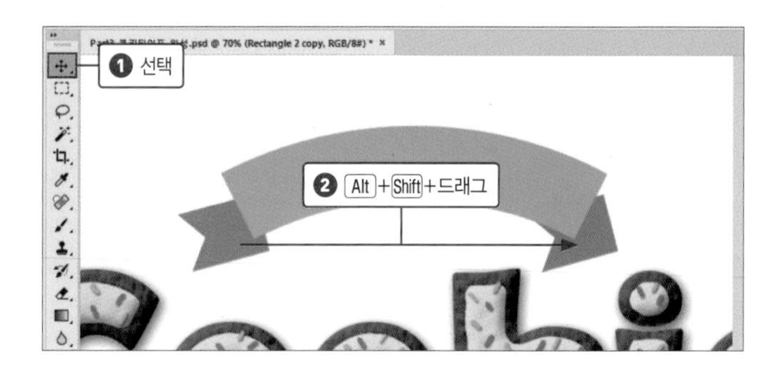


**9** [Edit] → [Transform] → [Flip Horizontal]을 실행합니다. 복제된 오브젝트가 좌우 반전됩니다. 리본 아래 두 개의 오브젝트를 선택한 다음 Ctrl+E를 눌러 레이어를 하나로 합칩니다.

## 06 타이틀과 홍보 문구 입력하기

**1** 문자 도구를 선택하고 옵션 바에서 폰트: 여기어때 잘난체, 글자 크기: 37pt, 정렬: 가운데 정렬, 색상: 흰색으로 지정한 다음 리본에 클릭하여 제목 문구를 입력합니다. 옵션바의 'Create Warped Text' 아이콘(T)을 클릭합니다.

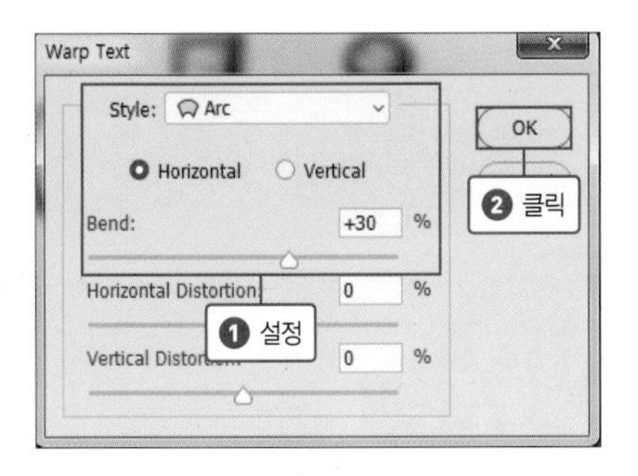


2 Warp Text 대화상자가 나타나면 Style: Arc, Bend: 30%로 설정한 다음 〈OK〉 버튼을 클릭합니다.

3 이번에는 옵션바에서 폰트: 코어고딕D 6 Bold, 글자 크기: 37pt, 색상: 검은색으로 지정하고, 쿠키문자 아래에 클릭하여 홍보 문구를 입력합니다.

## 07 레시피 확인 버튼 만들기

1 둥근 사각형 도구를 선택하고 옵션바에서 Shape, Fill: #6731ae, Stroke: None, Radius: 25px로 설정한 다음 캔버스 아래로 드래그합니다.

**2** 문자 도구를 선택한 다음 옵션바에서 폰트: 코어고딕 D_6 Bold, 글자 크기: 28pt, 색상: 흰색으로 지정하고 버튼을 클릭하여 글자를 입력합니다.

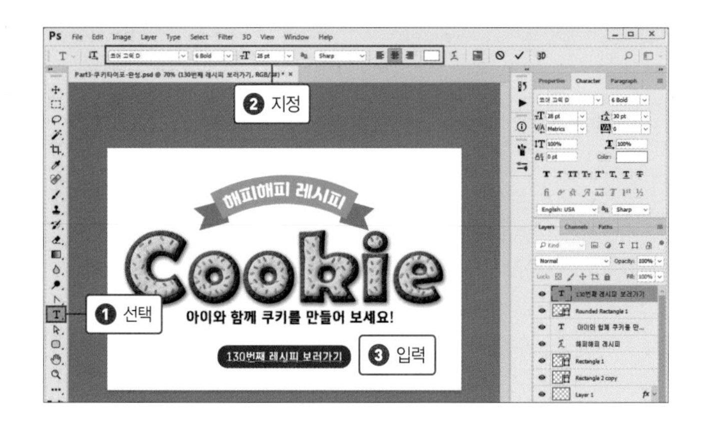


## 08 컬러 배경 만들기

**1** Layers 패널에서 배경 레이어 위에 새 레이어를 만듭니다. 전경색: #ffdf79로 지정한 다음 Alt+Delete를 눌러 색상을 채웁니다.

**2** 펜 도구를 선택하고 옵션바에서 Shape, Fill: #b895df, Stroke: None으로 지정합니다. 도큐먼트 왼쪽 아래부터 클릭하여 그림과 같이 컬러 단을 만들어 마무리합니다.

# 07 > 떠나요! 바다로~ 바캉스 세일 배너 디자인하기

콘텐츠 디자인에 사용하는 일러스트 스타일은 주로 심플하고 간결합니다. 자유로운 곡선은 펜 도구를 이용하고, 포토샵에는 형태를 만드는 도구가 많습니다. 조금만 더 용기를 내고, 아이디어를 내면 표현할 수 있는 일러스트가 참 많으므로 함께 다양한 일러스트 요소를 디자인해 봅니다.

**완성 이미지**

**완성 파일** 05\여름할인-세로형배너-완성.psd

포토샵 시작 | 배경 디자인 | 그래픽 소스 제작 | 타이포그래피 | 트렌드 디자인 | 실전 디자인

## 01 새 도큐먼트 만들기

**1** 새 도큐먼트를 만들기 위해 메뉴에서 [File] → [New]를 실행합니다. New Document 대화상자가 나타나면 Width: 300Pixels, Height: 600Pixels, Resolution: 72Pixels/Inch, Color Mode: RGB Color로 지정한 다음 〈Create〉 버튼을 클릭합니다.

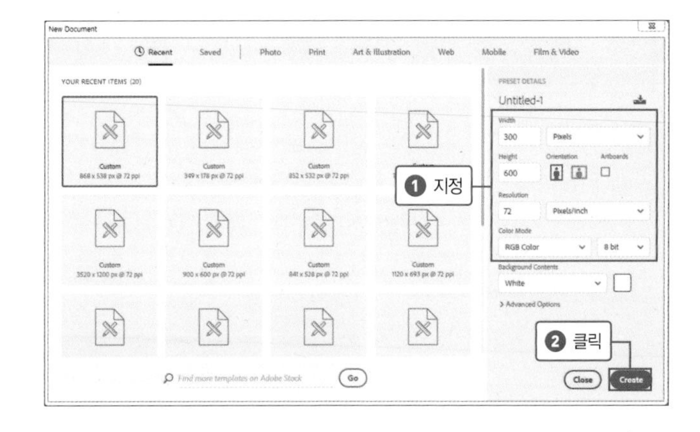


**2** 새 레이어를 만들고 전경색: #ffe02e로 지정한 다음 Alt+Delete를 눌러 색상을 채웁니다.

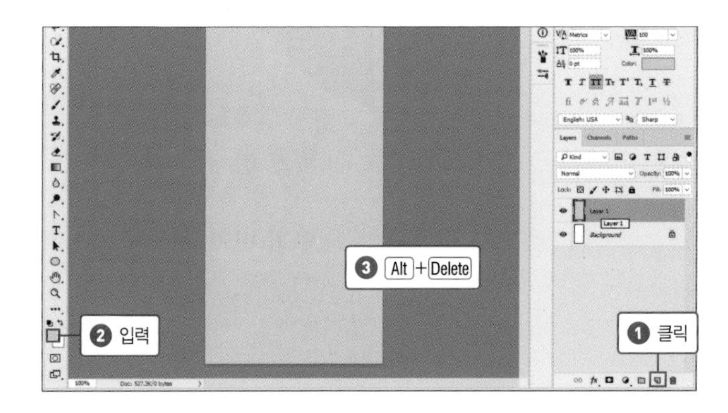


## 02 파도 이미지 그리기

**1** 펜 도구를 선택하고, 옵션바에서 Fill: #261f81, Stroke: None으로 지정합니다. 도큐먼트에 시작점을 클릭하고, 자유 곡선을 만들어 물결 이미지를 그립니다.

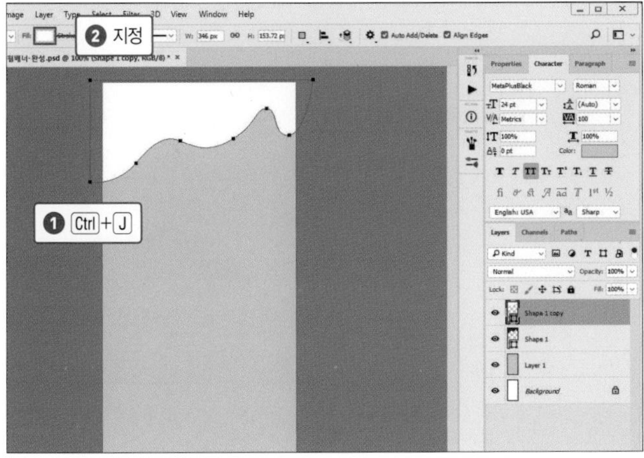


2 곡선 레이어를 선택한 상태에서 Ctrl+J를 눌러 오브젝트를 복제합니다. 펜 도구 옵션바에서 Fill: 흰색으로 지정합니다.

TIP 곡선을 그릴 때는 기준점을 클릭한 채 드래그하면서 방향선을 늘립니다. 오브젝트를 완성하기 위해서는 반드시 시작점을 다시 클릭해야 합니다.

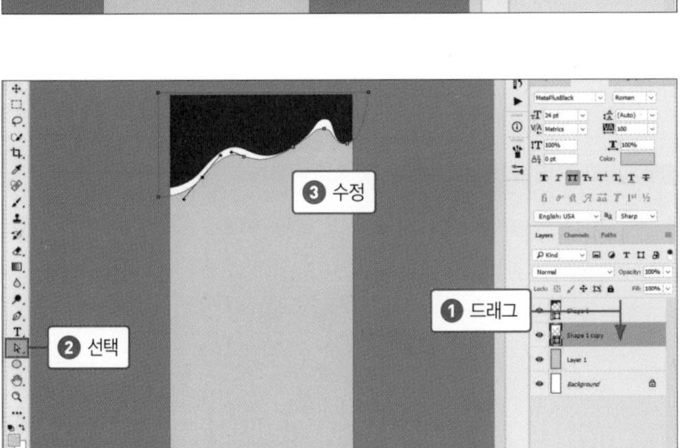


3 Layers 패널에서 흰색 곡선 레이어를 파란색 곡선 레이어 아래로 이동합니다. 직접 선택 도구를 이용하여 흰색 물결 형태를 자연스러운 파도 모양으로 수정합니다.

## 03 야자수 이미지 그리기

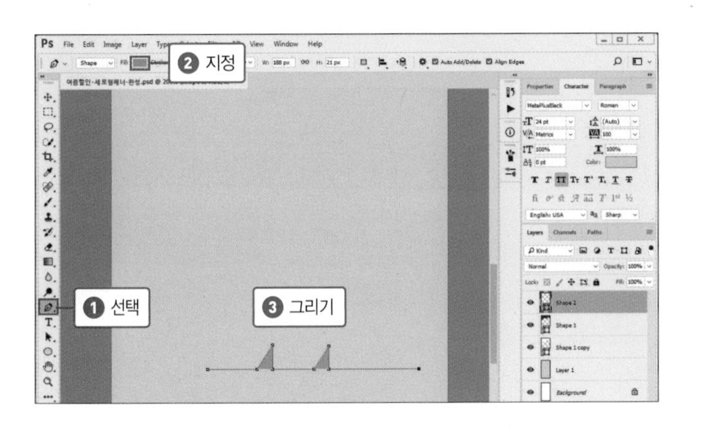


1 펜 도구를 선택합니다. 옵션바에서 Fill: #24ac77(초록)로 지정하고, 도큐먼트에 클릭하여 그림과 같이 패스 선을 만듭니다.

TIP 사선을 그릴 때 Shift를 누른 채 클릭하면 정확한 45° 각도를 유지할 수 있습니다.

2 시작점을 다시 클릭한 상태에서 그림과 같이 사선 방향으로 드래그합니다. 곡선의 야자수 잎이 만들어집니다.

## 04 배경 요소 구도 잡기

1 Ctrl+T를 누르고 조절점을 드래그하여 각도를 조정하고 구도를 잡습니다. 작업을 마치면 Enter를 누릅니다.
Layers 패널의 'Add a layer style(레이어 스타일 추가)' 아이콘(fx)을 클릭하고 [Drop Shadow]를 실행합니다.

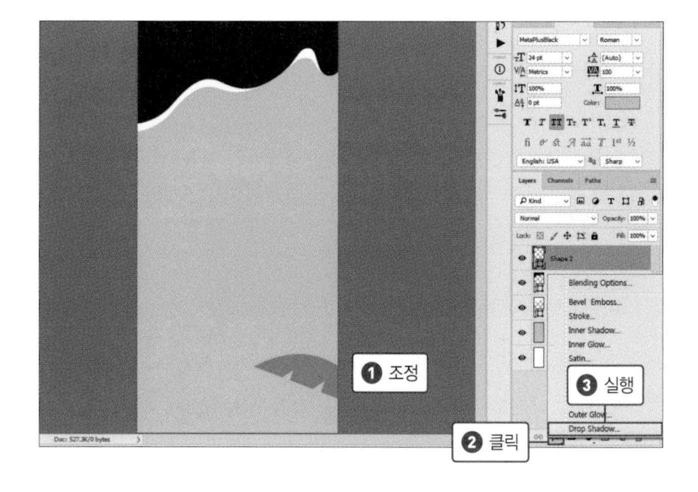


2 Layer Style 대화상자가 나타나면 Opacity: 35%, Angle: 90°, Distance: 7px, Size: 2px로 설정한 다음 〈OK〉 버튼을 클릭합니다.

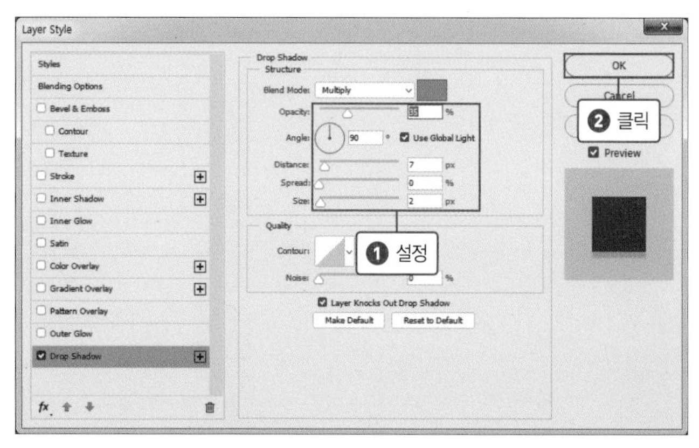

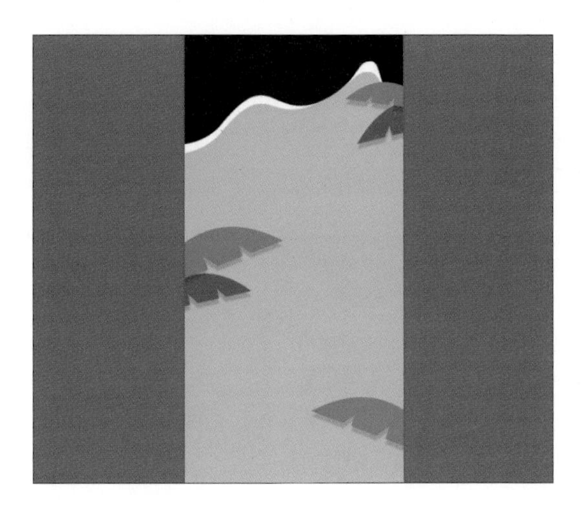

**3** 이동 도구를 선택하고 Alt를 누른 채 야자수 잎을 여러 번 드래그하여 복제해서 그림과 같이 야자수 배경을 만듭니다. 야자수 색상은 #24ac77(초록), #248c75(진초록)를 적용하고, 크기와 각도는 Ctrl+T를 눌러 조정합니다.
메뉴에서 [Edit] → [Transform] → [Flip Horizontal]을 실행하여 이미지를 좌우반전합니다.

## 05 타이틀 문구 입력하기

**1** 문자 도구를 선택합니다. Character 패널에서 폰트: MetaPlus Black, 글자 크기: 37/55pt, 행간: 50pt, 색상: #261f81로 지정합니다. 옵션바에서 정렬: 가운데 정렬로 지정하고 그림과 같이 문구를 입력합니다.

TIP 영문 전체를 대문자로 전환할 때는 Character 패널의 'All Caps' 아이콘을 클릭합니다.

**2** Character 패널에서 폰트: 코어고딕D 6Bold, 글자 크기: 20pt, 자간: –25pt, 색상: 검은색으로 지정하고, 타이틀 아래에 홍보 문구를 입력합니다.

## 06 홍보 문구 추가하기

**1** 문자 도구가 선택된 채 옵션바에서 폰트: Impact, 글자 크기: 170pt, 색상: #f02756으로 지정합니다. 그림과 같이 도큐먼트 가운데에 '50'을 입력합니다.

**2** Character 패널에서 폰트: MetaPlusBlack, 글자 크기: 65pt, 자간: 100pt로 설정합니다. 'SALE'을 입력하고 그림과 같이 '%'도 입력합니다.

**3** 마지막으로 옵션바에서 폰트: 여기어때 잘난체, 글자 크기: 17pt, 색상: #261f81로 지정합니다. 문자를 입력한 다음 Character 패널에서 'Underline' 아이콘(T)을 클릭해 밑줄이 있는 버튼을 만듭니다.

## 07 튜브 일러스트 그리기

1 원형 도구를 선택하고 옵션바에서 Shape, Fill: 흰색, Stroke: None으로 지정합니다. Shift를 누른 채 드래그하여 원을 만듭니다.

2 옵션바의 'Path operations' 아이콘을 클릭한 다음 [Exclude Overlapping Shapes]를 선택합니다.

3 다시 기존 원 위에 드래그하여 새로운 원을 만듭니다. 새로 만든 원형 영역이 삭제되는 것을 확인합니다.

TIP 옵션바에서 [New Layer]를 선택하기 전까지 모든 패스(Path)나 셰이프(Shape)는 추가 레이어가 만들어지지 않고, 같은 레이어 위에 만들어집니다.

**4** 패스 선택 도구로 원형 패스를 모두 선택합니다. 옵션바에서 'Horizontal Centers', 'Vertical Centers' 아이콘을 클릭하여 정확하게 가운데 정렬합니다.

**5** 원형 레이어에서 마우스 오른쪽 버튼을 클릭한 다음 [Rasterize(래스터화) Layer]를 실행합니다. Layers 패널의 'Lock transparent pixels(투명 픽셀 잠그기)' 아이콘(▩)을 클릭합니다. 전경색: #f02756으로 지정한 다음 브러시를 이용하여 튜브의 줄무늬를 그립니다.

TIP Rasterize(래스터화) Layer는 오브젝트에 드로잉하기 위해 실행합니다. 패스 상태에서는 드로잉할 수 없습니다.

## 08 슬리퍼 일러스트 그리기

**1** 새 레이어를 만듭니다. 전경색: #261f81로 지정하고, 이번에는 브러시를 이용하여 발자국 모양을 그립니다.

2 Layers 패널에서 'Lock transparent pixels(투명 픽셀 잠그기)' 아이콘(▩)을 클릭합니다. 브러시를 이용하여 초록(#24ac77) 줄무늬를 그려 슬리퍼를 완성합니다.

3 야자수 레이어에서 Alt 를 누른 채 'fx'를 튜브와 슬리퍼 레이어에 드래그합니다. 그림자 스타일이 튜브와 슬리퍼 일러스트에 똑같이 적용되므로 마무리합니다.

# 08 > 새해 복 많이 받으세요! 새해 이벤트 배너 만들기

콘텐츠 디자인에서 전달하고자 하는 내용을 효과적으로 표현하기 위해 일러스트를 활용하는 경우가 많습니다. 포토샵 도형 도구를 이용하면 간단한 일러스트 정도는 쉽고 빠르게 그릴 수 있으므로 함께 만들어 봅니다.

완성 이미지

완성 파일 05\새해이벤트배너-완성.psd

## 01 새 도큐먼트 만들기

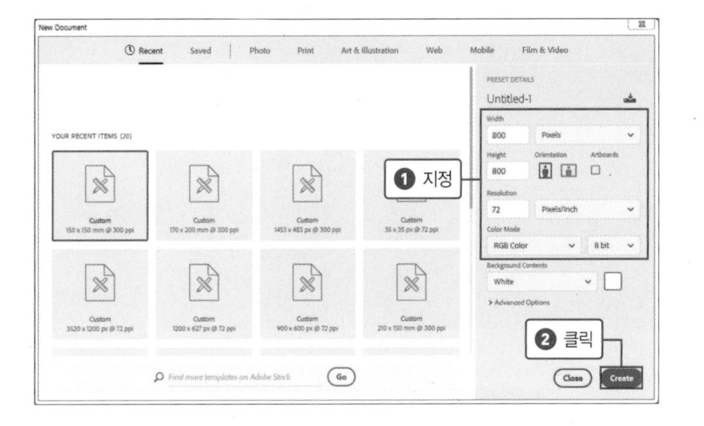


**1** 메뉴에서 [File] → [New]를 실행합니다.

New Document 대화상자에서 Width/Height: 800Pixels, Resolution: 72Pixels/Inch, Color Mode: RGB Color로 지정한 다음 〈Create〉 버튼을 클릭합니다.

**2** Layers 패널에서 'Create a new layer' 아이콘( )을 클릭하여 새 레이어를 만듭니다. 전경색: #286b53으로 지정한 다음 Alt+Delete를 눌러 색상을 채웁니다.

## 02 산 이미지 만들기

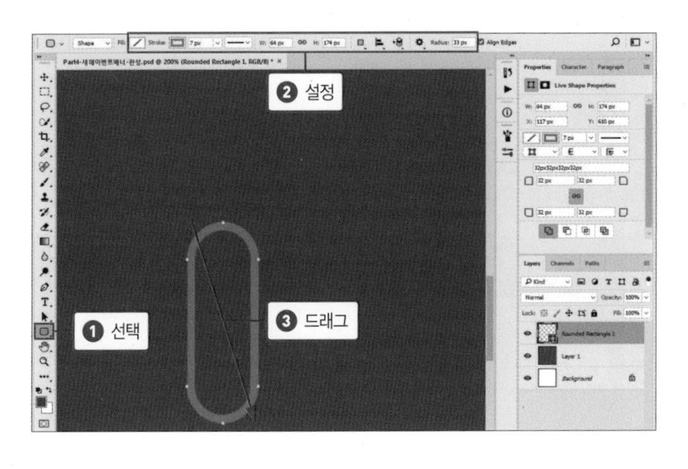


**1** 둥근 사각형 도구를 선택하고 옵션바에서 Fill: None, Stroke: #5f9578, Radius: 33px로 설정한 다음 도큐먼트에 드래그하여 세로로 긴 둥근 사각형을 만듭니다.

**2** 옵션바의 'Path operations' 아이콘을 클릭하고 [Exclude Overlapping Shapes]를 선택합니다.

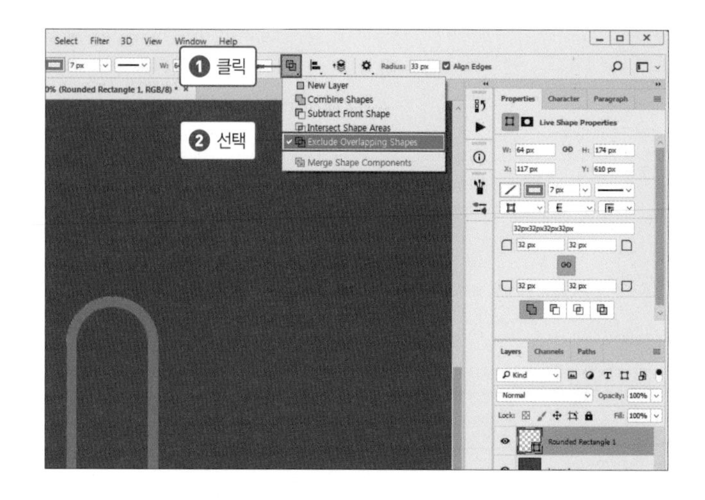


**3** 다시 기존 둥근 사각형 위에 드래그하여 새로운 둥근 사각형을 만듭니다. 새로 만든 영역이 삭제되면서 라인이 추가됩니다.

TIP 옵션바에서 [New Layer]를 선택하기 전까지 모든 패스(Path)나 셰이프(Shape)는 추가 레이어가 만들어지지 않고, 같은 레이어 위에 만들어집니다.

**4** 패스 선택 도구로 바깥쪽 원형 패스와 안쪽 원형 패스를 모두 선택합니다.
옵션바에서 'Horizontal Centers', 'Vertical Centers' 아이콘을 클릭합니다. 원형 패스들이 정확하게 가운데 정렬됩니다.

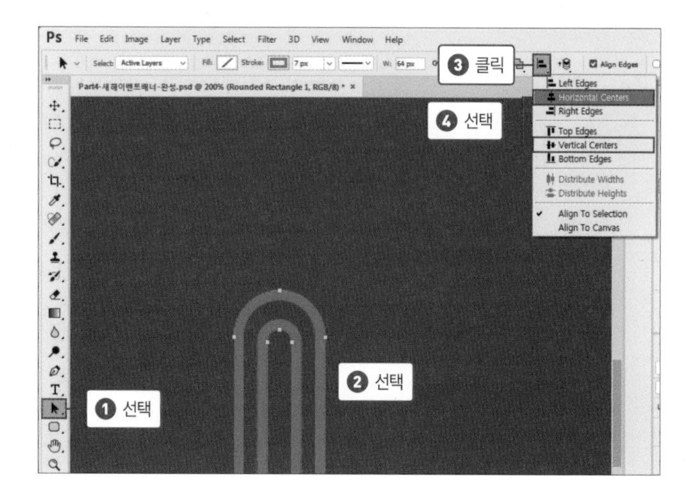

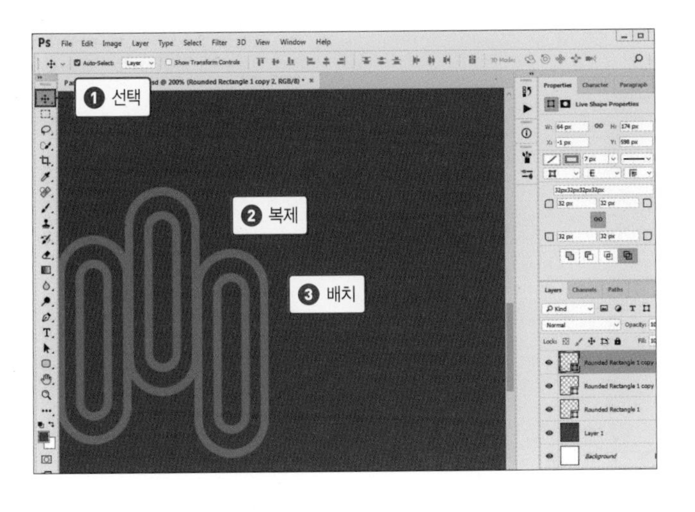


5 이동 도구를 선택하고 Alt 를 누른 채 라인 오브젝트를 그림과 같이 양쪽에 드래그해 복제합니다. 높이를 모두 다르게 배치하면 더 자연스러운 산 모양이 됩니다.

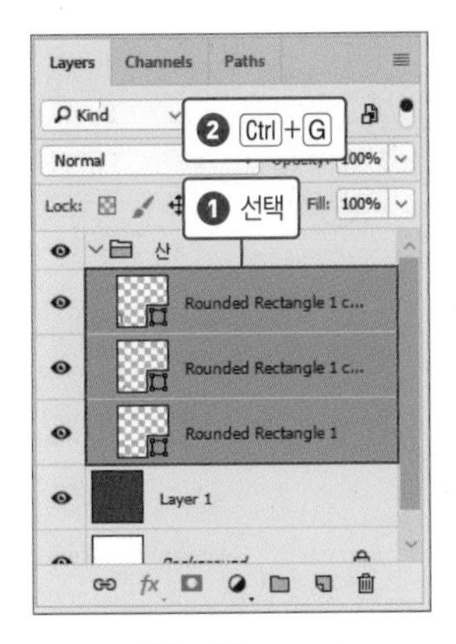


6 Layers 패널에서 라인 오브젝트 레이어를 모두 선택하고, Ctrl+G를 눌러 그룹으로 만듭니다.

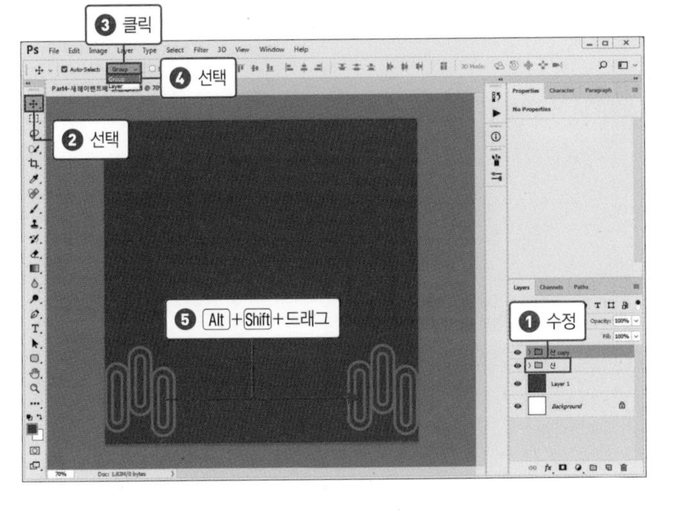


7 그룹 이름을 더블클릭하여 '산'으로 변경합니다. 이동 도구를 선택하고 옵션바에서 'Group'으로 지정합니다. 도큐먼트에서 Alt+Shift를 누른 채 산 오브젝트 그룹을 선택하고 오른쪽으로 드래그하여 복제합니다.

**8** 복제된 오브젝트를 좌우 반전시키기 위해 메뉴에서 [Edit] → [Transform] → [Flip Horizontal]을 실행합니다.

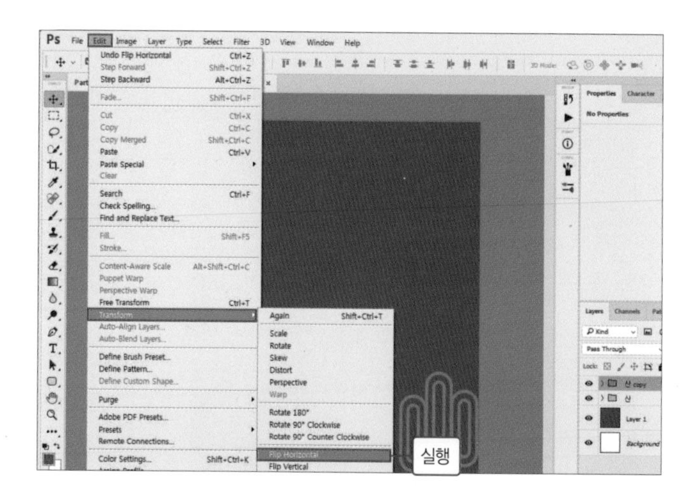


**9** 새 레이어를 만들고 전경색: #144f3a로 지정합니다.

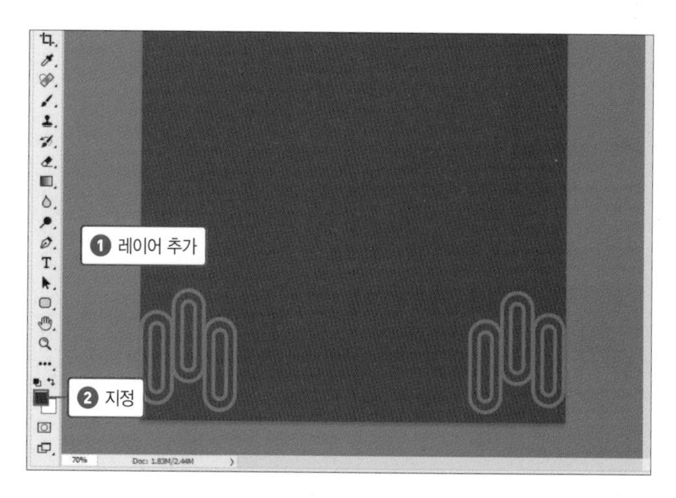


**10** 사각형 선택 도구를 선택하고 도큐먼트 아래로 드래그하여 직사각형 선택 영역을 만듭니다. Alt+Delete를 눌러 선택 영역에 색상을 채웁니다. 작업이 완료되면 Ctrl+D를 눌러 선택 영역을 해제합니다.

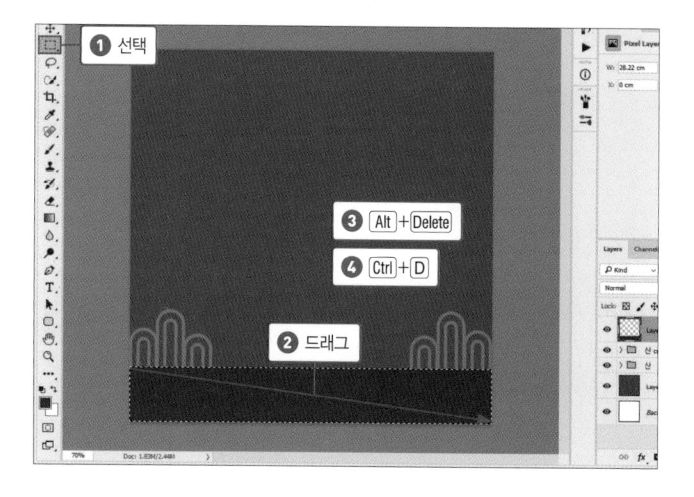

# 03 달, 구름 이미지 만들기

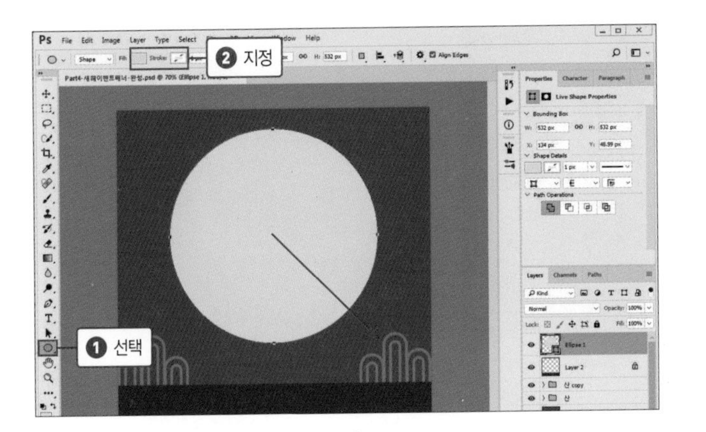


1 원형 도구를 선택하고 옵션바에서 Fill: #f8eebc, Stroke: None으로 지정합니다. 캔버스 가운데에 Alt+Shift를 누른 채 드래그하여 보름달 같은 원을 그립니다.

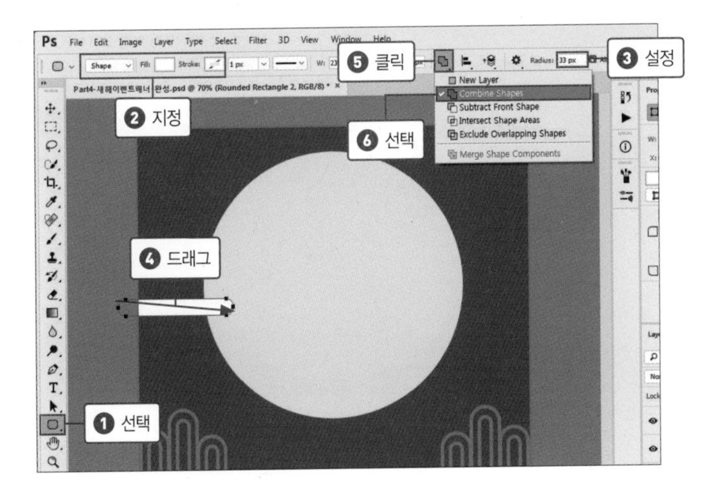


2 둥근 사각형 도구를 선택하고 옵션바에서 Shape, Fill: 흰색, Stroke: None, Radius: 33px로 설정한 다음 보름달 왼쪽에 드래그합니다.
옵션바에서 'Path operations' 아이콘을 클릭한 다음 [Combine Shapes]를 선택합니다.

3 드래그하여 그림과 같이 구름 이미지를 만듭니다.

TIP 셰이프가 추가되었지만 레이어는 추가되지 않았습니다.

**4** 구름 하나가 완성되면 옵션바에서 'Path operations' 아이콘을 클릭한 다음 [New Layer]를 선택합니다. 보름달 오른쪽에 드래그하여 둥근 사각형을 만듭니다. 새로운 셰이프 레이어가 만들어집니다.

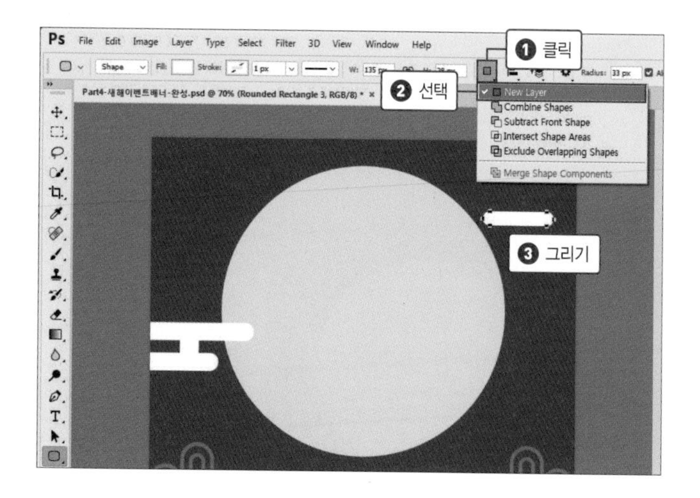


**5** 다시 옵션바에서 'Path operations' 아이콘을 클릭한 다음 [Combine Shapes]를 선택하고, 새 레이어 위에 구름 이미지를 만드는 과정을 이어갑니다.

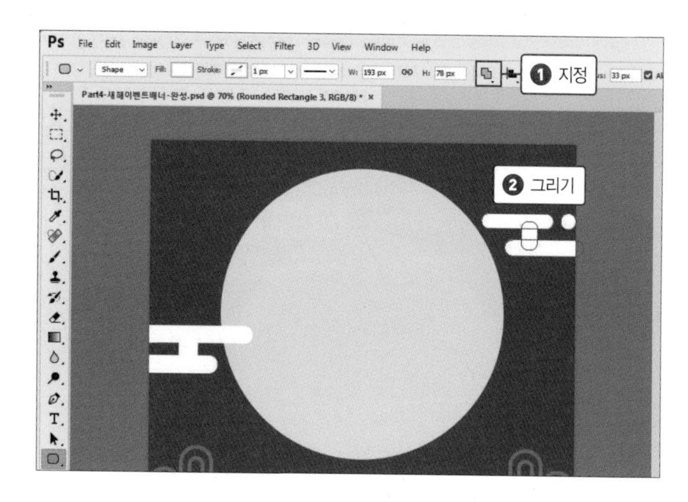


**6** 구름 오브젝트 레이어를 모두 선택하고, Ctrl+G를 눌러 그룹으로 만듭니다. 그룹 이름을 '구름'으로 변경합니다.

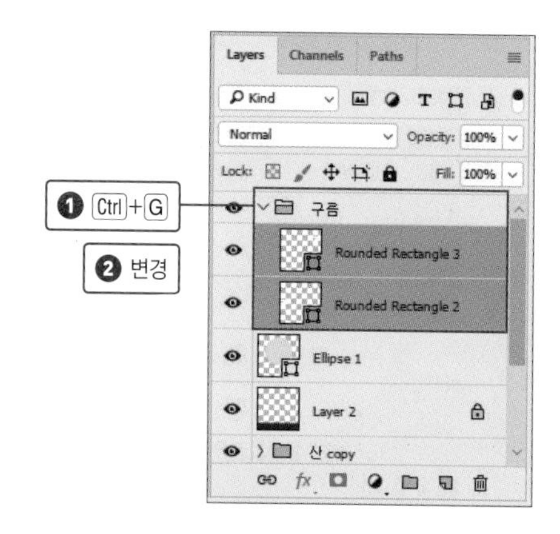


TIP 레이어 요소가 많은 작업을 할 때에는 그때그때 레이어 정리를 하면서 작업하는 것이 좋습니다.

# 04 복주머니 이미지 만들기

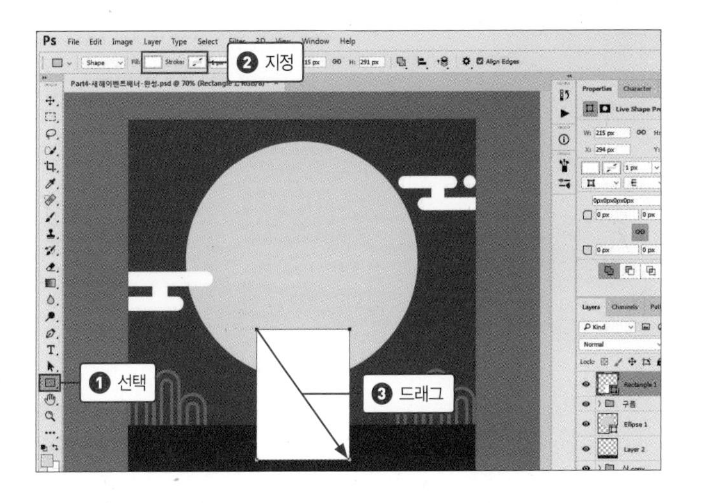


**1** 사각형 도구를 선택한 다음 옵션바에서 Fill: 흰색, Stroke: None으로 지정합니다. 캔버스 가운데에 드래그하여 그림과 같이 직사각형을 그립니다.

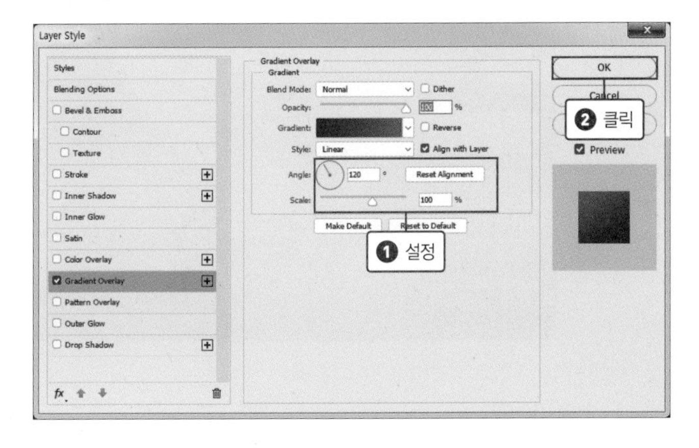


**2** 직사각형에 그러데이션을 적용하기 위해 Layers 패널의 'Add a layer style(레이어 스타일 추가)' 아이콘(fx)을 클릭하고 [Gradient Overlay]를 실행합니다. Layer Style 대화상자에서 Angle: 120°, Scale: 100%로 설정한 다음 〈OK〉 버튼을 클릭합니다.

**TIP** 그러데이션 색상은 색상 탭을 클릭한 다음 원하는 색상을 지정해 자유롭게 편집할 수 있습니다.

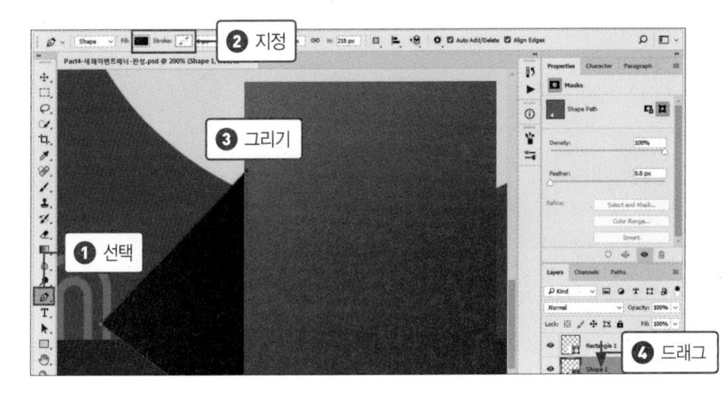


**3** 펜 도구를 선택하고 옵션바에서 Fill: Foreground to Background(전경색: #4b0627, 배경색: #8b134a)로 지정한 다음 도큐먼트에 클릭하여 삼각형을 그립니다. Layers 패널에서 삼각형 레이어를 직사각형 레이어 아래에 배치합니다.

**4** 삼각형 레이어에서 마우스 오른쪽 버튼을 클릭한 다음 [Rasterize(래스터화) Layer]를 실행합니다. Layers 패널에서 'Lock transparent pixels(투명 픽셀 잠그기)' 아이콘(▣)을 클릭합니다. 전경색: #b39b2d로 지정한 다음 사각형 선택 도구로 선택 영역을 만들고 Alt+Delete를 눌러 색상을 채웁니다.

**5** 이동 도구를 선택한 다음 Alt+Shift를 누른 채 삼각형을 오른쪽으로 드래그해 복제합니다.
메뉴에서 [Edit] → [Transform] → [Flip Horizontal]을 실행하여 이미지를 반전시켜 대칭 모양을 만듭니다.

**6** 문자 도구를 선택하고 옵션 바에서 폰트: HY견고딕, 글자 크기: 170pt, 색상: 흰색으로 지정합니다. '복'을 입력하고, 한자를 누른 다음 1번을 선택하여 한자로 변환합니다.

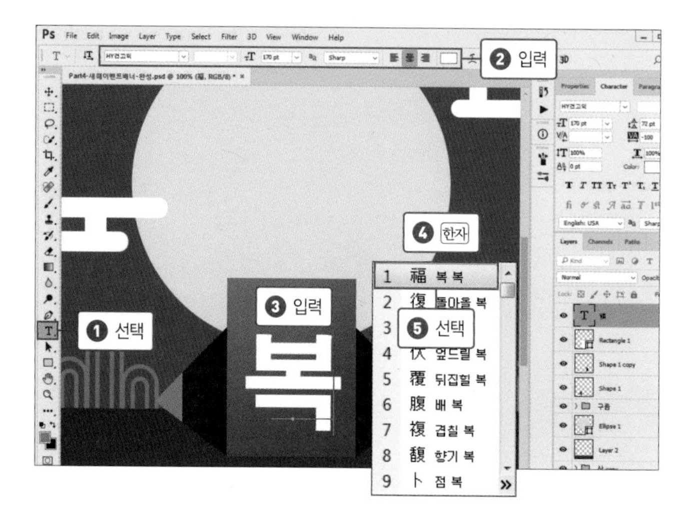

**7** 문자에 그러데이션을 적용하기 위해 Layers 패널에서 'Add a layer style(레이어 스타일)' 아이콘(fx)을 클릭한 다음 [Gradient Overlay]를 실행합니다.

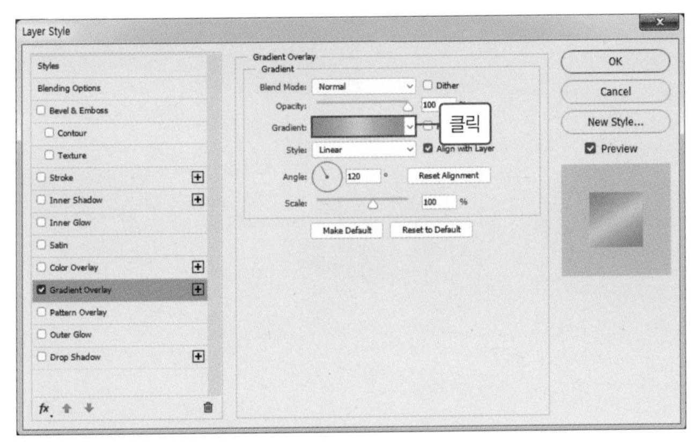


**8** Layer Style 대화상자가 나타나면 'Gradient'를 선택합니다.

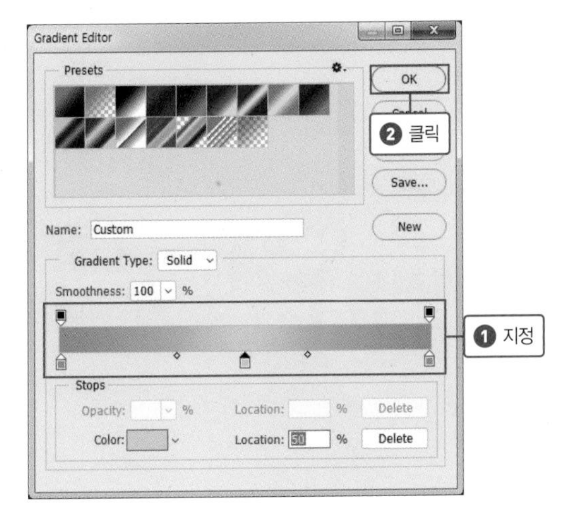


**9** Gradient Editor 대화상자에서 금박 느낌을 표현하기 위해 진한 색(#d8ae3d)과 밝은 색(#f9e497)을 반복시켜 금박의 반짝임을 표현한 다음 〈OK〉 버튼을 클릭합니다. Layer Style 대화상자에서도 〈OK〉 버튼을 클릭합니다.

**10** 새 레이어를 만듭니다. 전경색: #890f15로 지정한 다음 브러시 도구를 이용하여 복주머니 끈을 그립니다. 브러시로 직선을 그릴 때는 도큐먼트에 클릭하고 Shift를 누른 채 드래그합니다.

TIP 펜 도구의 패스 선을 이용해 그려도 됩니다.

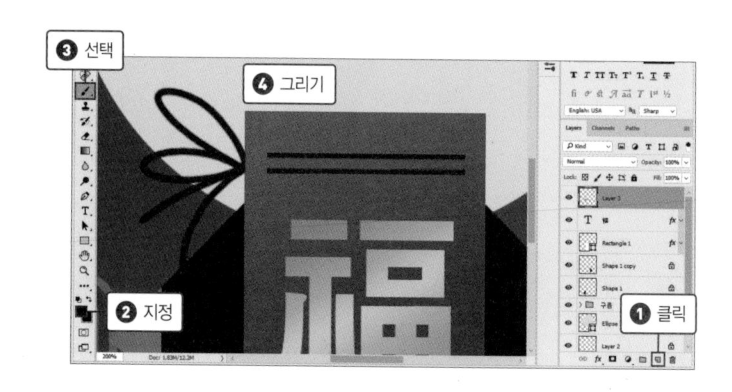


**11** Layers 패널에서 복주머니를 이루는 레이어들을 모두 선택하고 Ctrl+G를 눌러 그룹으로 만듭니다. 그룹 이름을 '복주머니'로 변경합니다.

## 05 홍보 문구 입력하기

**1** 문자 도구를 선택한 다음 Character 패널에서 폰트: Tmon몬소리, 글자 크기: 113pt, 행간: 125pt, 색상: #174836으로 지정합니다. 옵션바에서 정렬: 가운데 정렬로 지정한 다음 메인타이틀 문구를 입력합니다.

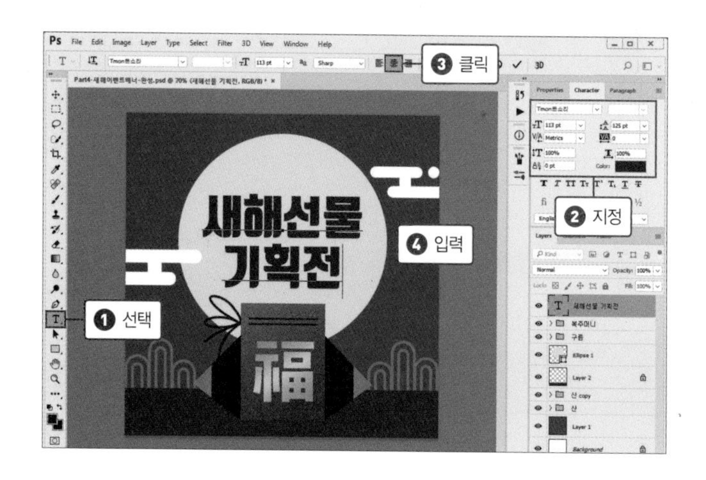

**2** 옵션바에서 폰트: 동그라미재단B, 글자 크기: 45pt, 색상: #64021d로 지정하고 서브타이틀 문구를 입력합니다.

**3** 세로 문자 도구를 선택하고 Character 패널에서 폰트: 코어고딕D 6 Bold, 글자 크기: 22pt, 행간: 27pt, 색상: #b39b2d로 지정한 다음 홍보 문구를 입력합니다.

## 06 동백꽃 이미지 만들기

**1** 다각형 도구를 선택하고, 옵션바에서 Fill: #e34e8c, Stroke: None, Sides: 5로 설정합니다. '설정' 아이콘을 클릭한 다음 'Smooth Conners'와 'Star'에 체크 표시를 하고, Indent Sides: 20%로 설정합니다.

**2** 서브타이틀 왼쪽 위에 드래그하여 작은 꽃모양을 그립니다. 같은 옵션 값에 Fill: #650c35로 지정합니다. 드래그하여 조금 더 큰 꽃을 그립니다.

**3** 펜 도구를 선택하고 옵션바에서 Fill: #00a651, Stroke: None으로 지정합니다. 잎사귀를 그린 다음 Layers 패널에서 해당 레이어를 꽃모양 레이어보다 아래에 배치합니다.

**4** 같은 방법으로 크기와 모양이 다른 잎사귀들을 그림과 같이 자유롭게 그립니다.

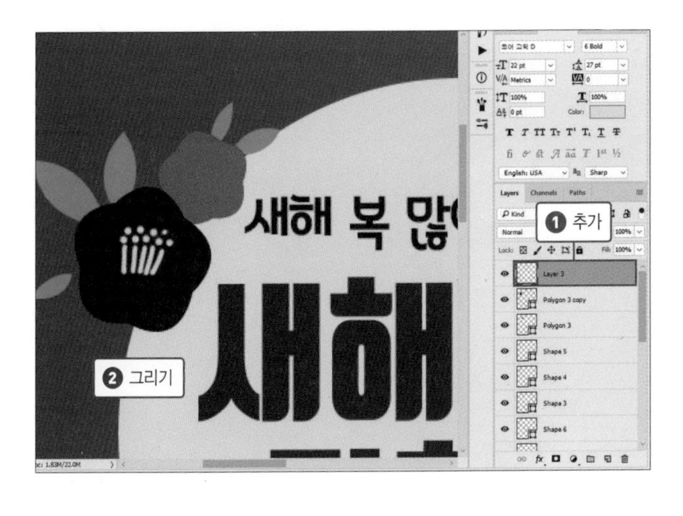


**5** 새 레이어를 만듭니다. 전경색: #f1ecbd로 지정하고, 브러시 도구를 선택합니다. Size: 4px로 설정한 다음 그림과 같이 꽃술을 그립니다.

**6** 이동 도구를 선택하고 Alt를 누른 채 꽃술 이미지를 클릭하고, 작은 꽃 위에도 드래그하여 복제합니다. Ctrl+T를 눌러 그림과 같이 각도와 크기를 변경한 다음 Enter를 누릅니다.

**7** Layers 패널에서 꽃에 관한 오브젝트를 모두 선택한 다음 Ctrl+G를 눌러 그룹으로 만듭니다. 그룹 이름을 '동백꽃'으로 변경한 다음 마무리합니다.

# SNS PhotoShop

# PART 06

# 실전! SNS 포토샵 디자인

포토샵으로 간단한 쿠폰 이미지부터 다양한 레이아웃의 카드뉴스, 상세 페이지, 유튜브 채널 등 다양하게 사용할 수 있는 SNS를 위한 실전! 그래픽 디자인 이미지를 만들어 봅니다.

# 01 > 구매를 부르는 포인트 쿠폰 디자인하기

쇼핑몰이나 마케팅 디자인에서 자주 볼 수 있는 쿠폰을 펀칭 효과를 이용하여 간단하고 짜임새 있게 디자인해 봅니다.

완성 이미지

완성 파일 06\쿠폰디자인–완성.psd

고객감사 이벤트! 매일매일 쿠폰찬스!

하루에 한 번
쿠폰을 받자!

선착순
3만명

POINT COUPON

10,000P

3만원 이상 결제 시 사용 가능

쿠폰 다운로드 〉

## 01 새 도큐먼트 만들고 쿠폰 이미지 만들기

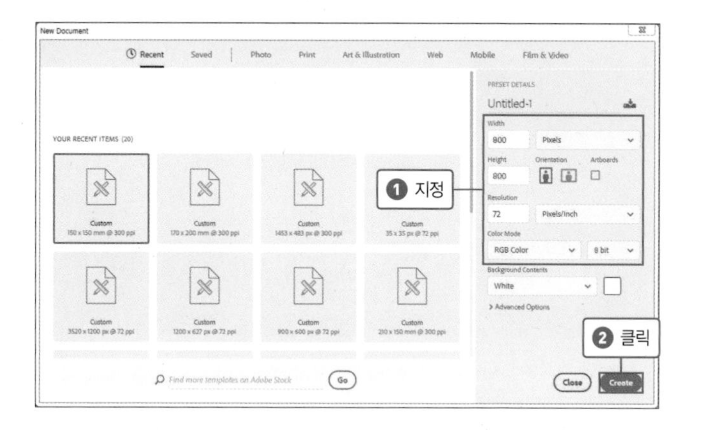


**1** 메뉴에서 [File] → [New]를 실행합니다.

New Document 대화상자가 나타나면 Width/Height: 800Pixels, Resolution: 72Pixels/Inch, Color Mode: RGB Color로 지정한 다음 〈Create〉 버튼을 클릭합니다.

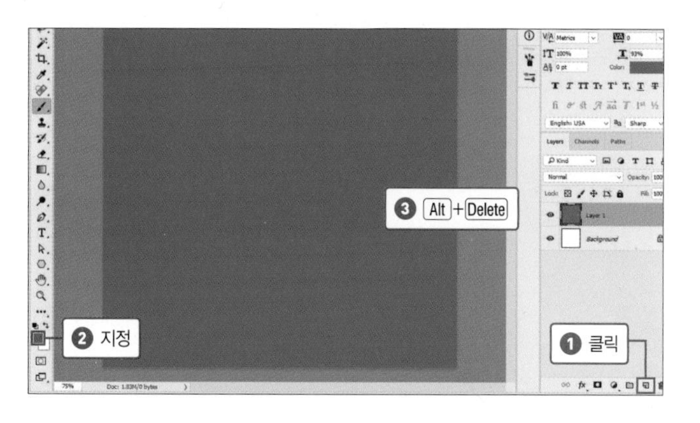


**2** Layers 패널에서 'Create a new layer' 아이콘(◻)을 클릭하여 새로운 레이어를 만듭니다. 전경색: #276ddd로 지정한 다음 Alt+Delete를 눌러 색상을 채웁니다.

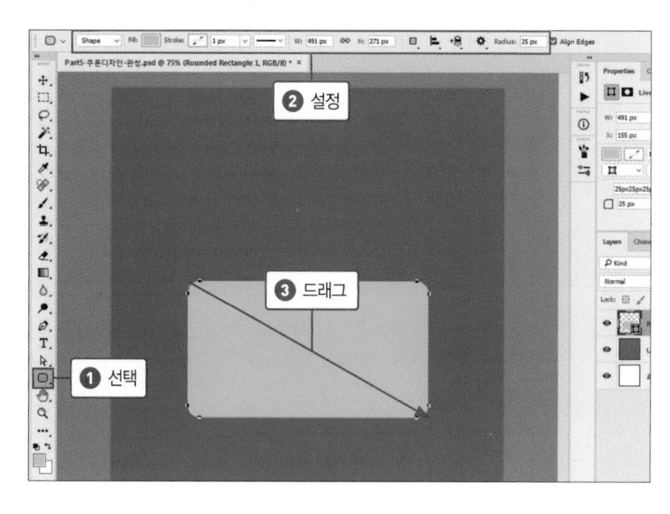


**3** 둥근 사각형 도구를 선택하고 옵션바에서 Shape, Fill: #60e0ff, Stroke: None, Radius: 25px로 설정한 다음 캔버스 아래로 드래그합니다.

**4** 이번에는 원형 도구를 선택하고 옵션바에서 Fill: 흰색, Stroke: None으로 지정합니다. 사각형 프레임 왼쪽 가장자리에 Alt+Shift를 누른 채 드래그하여 그림과 같이 작은 원을 그립니다.

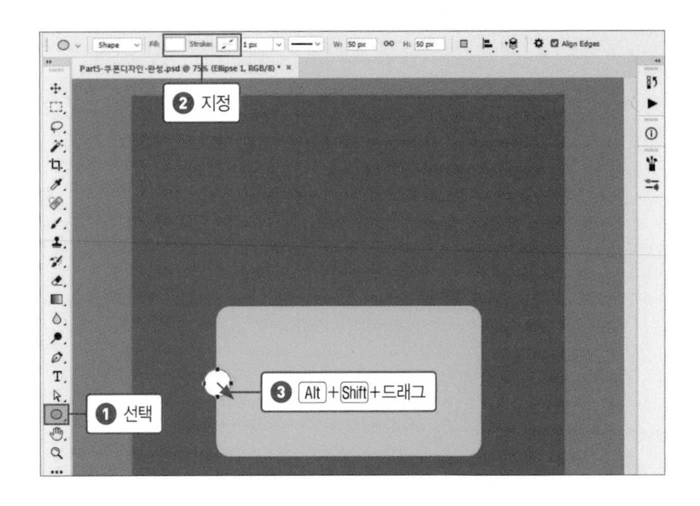


**5** 'Combine Shapes' 모드로 지정합니다. 패스 이동 도구를 선택하고 Alt+Shift를 누른 채 원형 오브젝트를 오른쪽으로 드래그해 복제합니다.

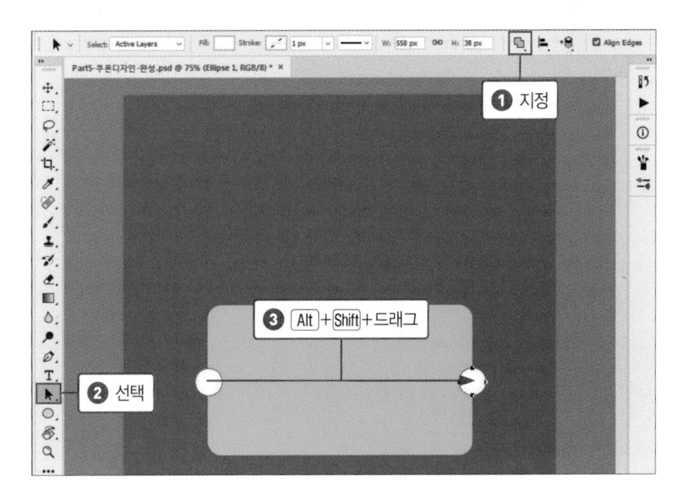


**6** 사각형 프레임 레이어가 선택된 상태에서 마우스 오른쪽 버튼을 클릭한 다음 [Rasterize(래스터화) Layer]를 실행합니다.

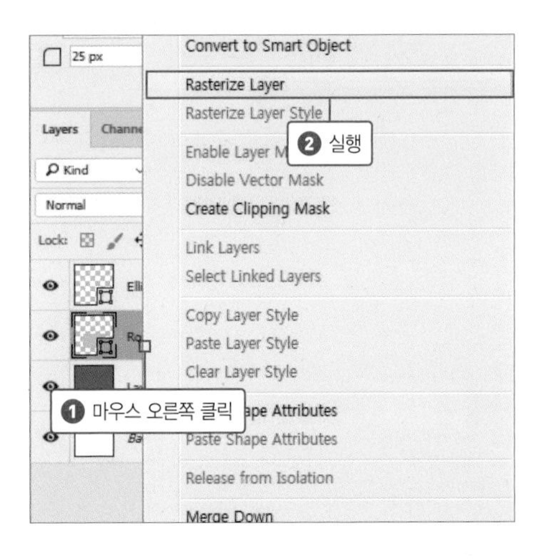

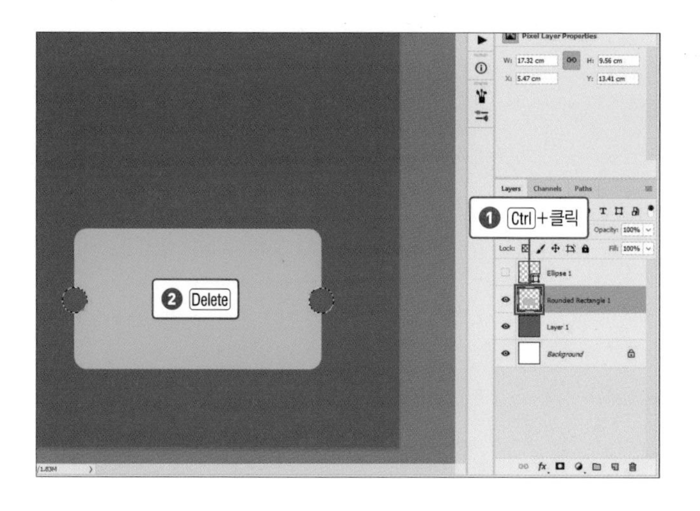


7 Layers 패널에서 Ctrl을 누른 채 흰색 원형 레이어의 섬네일을 클릭합니다. 원형 선택 영역이 만들어지면 Delete를 눌러 사각형 프레임에서 선택 영역을 삭제합니다.

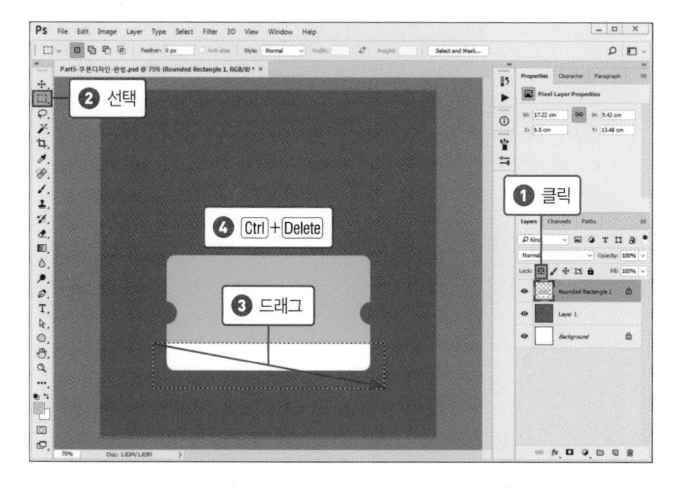


8 Layers 패널 위쪽의 'Lock transparent pixels(투명 픽셀 잠그기)' 아이콘(▧)을 클릭합니다. 사각형 선택 도구로 프레임 아래에 드래그하여 선택 영역을 만들고, Ctrl+Delete를 눌러 배경색인 흰색을 채웁니다.

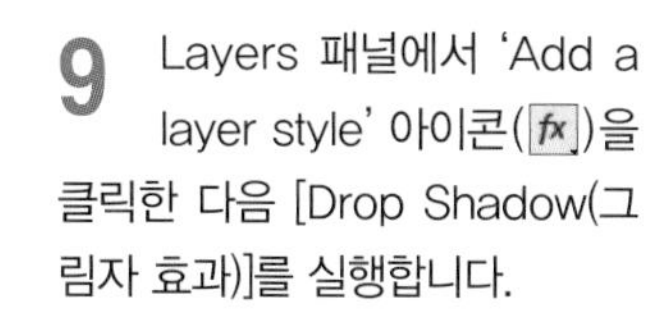
TIP
전경색 채우기: Alt+Delete
배경색 채우기: Ctrl+Delete

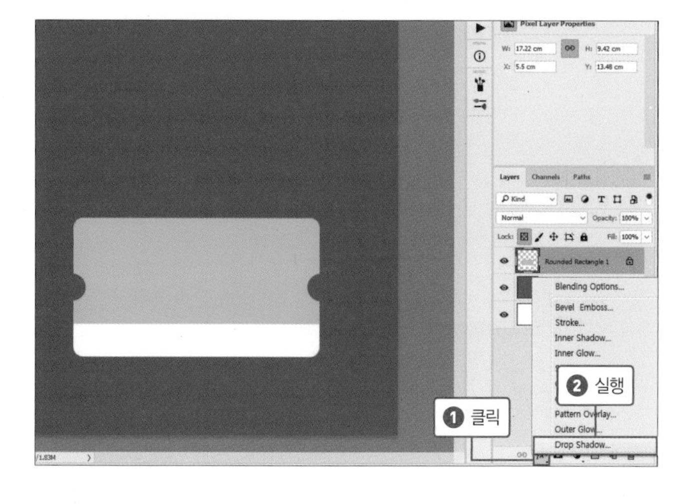


9 Layers 패널에서 'Add a layer style' 아이콘(fx)을 클릭한 다음 [Drop Shadow(그림자 효과)]를 실행합니다.

**10** Layer Style 대화상자가 나타나면 Opacity: 35%, Angle: 120˚, Distance/Size: 20px로 설정한 다음 〈OK〉 버튼을 클릭합니다.

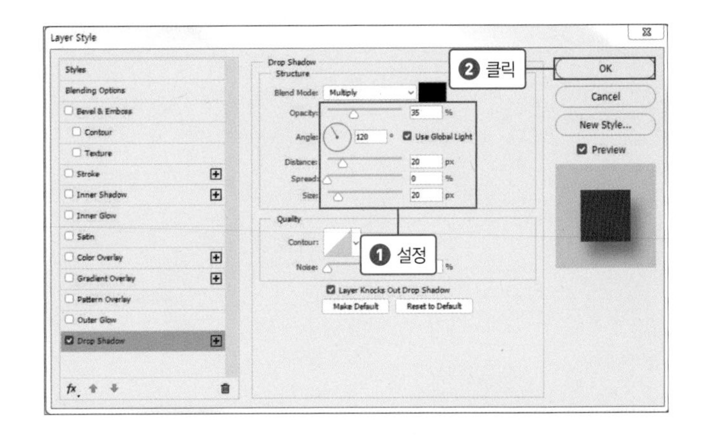


## 02 쿠폰 문자와 메인/서브타이틀 입력하기

**1** 문자 도구를 선택하고 옵션바에서 폰트: Impact, 글자 크기: 100pt, 정렬: 가운데 정렬, 문자 색상: #0a327f로 지정한 다음 사각형 프레임 가운데에 '10,000P'를 입력합니다.

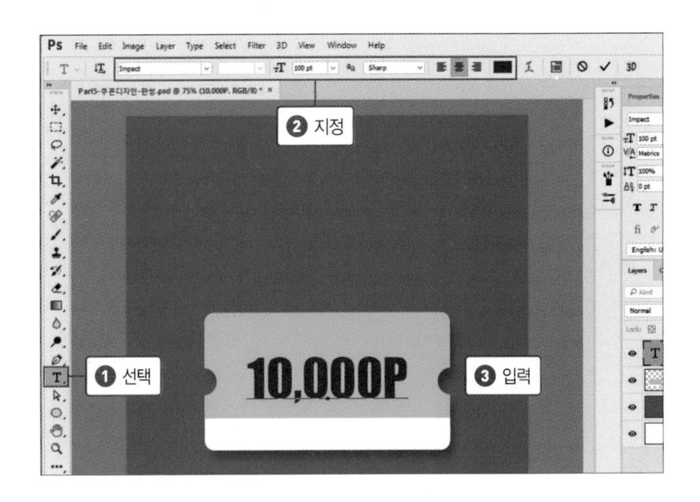


**2** Character 패널에서 폰트: Din bold, 글자 크기: 27pt, 자간: 360pt, 문자 색상: 흰색으로 지정합니다. 위쪽에 문구를 입력합니다.

TIP 영문 전체를 대문자로 전환할 때에는 Character 패널 아래 'All Caps' 아이콘을 클릭합니다.

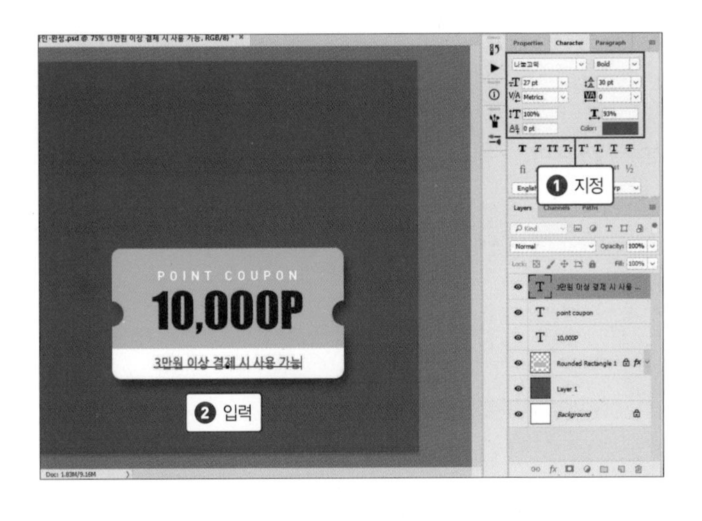


**3** Character 패널에서 폰트: 나눔고딕 Bold, 문자 폭: 93%, 문자 색상: #276ddd로 지정합니다. 흰 바탕 위에 클릭하고 홍보 문구를 입력합니다.

**4** 메인타이틀을 입력하기 위해 Character 패널에서 폰트: 여기어때 잘난체, 글자 크기: 90pt, 행간: 100pt, 문자 색상: 흰색으로 지정한 다음 그림과 같이 문구를 입력합니다.

**5** 강조할 단어를 드래그해 선택한 다음 문자 색상: #fce325로 지정해 눈에 잘 띄게 표시합니다.

**6** Character 패널에서 폰트: 나눔고딕 Bold, 글자 크기: 27pt, 문자 색상: 흰색으로 지정하고 메인타이틀 위에 클릭해 그림과 같이 서브타이틀 문구를 입력합니다.

## 03 다각형 배지 이미지 만들기

**1** 다각형 도구를 선택하고, 옵션바에서 Fill: #fce325, Stroke: None으로 지정합니다. 설정 아이콘을 클릭한 다음 'Smooth Conners'와 'Star'에 체크 표시를 하고, Indent Sides: 20%로 설정합니다. Sides: 8로 설정합니다.

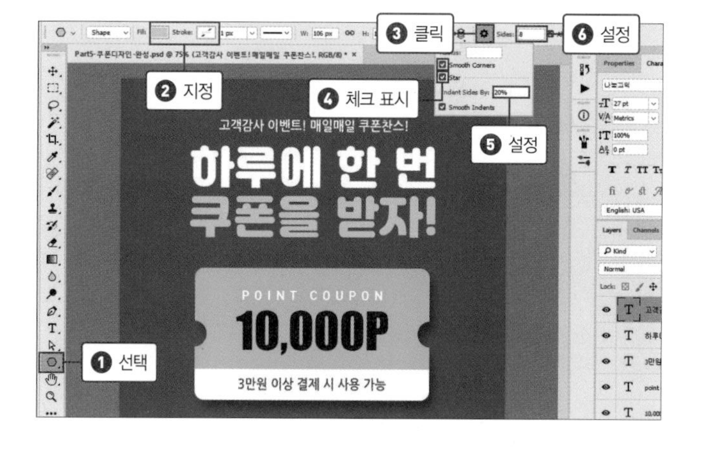


**2** 쿠폰 이미지 오른쪽 위에 Shift를 누른 채 드래그하여 배지 모양을 그립니다.

3 문자 도구를 선택한 다음 Character 패널에서 폰트: 나눔고딕 ExtraBold, 글자 크기: 22pt, 행간: 25pt, 문자 색상: #0a327f로 지정하고 배지 위에 문구를 입력합니다.

## 04 다운로드 버튼 만들기

1 둥근 사각형 도구를 선택하고 옵션바에서 Shape, Fill: #0a327f, Radius: 25px로 설정한 다음 도큐먼트 아래에 드래그합니다.

2 문자 도구를 선택한 다음 Character 패널에서 폰트: 나눔고딕 Bold, 글자 크기: 27pt, 문자 색상: 흰색으로 지정한 다음 바 위를 클릭하여 글자를 입력해서 마무리합니다.

# 02 > 북유럽 감성의 상세 페이지 레이아웃 디자인하기

소비자들은 쇼핑몰, 소셜커머스, 오픈마켓 등에서 상품 상세 페이지로 정보를 얻습니다. 이때 산만한 단락 구성이나, 이미지들이 정돈되지 못하고 복잡하게 흩어져 있으면 정보를 읽다가 금방 흐름을 잃고 사이트에서 빠져나가고 맙니다. 그러므로 상세 페이지 디자인에서 가장 중요한 점은 일관성을 해치지 않는 레이아웃과 그리드를 적용하여 가독성을 높이는 것입니다.

완성 이미지

완성 파일 06\01.jpg~05.jpg 완성 파일 06\상세페이지–완성.psd

# 01 새 도큐먼트 만들기

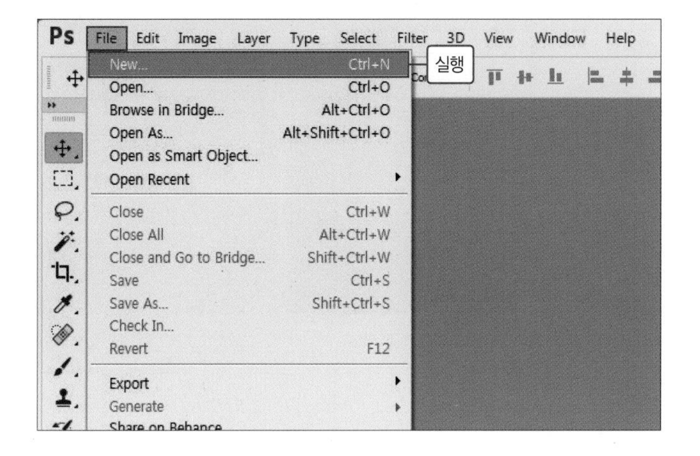


1 새로운 도큐먼트를 만들기 위해 메뉴에서 [File] → [New]를 실행합니다.

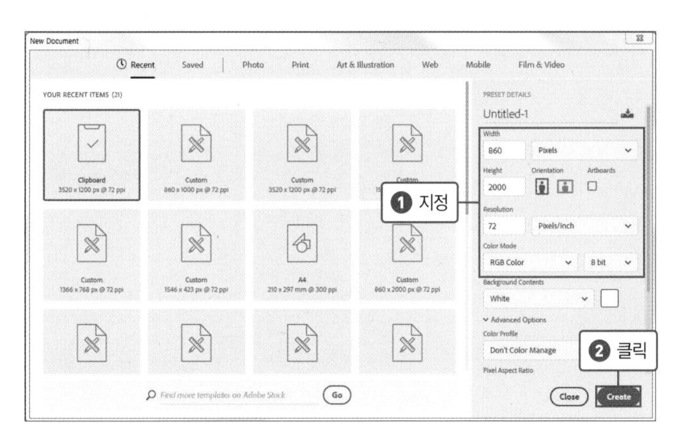


2 New Document 대화상자에서 Width: 860Pixels, Height: 2000Pixels, Resolution: 72Pixels/Inch, Color Mode: RGB Color로 지정한 다음 〈Create〉 버튼을 클릭합니다.

### 상세 페이지 크기 참조

| 쇼핑몰 | 위메프 | 티몬 | 쿠팡 | 네이버 스마트 스토어 | 옥션 | 지마켓 | 롯데 아이몰 | 11번가 | 신세계 | CJ몰 |
|---|---|---|---|---|---|---|---|---|---|---|
| 상세 페이지 가로 최대 크기(px) | 758 | 770 | 780 | 860 | 860 | 860 | 780 | 860 | 1,018 | 760 |

## 02 컬러 단과 그리드 구성하기

**1** 도구 패널에서 전경색을 클릭합니다. Color Picker 대화상자가 나타나면 #(컬러 코드)에 'e3d4b3'을 입력하고 〈OK〉 버튼을 클릭합니다.

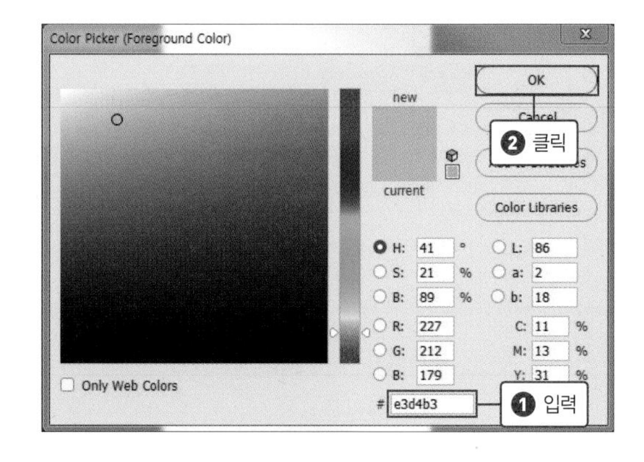


**2** Layers 패널에서 'Create a new layer' 아이콘(⧉)을 클릭하여 새로운 레이어를 만듭니다. Alt+Delete를 눌러 색상을 채웁니다.

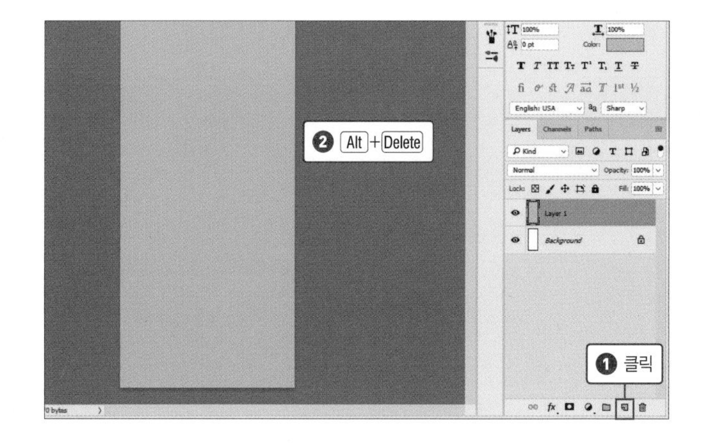


**3** 새로운 레이어를 추가합니다. 사각형 선택 도구를 선택하고 도큐먼트 위에 드래그하여 상세 페이지 타이틀 영역을 지정합니다. 전경색을 바탕색과 다른 색으로 구분하고, Alt+Delete를 눌러 선택한 색을 채웁니다. Ctrl+D를 눌러 선택 영역을 해제합니다.

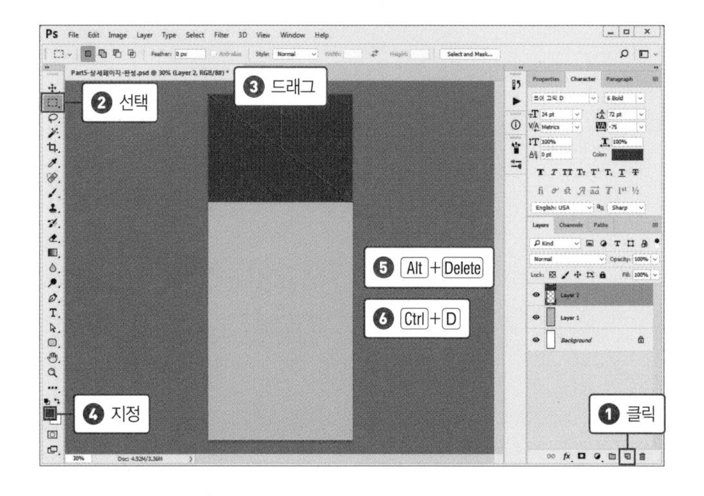

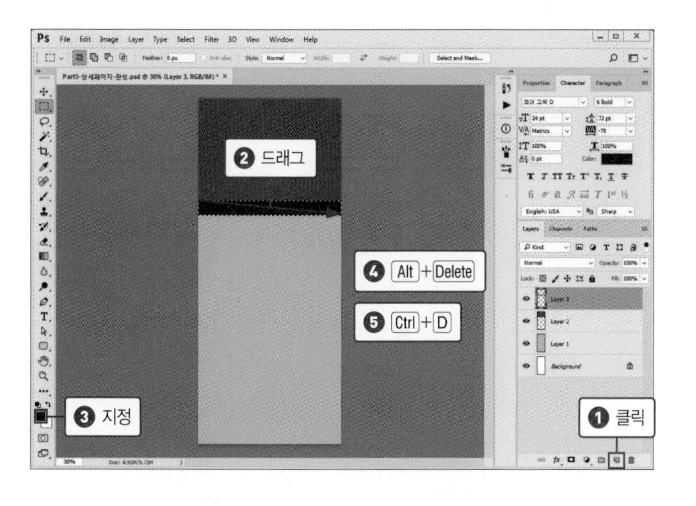


**4** 다시 새로운 레이어를 추가합니다. 위쪽 타이틀과 본문 경계를 드래그하여 직사각형 선택 영역을 만듭니다. 전경색: #2d353d로 지정하고, Alt+Delete를 눌러 선택 영역에 색상을 채웁니다. Ctrl+D를 눌러 선택 영역을 해제합니다.

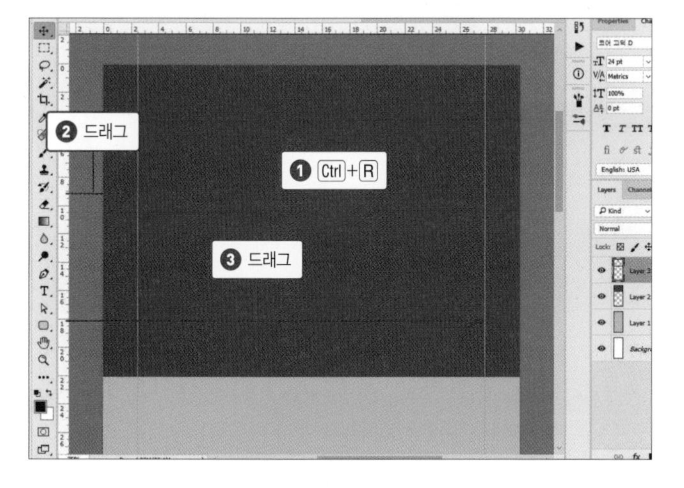


**5** 가이드로 그리드를 구성해 봅니다. 먼저 Ctrl+R을 눌러 눈금자를 표시하고, 왼쪽 눈금자를 도큐먼트로 드래그하여 도큐먼트 양쪽 끝에서 2.5cm 지점에 가이드 선을 만듭니다.

### 눈금자 단위 변경하기

눈금자 단위를 변경하려면 메뉴에서 [Edit] → [Preference] → [Units&Rulers]를 실행합니다. Preference 대화상자의 Rulers 옵션에서 단위를 변경할 수 있습니다.

## 03 상단 이미지 불러오기

**1** 06 폴더에서 '01.jpg' 이미지를 도큐먼트로 드래그합니다. 이미지에 X 형태의 조절점이 나타납니다.

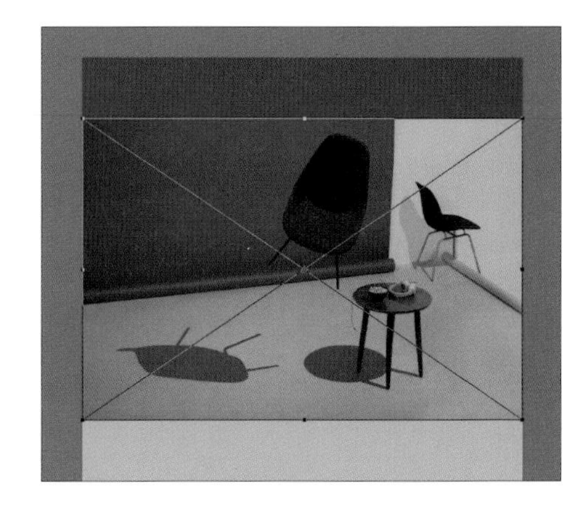

**2** Layers 패널에서 사진 레이어를 타이틀 영역 레이어 위로 이동합니다. 사진 레이어와 타이틀 영역 레이어 경계에 마우스 포인터를 위치하고 Alt를 누른 채 클릭합니다. 클리핑 마스크가 실행되어 사진이 타이틀 영역 안에 나타납니다.

**3** 사진 크기와 구도를 조정하기 위해 Ctrl+T를 누릅니다. Shift를 누른 채 조절점을 드래그하여 크기와 구도를 조정하고 Enter를 누릅니다.

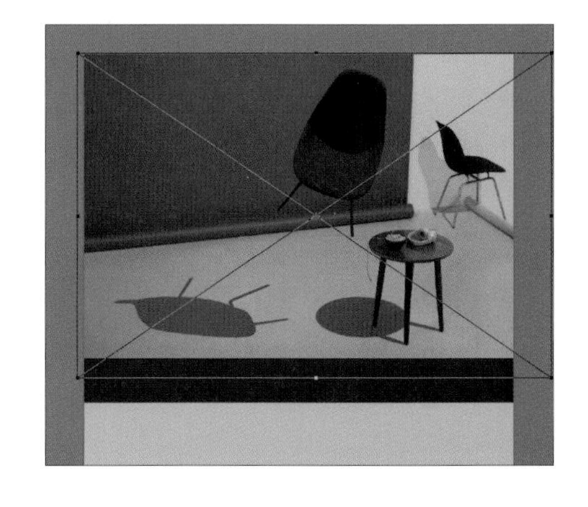

## 04 위쪽 타이틀과 가운데 이벤트 문구 입력하기

**1** 사각형 도구를 선택하고 옵션바에서 Shape, Fill: #2d353d, Stroke: None으로 지정합니다. 가이드 선에 맞춰 타이틀 영역 왼쪽 위에 드래그하여 직사각형 바를 만듭니다.

**2** 문자 도구를 선택하고 옵션바에서 폰트: MetaPlus Medium, 글자 크기: 30pt, 정렬: 가운데 정렬, 문자 색상: #a65f36으로 지정한 다음 직사각형 바 위에 클릭하여 서브타이틀 문구를 입력합니다.

TIP 영문 전체를 대문자로 전환할 때에는 Character 패널 아래 'All Caps' 아이콘을 클릭합니다.

**3** Character 패널에서 폰트: 코어 고딕 D 6Bold, 글자 크기: 60pt, 행간: 72pt, 자간: –75pt, 문자 색상: #e2d4b0으로 지정하고 그림과 같이 메인타이틀 문구를 입력합니다.

**4** 옵션바에서 폰트: 코어 고딕 D 4Regular, 글자 크기: 23pt, 정렬: 왼쪽 정렬로 지정한 다음 메인타이틀 아래에 그림과 같이 서브 문구를 입력합니다.

**5** 폰트: Meta PlusBold, 글자 크기: 40pt, 문자 색상: #e2d4b0/#e0bc59로 지정합니다. 가운데 바 위를 클릭하여 문자를 입력하고, Character 패널 아래의 'Faux Italic' 아이콘(*T*)을 클릭하여 문자를 기울입니다.

**6** Character 패널에서 폰트: 코어 고딕 D 5Medium, 글자 크기: 23pt, 자간: -75pt, 문자 색상: #e2d4b0으로 지정하고 그림과 같이 이벤트 문구를 입력합니다.

**7** 사용자 셰이프 도구를 선택하고 옵션바에서 Fill: #e0bc59, Shape: 5 Point Star로 지정합니다. 가운데 바 왼쪽으로 드래그하여 노란색 별 모양을 만듭니다.

**8** 이동 도구를 선택하고 Alt + Shift를 누른 채 별 모양을 오른쪽으로 드래그하여 복제합니다.

TIP 모든 콘텐츠는 그리드에 맞춰 디자인하며, 작업 중 가이드 선은 Ctrl + ;를 눌러 나타내거나 숨길 수 있습니다.

## 05 상세 페이지 레이아웃 잡기

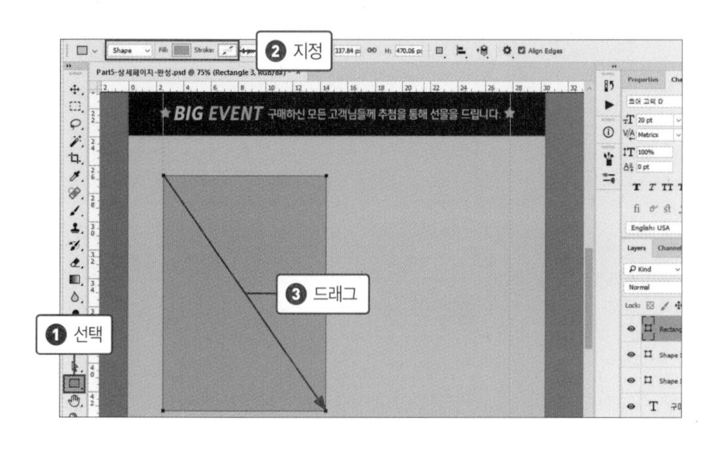


**1** 사각형 도구를 선택하고 옵션바에서 Shape, Fill: #b7b7b7, Stroke: None으로 지정합니다. 가이드 선에 맞춰 상세 페이지 영역에 드래그해 그림과 같이 사각형을 만듭니다.

**2** 다시 옵션바에서 Fill: 흰색으로 지정한 다음 방금 그린 직사각형 아래로 드래그하여 그림과 같이 가로로 긴 직사각형을 만듭니다.

**3** Layers 패널에서 회색 직사각형과 흰색 직사각형 레이어 사이 경계에 마우스 포인터를 위치하고 Alt를 누른 채 클릭합니다. 클리핑 마스크가 적용되어 흰색 직사각형이 회색 직사각형 안에 나타납니다.

**4** 옵션바에서 Shape, Fill: #8a4626으로 지정합니다. 카드형 디자인 경계 가운데에 드래그하여 갈색 사각형을 만듭니다.

**5** 문자 도구를 선택하고 옵션바에서 폰트: MetaPlus Bold, 글자 크기: 30pt, 정렬: 가운데 정렬, 문자 색상: 흰색으로 지정한 다음 갈색 사각형 위를 클릭하여 숫자 '01'을 입력합니다.

**6** 옵션바에서 글자 크기: 36pt, 문자 색상: #8a4626으로 지정하고 그림과 같이 본문 제목을 입력합니다.

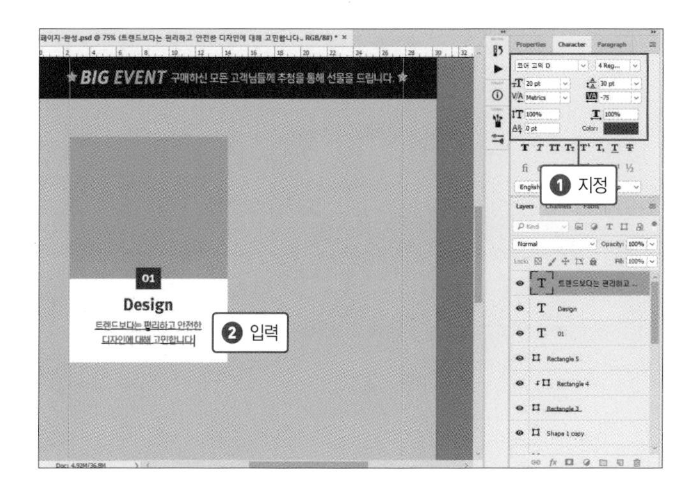


**7** Character 패널에서 폰트: 코어 고딕 D 4Regular, 글자 크기: 20pt, 행간: 30pt, 자간: −75pt, 문자 색상: #555555로 지정한 다음 메인타이틀 아래에 그림과 같이 본문을 입력합니다.

TIP 상세 페이지 디자인에서 본문 글자색은 검은색보다 진한 회색을 사용하세요. 진한 회색은 검은색 글자보다 오히려 눈이 더 편안합니다.

**8** 본문에 사용할 이미지를 불러오기 위해 06 폴더에서 '02.jpg' 이미지를 도큐먼트로 드래그합니다. 이미지에 X자 조절점이 나타납니다.

**9** Layers 패널에서 불러온 사진 레이어를 흰색 직사각형 레이어 아래로 이동합니다. 클리핑 마스크가 자동 실행되어 이미지가 회색 직사각형 안에 나타납니다.

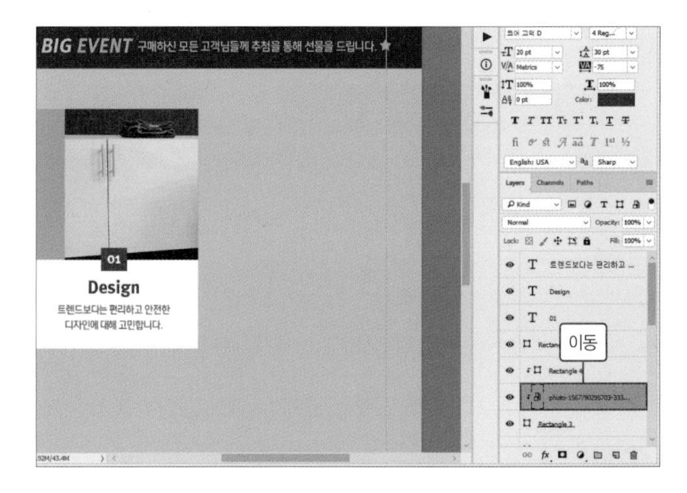


**10** Ctrl+T를 누르고 Shift를 누른 채 조절점을 드래그하여 이미지의 크기와 구도를 조정합니다. 작업을 마치면 Enter를 눌러 작업을 해제합니다.

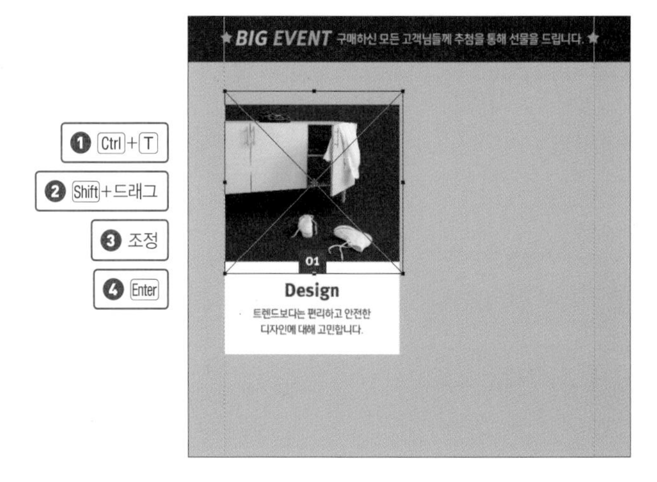

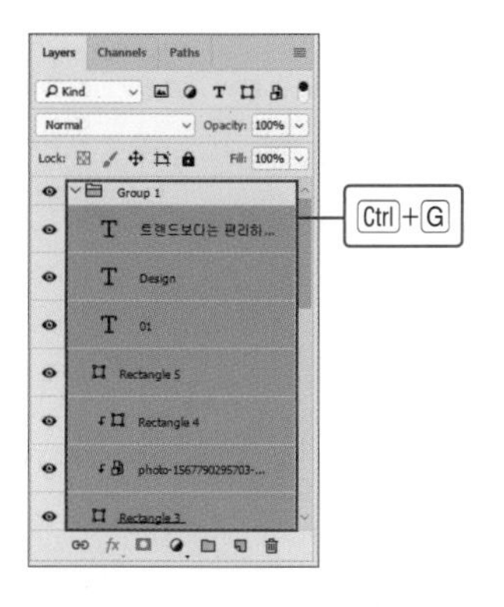


**11** Layers 패널에서 첫 번째 카드 디자인을 구성하는 모든 레이어를 선택한 다음 Ctrl+G를 눌러 그룹으로 설정합니다.

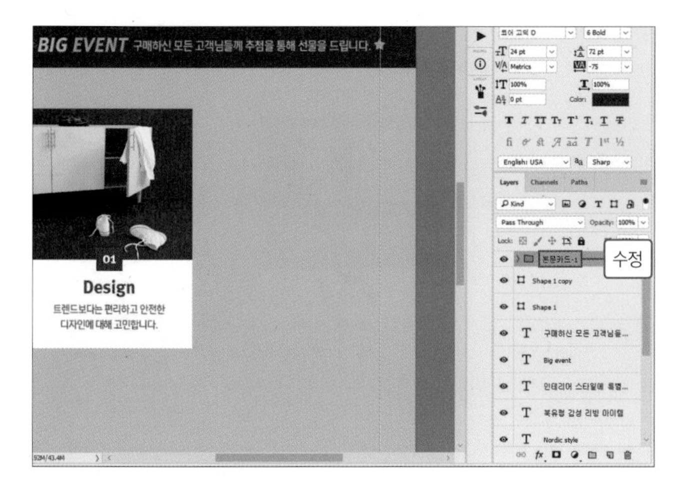


**12** 그룹 폴더를 더블클릭해 이름을 '본문카드-1'로 수정합니다.

## 06 레이아웃 적용하기

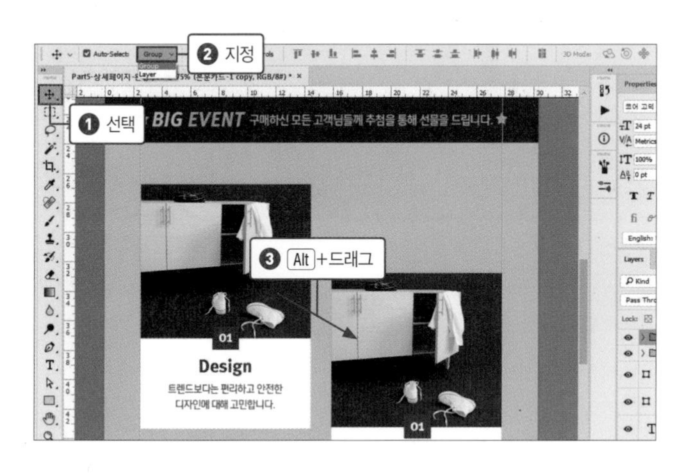


**1** 이동 도구를 선택하고 옵션바에서 'Group'으로 선택 옵션을 지정합니다. Alt를 누른 채 카드 디자인을 오른쪽 아래로 드래그하여 복제합니다.

TIP 이동 도구 옵션바에서 선택 옵션을 'Group'으로 지정하면 그룹별로 선택 및 이동됩니다.

**2** 복제된 그룹 폴더를 더블클릭해 이름을 '본문카드-2'로 수정합니다.

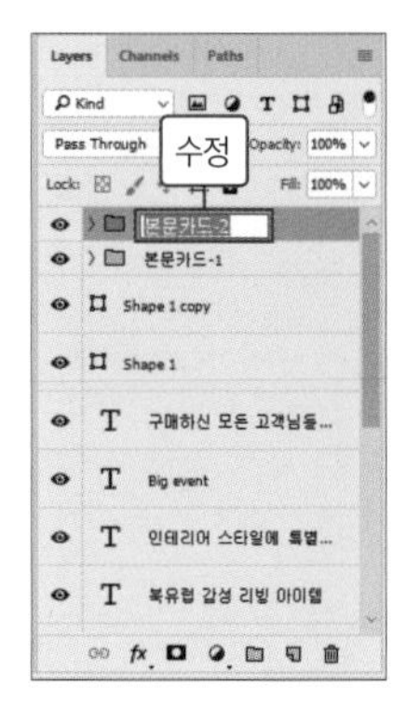


**3** 두 번째 본문 사진 위치에 06 폴더에서 '03.jpg' 이미지를 도큐먼트로 드래그하여 불러옵니다. 이미지 크기와 구도를 조정하고, 본문 제목과 내용을 그림과 같이 수정합니다.

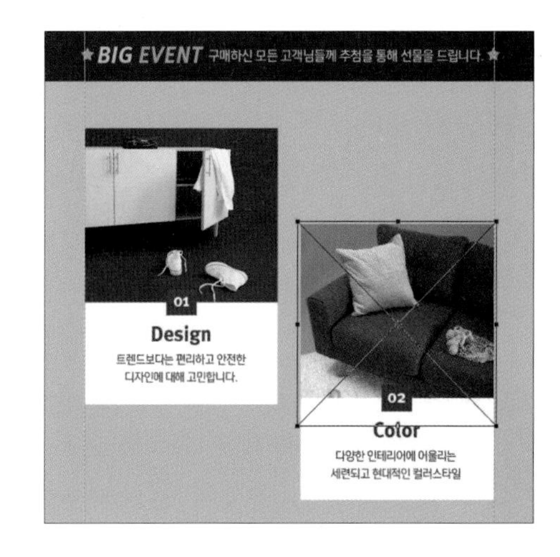


**4** Layers 패널에서 '본문카드-1'과 '본문카드-2' 그룹을 선택하고 Ctrl+J를 눌러 복제합니다. 이동 도구를 선택하고 옵션바에서 'Group'으로 지정한 다음 Shift를 누른 채 복제된 카드 디자인을 아래로 드래그합니다.

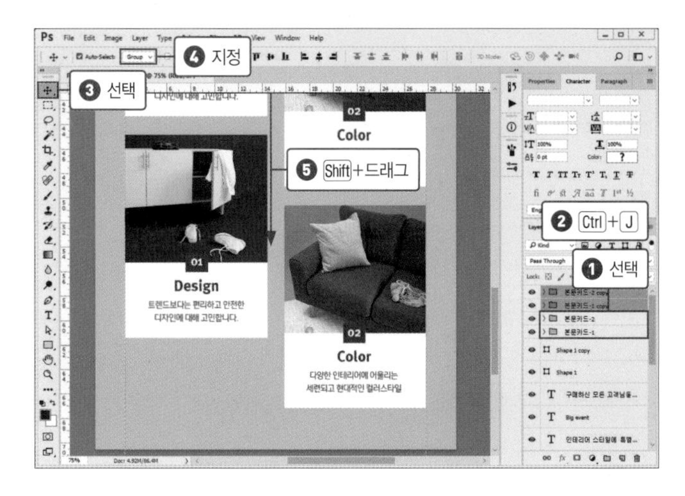

**5** 복제된 카드 디자인의 구도를 잡은 다음 위와 같은 방법으로 06 폴더의 '04.jpg', '05.jpg' 파일을 불러온 다음 각각의 상세 사진과 본문 내용을 교체합니다.

## 07 브랜드 소개 문구 입력하기

**1** Layers 패널에서 'NORDIC STYLE' 로고와 직사각형 바를 모두 선택합니다. Ctrl+J를 눌러 오브젝트를 복제하고, 이동 도구로 오른쪽 아래 여백으로 드래그하여 이동합니다.

**2** 로고 문자 색상과 직사각형 바 색상을 각각 #e3d4b3, #8a4626으로 수정합니다.

**3** Character 패널에서 폰트: 코어 고딕 D 4Regular, 글자 크기: 17pt, 행간: 26pt, 자간: −75pt, 문자 색상: #333333으로 지정한 다음 그림과 같이 브랜드 소개 문구를 입력합니다.

## 08 상세보기 버튼 만들기

**1** 둥근 사각형 도구를 선택하고 옵션바에서 Shape, Fill: #e3d4b3, Stroke: #8a4626/4px, Radius: 28px로 설정한 다음 도큐먼트 왼쪽 아래 여백에 드래그하여 가로로 긴 둥근 사각형을 만듭니다.

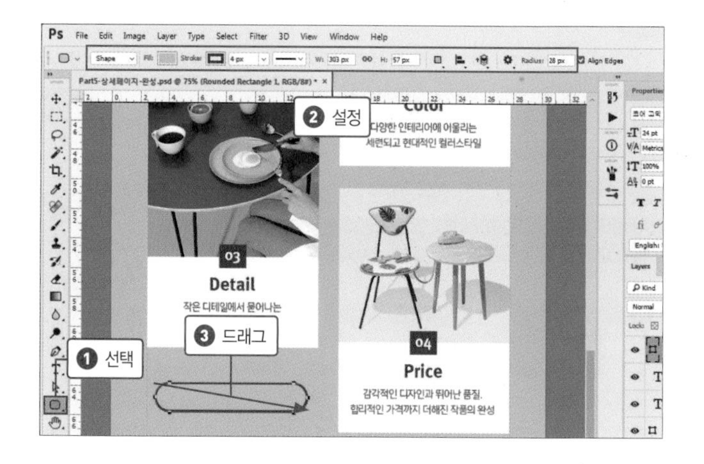


**2** 문자 도구를 선택하고 옵션바에서 폰트: 코어 고딕 D 6 Bold, 글자 크기: 24pt, 문자 색상: #8a4626으로 지정한 다음 바 위에 글자를 입력하여 마무리 합니다.

# 03 > 통일감 있는 시리즈 형태의 카드뉴스 디자인하기

카드뉴스는 짧은 글과 이미지로 구성된, SNS 마케팅에 가장 효율적인 콘텐츠 중 하나입니다. 카드뉴스 제작에서 가장 중요한 핵심은 디자인 통일성과 내용의 유기성입니다. 아무리 각각의 페이지 디자인이 예쁘더라도 레이아웃에서 하나의 시리즈 같은 유기성이 느껴지지 않으면 카드뉴스를 이어놓고 읽을 때 집중도가 떨어집니다.

예제 파일 06\표지.jpg, 본문-1.jpg~본문-3.jpg, 카드뉴스원고.hwp
완성 파일 06\카드뉴스레이아웃1-완성.psd~카드뉴스레이아웃4-완성.psd

**완성 이미지**

TOP 01
**자연**

소설가 김영하는 "자연은 그대로 거기에 있다. 그들은 내가 누구인지도 모르고 상관하지도 않는다. 우주의 시간표에 따라 변화하고 있을 뿐, 그 안에서 나는 아무것도 아닌 자가 된다"고 이야기한다. 초록을 보면서, 바람 소리에 귀 기울이면서, 자연의 일부임을 오롯이 느끼는 것. 캠핑의 이유는 역시 자연이다.

사람들이 캠핑을 즐기게 되는 매력 두번째는 여유로운 시간을 소비하면서 얻는 힐링이다. 일상의 끈과 끊어져서 새로운 환경에 던져지고, 그 곳에선 아무 생각도 안해도 된다. 숨쉬고, 먹고, 놀고, 자고, 그게 전부다. 목적 없는 여행을 통해 자신에게 집중하게 되고, 그 시간을 통해 힐링을 얻고 오는지도 모르겠다.

사람들이 캠핑을 시작한 동기는 참 제각각이다. 아이에게 친구를 만들어주기 위해, 가족 간의 공감대 형성을 위해, 오래된 연애의 돌파구로 삼기 위해 등등. 그런데 많은 이유 중 캠핑을 통해 공통적으로 찾고자 한 것은 바로 구성원 간에 친밀감 이었다. 캠핑을 통해 더욱 돈독해지는 사랑과 우정을 만끽해 보자.

## 01 새 도큐먼트 만들고 배경 이미지 불러오기

**1** 새로운 도큐먼트를 만들기 위해 메뉴에서 [File] → [New]를 실행합니다. New Document 대화상자에서 Width/Height: 800Pixels, Resolution: 72Pixels/Inch, Color Mode: RGB Color로 지정한 다음 〈Create〉 버튼을 클릭합니다.

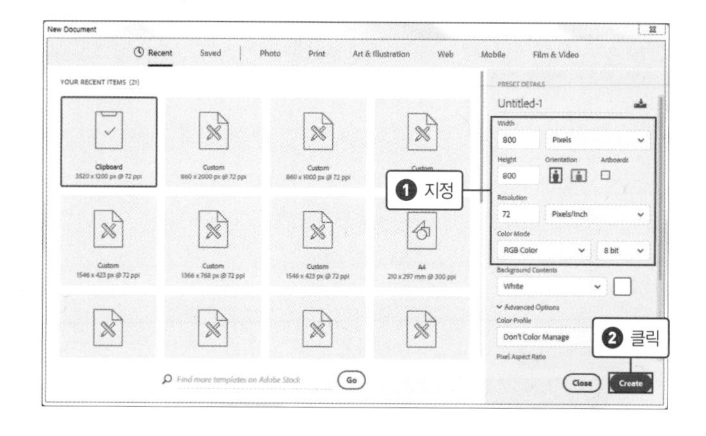


**2** 06 폴더에서 '표지.jpg' 이미지를 도큐먼트로 드래그해 불러옵니다. 이미지에 X자 조절점이 나타납니다.

**3** 그림과 같이 사진 크기와 위치를 조정한 다음 Enter를 눌러 작업을 해제합니다.

TIP 배경 이미지를 선택하거나 조절할 때는 타이틀 문구를 배치할 공간을 감안하여 구도를 잡습니다.

## 02 카드뉴스 표지 타이틀 입력하기

**1** 문자 도구를 선택한 다음 Character 패널에서 폰트: 여기어때 잘난체, 글자 크기: 80pt, 행간: 93pt, 문자 색상: #fcaf1a로 지정합니다. 옵션바에서 정렬: 가운데 정렬로 지정한 다음 그림과 같이 카드뉴스 타이틀 문구를 입력합니다.

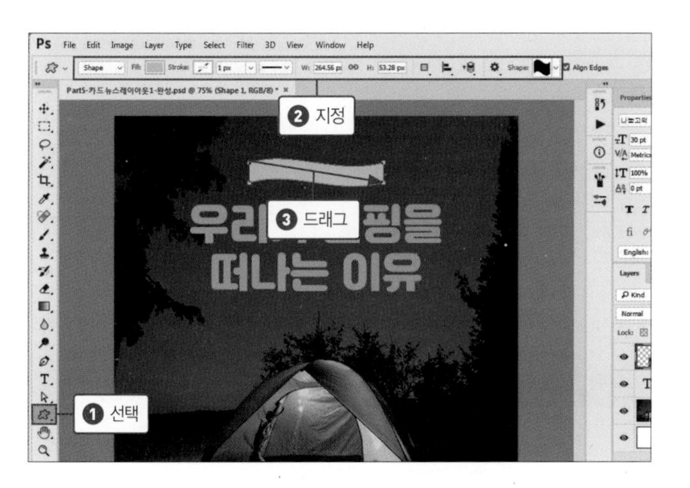


**2** 사용자 셰이프 도구를 선택하고 옵션바에서 Shape, Fill: #b3d8eb, Stroke: None, Shape: Flag로 지정합니다. 타이틀 문구 위에 이미지를 드래그하여 띠를 만듭니다.

**3** 문자 도구를 선택하고 옵션바에서 폰트: MetaPlus Medium, 글자 크기: 25pt, 문자 색상: #245170으로 지정한 다음 리본 위를 클릭하여 글자를 입력합니다.

**4** 옵션바에서 'Create Warped Text' 아이콘(![icon])을 클릭합니다. Warp Text 대화상자가 나타나면 Style: Flag, Bend: -40%로 설정한 다음 〈OK〉 버튼을 클릭합니다.

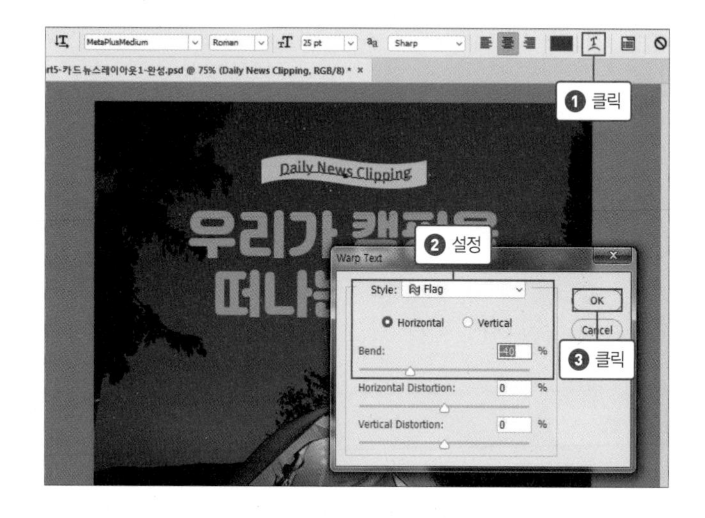


**5** 다시 Character 패널에서 폰트: 나눔고딕 Bold, 글자 크기: 30pt, 자간: -25pt, 문자 색상: #c8e5f4로 지정하고 메인 타이틀 아래를 클릭하여 서브타이틀을 입력합니다.

**6** 메인타이틀에 그림자 효과를 적용하기 위해 문자 레이어를 선택한 상태에서 'Add a layer style' 아이콘(fx)을 클릭한 다음 [Drop Shadow]를 실행합니다.

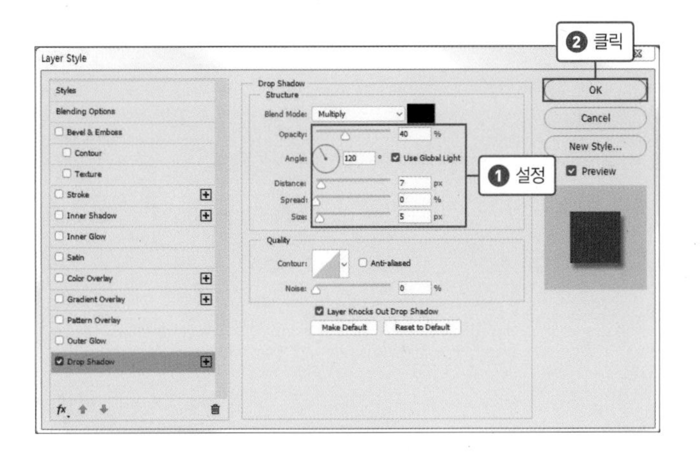


**7** Layer Style 대화상자가 나타나면 Opacity: 40%, Distance: 7px, Size: 5px로 설정한 다음 〈OK〉 버튼을 클릭합니다.

**8** 그림자 효과로 메인타이틀이 좀 더 뚜렷하게 강조되었습니다. 카드뉴스 표지가 완성되면 폴더를 지정해 저장합니다.

## 02 카드뉴스 본문 페이지 만들고 이미지 불러오기

**1** 새로운 도큐먼트를 만들기 위해 메뉴에서 [File] → [New]를 실행합니다.

**2** New Document 대화상자가 나타나면 Width/Height: 800Pixels, Resolution: 72Pixels/Inch, Color Mode: RGB Color로 지정한 다음 〈Create〉 버튼을 클릭합니다.

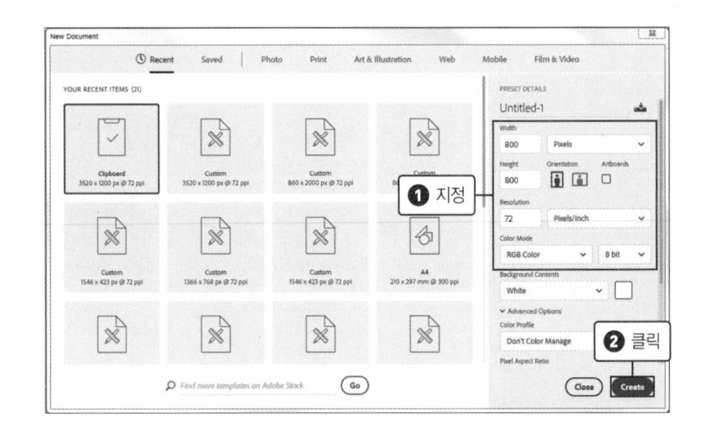


**3** 06 폴더에서 '본문1.jpg' 이미지를 도큐먼트로 드래그합니다. 이미지에 X자 조절점이 나타나면 크기와 위치를 조정한 다음 Enter를 눌러 작업을 해제합니다.

## 03 본문 키워드 입력하기

**1** 사각형 도구를 선택하고 옵션바에서 Shape, Fill: 흰색, Stroke: None으로 지정합니다. 도큐먼트 아래로 드래그해 그림과 같이 흰색 사각형 바탕을 만듭니다.

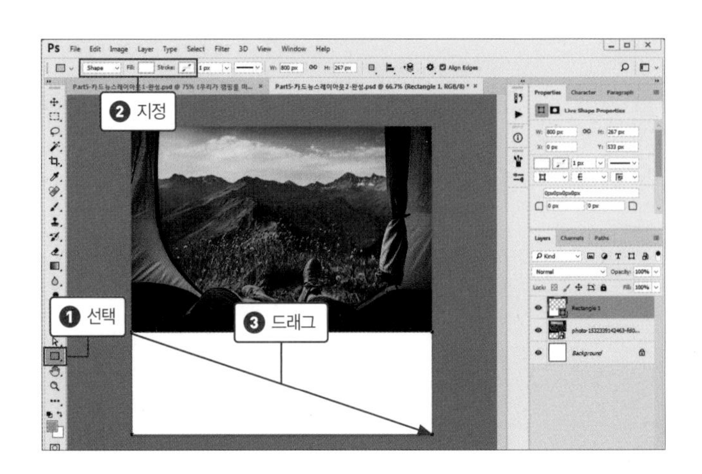

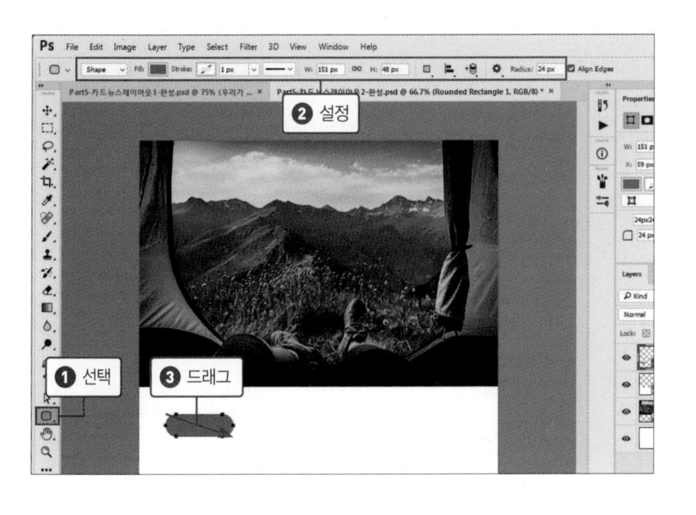


**2** 둥근 사각형 도구를 선택하고 옵션바에서 Shape, Fill: #a67c52, Stroke: None, Radius: 24px로 설정한 다음 도큐먼트 왼쪽 아래로 드래그합니다.

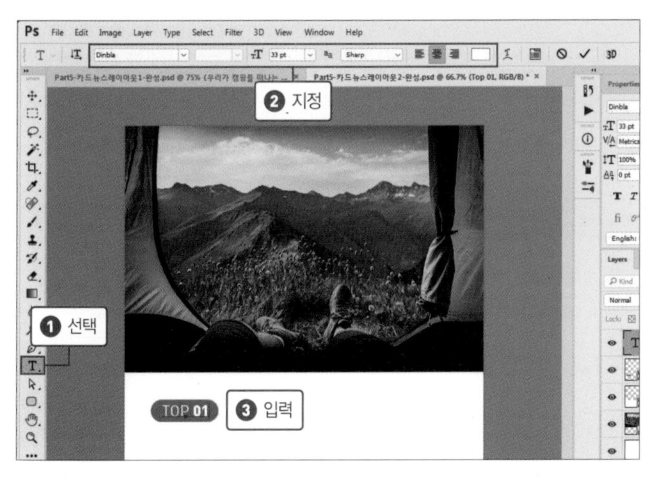


**3** 문자 도구를 선택하고 옵션바에서 폰트: Din Regular (TOP)/Din Bold(01), 글자 크기: 33pt, 문자 색상: 흰색으로 지정하고, 타원 위에 'TOP 01' 문구를 입력합니다.

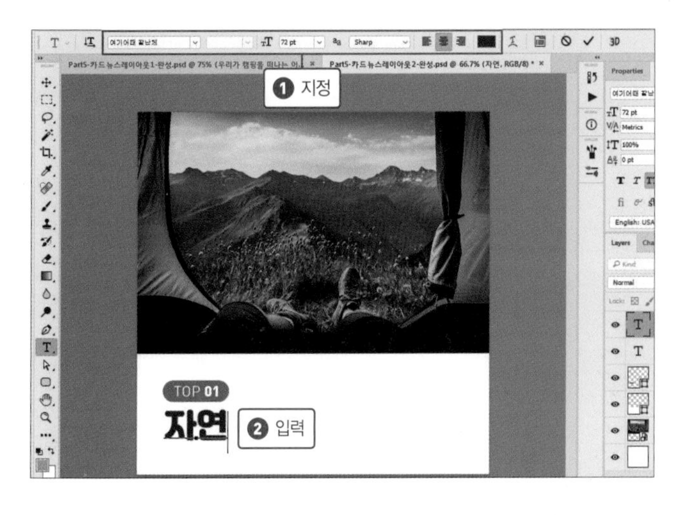


**4** 옵션바에서 폰트: 여기어때 잘난체, 글자 크기: 72pt, 문자 색상: #4d3215로 지정하고 본문 제목을 입력합니다.

**5** 새로운 레이어를 만듭니다. 전경색: #888888로 지정하고, 브러시 도구를 선택합니다. 옵션바에서 브러시 종류: Hard Round, 크기: 5px로 설정합니다.

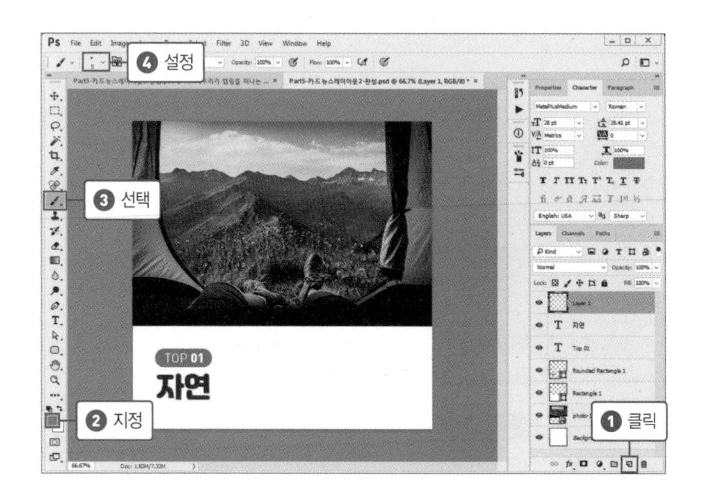


**6** F5를 눌러 Brush 패널을 표시한 다음 Spacing: 180%로 설정합니다. 본문 제목 옆에 시작점을 클릭하고 Shift를 누른 채 아래로 드래그하여 직선을 그립니다.

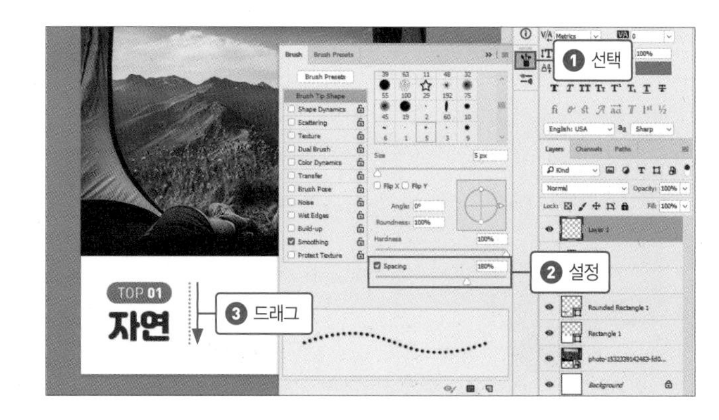


## 04 본문 내용 입력하기

**1** 본문 내용을 입력하기 위해 먼저 06 폴더의 '카드뉴스원고.hwp' 파일을 더블클릭합니다. 문서 파일이 열리면 본문 내용을 드래그하여 선택하고, Ctrl+C를 눌러 복사합니다.

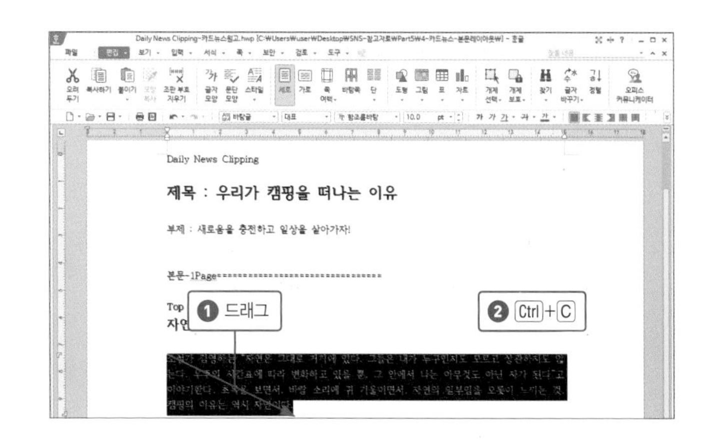

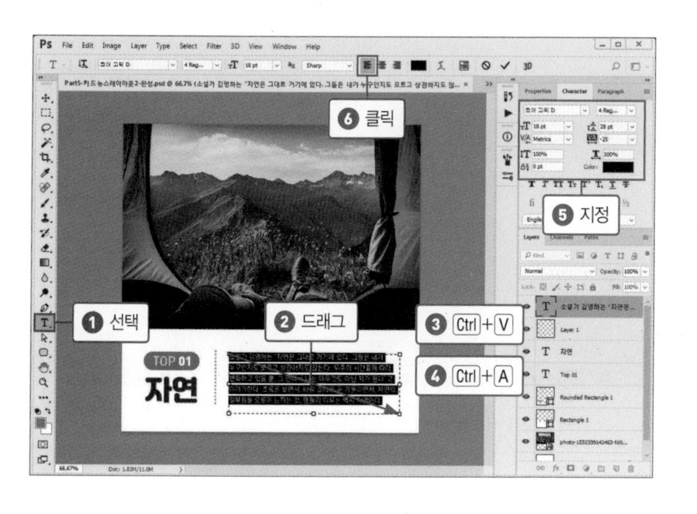


2 작업 도큐먼트에서 문자 도구를 선택하고 본문이 들어갈 자리에 드래그하여 영역을 지정합니다. Ctrl+V를 눌러 복사한 텍스트를 붙이고, Ctrl+A를 눌러 문자를 전체 선택합니다. Character 패널에서 폰트: 코어 고딕 D 4Regular, 글자 크기: 18pt, 행간: 28pt, 자간: -25pt, 문자 색상: 검은색으로 지정합니다. 옵션바에서 정렬: 왼쪽 정렬로 지정합니다.

## 05 뉴스 마크 불러오기

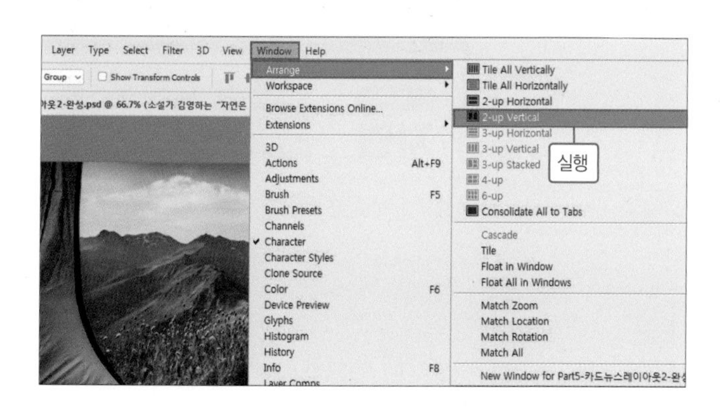


1 카드뉴스 디자인에 공통으로 뉴스 마크를 추가해 봅니다. 표지의 뉴스 마크를 불러오기 위해 메뉴에서 [Window] → [Arrange] → [2-up Vertical]을 실행하여 열려 있는 파일을 동시에 확인합니다.

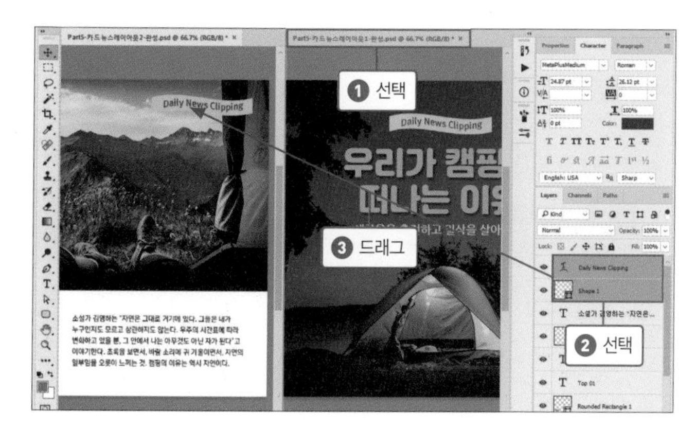


2 표지 도큐먼트에서 뉴스 마크로 사용된 로고 문자 레이어와 Flag 셰이프 레이어를 선택합니다. 선택한 레이어를 본문 도큐먼트로 드래그합니다.

**3** 메뉴에서 [Window] → [Arrange] → [Consolidate All to Tabs]를 실행하여 화면 보기 모드를 원래대로 설정합니다.

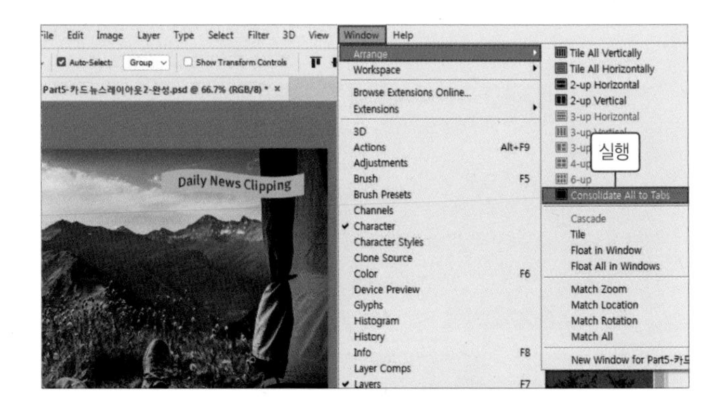


**4** Flag 바 색상과 문자 색상을 첫 번째 카드뉴스 본문에 맞춰 수정합니다. 카드뉴스 본문 레이아웃이 완성되면 폴더를 지정하여 저장합니다.

## 06 본문 배경 이미지 불러오기

**1** 메뉴에서 [File] → [Save As]를 실행하여 다른 이름으로 저장합니다.

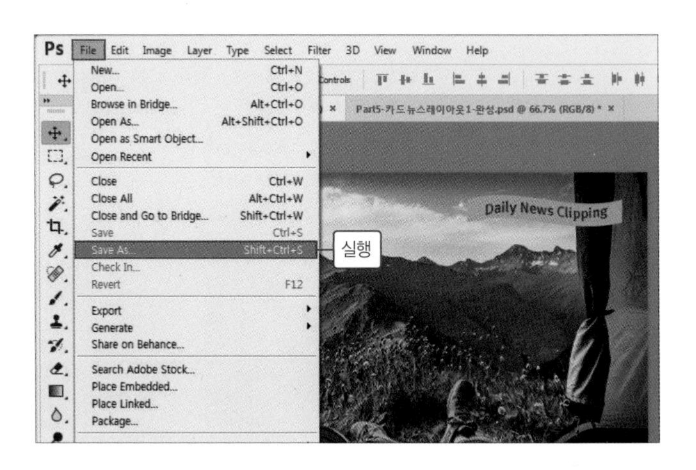

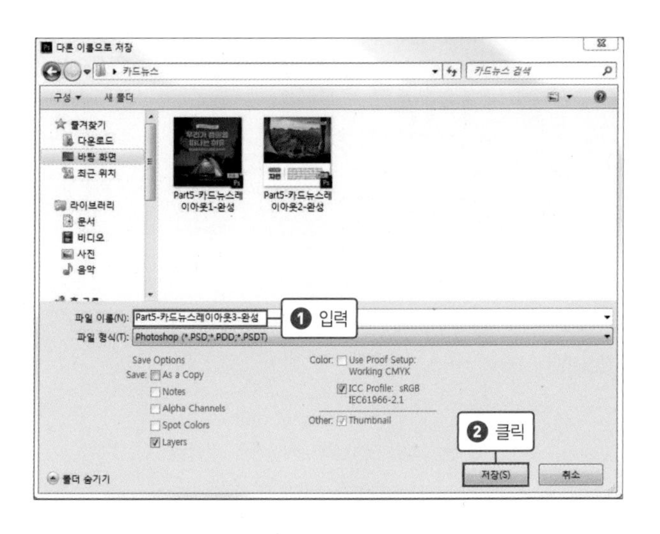


**2** 다른 이름으로 저장 대화상자에서 파일 이름을 입력한 다음 〈저장〉 버튼을 클릭하여 두 번째 본문 디자인을 이어갑니다.

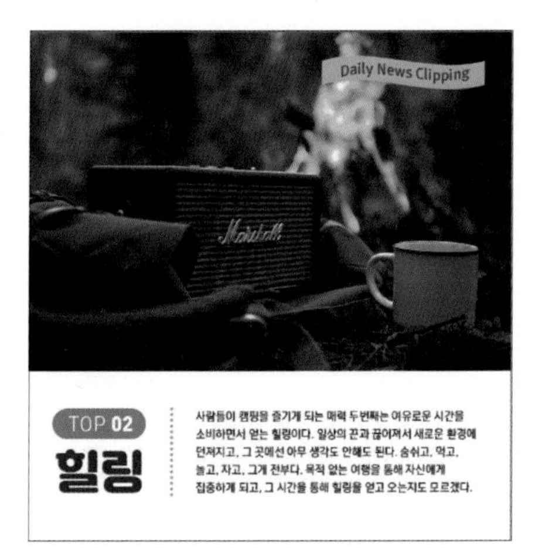


**3** 같은 레이아웃에 사진을 06 폴더의 '본문2.jpg'로 교체하고, 본문 제목과 내용을 교체합니다. 사진에 어울리는 색상을 지정하여 전체적인 톤을 맞춰 변경합니다.

**4** 같은 방법으로 06 폴더의 '본문3.jpg'를 이용해 세 번째 본문 디자인까지 완성합니다. 통일감 있는 레이아웃의 카드뉴스 시리즈가 완성되었습니다.

# 04 > 구독, 좋아요! 유튜브 채널 아트 만들기

유튜브 채널을 통해 많은 브랜드가 이미지 홍보는 물론, 개인으로도 많은 유튜버들이 저마다 특별한 개성을 표출하기도 합니다. 유튜브 채널의 간판은 바로 채널 아트입니다. 다양한 기기와 매체를 통해 유튜브를 접하므로 크기에 유념하여 디자인합니다.

예제 파일 06\모델.jpg, 슈즈.jpg 완성 파일 06\유튜브채널아트-완성.psd

TV

데스크톱

모바일

## 01 새 도큐먼트 만들고 채널 아트 가이드 설정하기

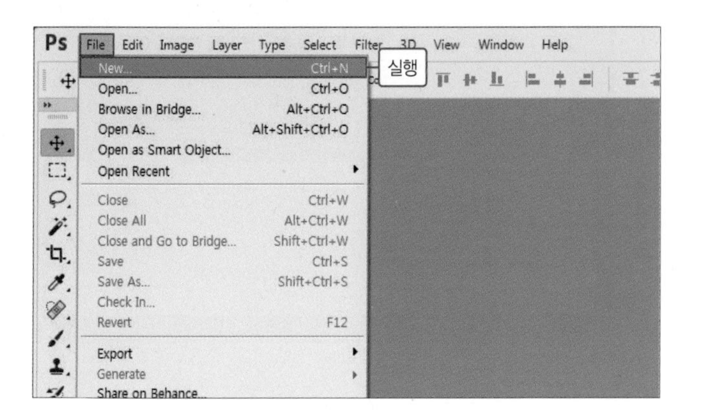


**1** 새로운 도큐먼트를 만들기 위해 메뉴에서 [File] → [New]를 실행합니다.

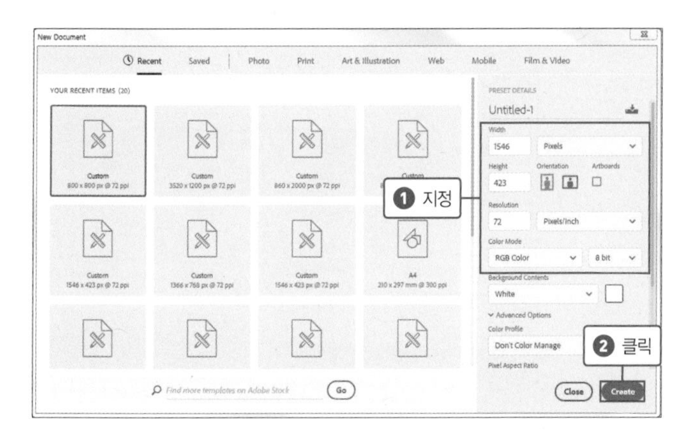


**2** New Document 대화상자에서 Width: 1546Pixels, Height: 423Pixels, Resolution: 72Pixels/Inch, Color Mode: RGB Color로 지정한 다음 〈Create〉 버튼을 클릭합니다.

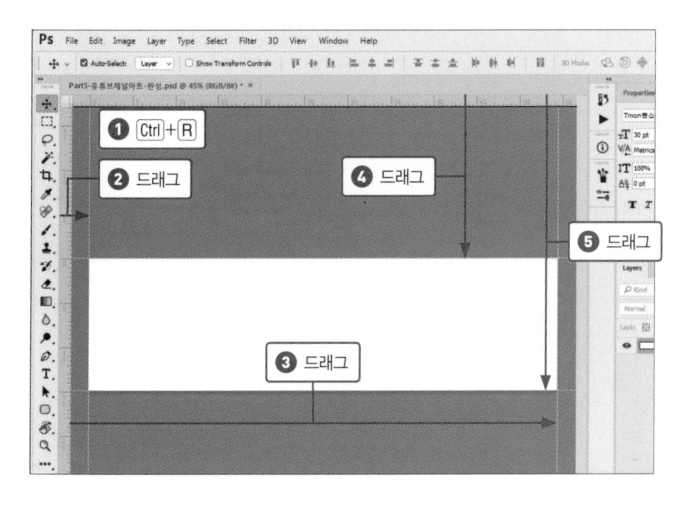


**3** 모바일 크기 도큐먼트가 만들어지면 가이드로 영역을 표시하겠습니다. 먼저 Ctrl+R을 눌러 눈금자를 표시하고, 왼쪽 눈금자를 도큐먼트 양끝 선에 맞춰 드래그하여 세로 가이드 선을 만들고, 가로 눈금자를 드래그하여 가로 가이드 선을 만듭니다.

**4** [Image] → [Canvas Size](Alt+Ctrl+C)를 실행합니다.

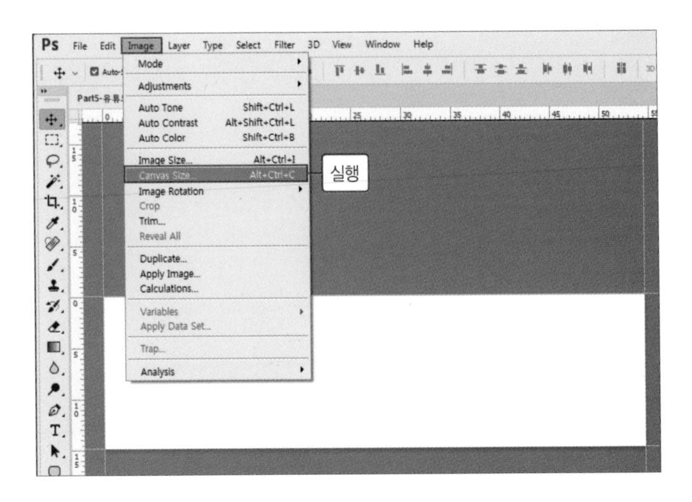


**5** Canvas Size 대화상자가 나타나면 Anchor의 기준점이 가운데인 상태에서 Width: 2560Pixels, Height: 1440Pixels로 설정한 다음 〈OK〉 버튼을 클릭합니다.

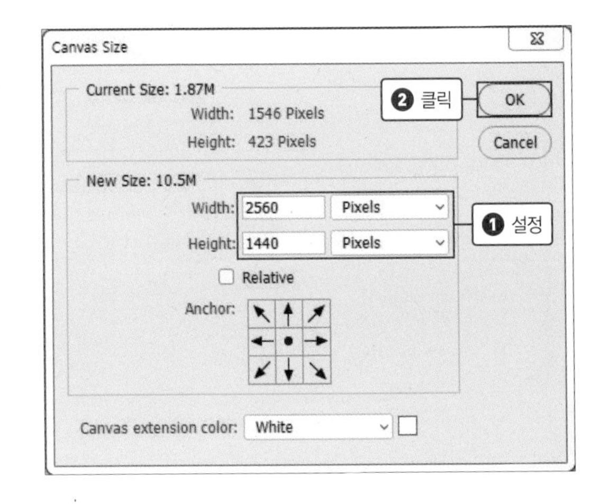


알아두기

### 기기별 채널 아트 크기

| 매체 기기별 채널 아트 크기(단위: 픽셀) | |
|---|---|
| TV | 2560×1440 |
| PC 모니터 | 2560×423 |
| 태블릿 | 1855×423 |
| 스마트폰 | 1546×423 |

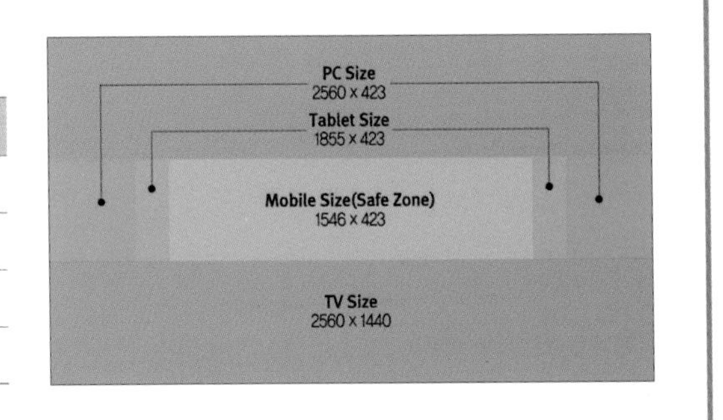

**6** 도큐먼트 크기가 TV 크기로 조정되었습니다. 가이드 선을 통해 모바일/PC/TV 크기를 한번에 확인할 수 있습니다.

## 02 모바일 배경 디자인하기

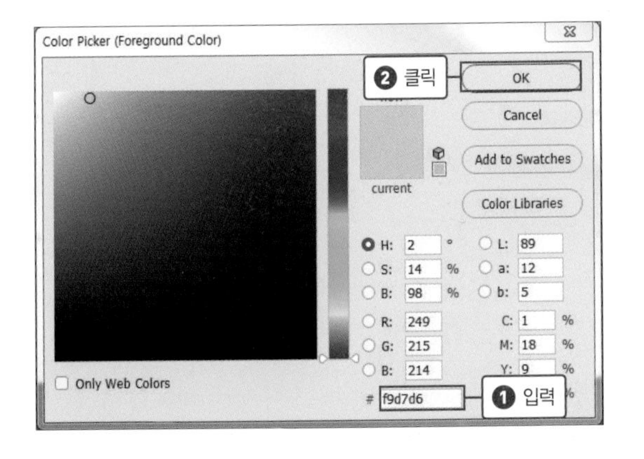


**1** 도구 패널에서 전경색을 클릭합니다. Color Picker 대화상자가 나타나면 #: f9d7d6으로 입력한 다음 〈OK〉 버튼을 클릭합니다.

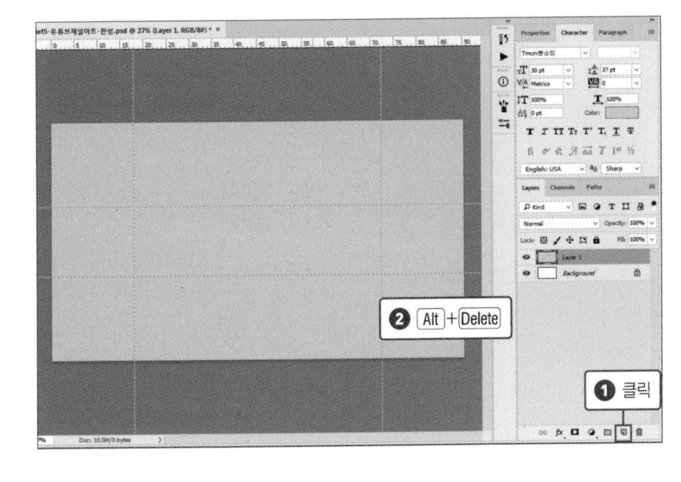


**2** Layers 패널에서 'Create a new layer' 아이콘(◻)을 클릭하여 새로운 레이어를 만듭니다. Alt+Delete를 눌러 전경색을 채웁니다.

**3** 그러데이션을 적용하기 위해 전경색: #c4a9bb, 배경색: #f070b5로 지정합니다.

**4** 원형 도구를 선택하고 옵션바에서 Fill: Foreground to Background로 지정합니다. Shift를 누른 채 드래그하여 그러데이션 원을 만듭니다.

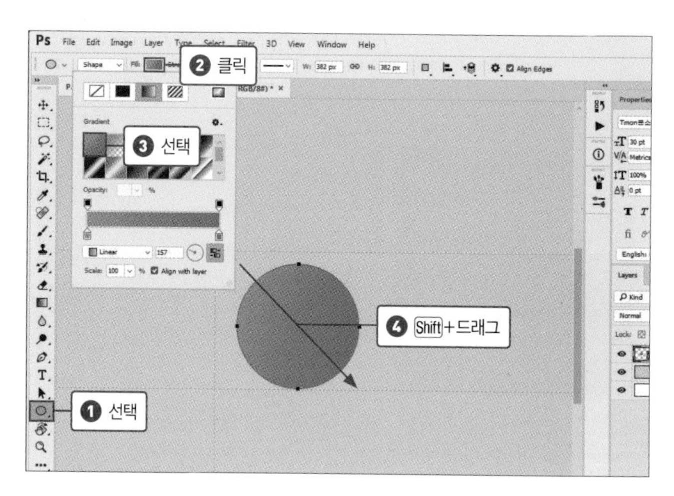


**5** 이번에는 옵션바에서 Fill: #ec46ac로 지정한 다음 Shift를 누른 채 드래그하여 조금 더 작은 원을 그립니다. 진분홍 그러데이션 원보다 뒤에 있도록 레이어 위치를 조정합니다.

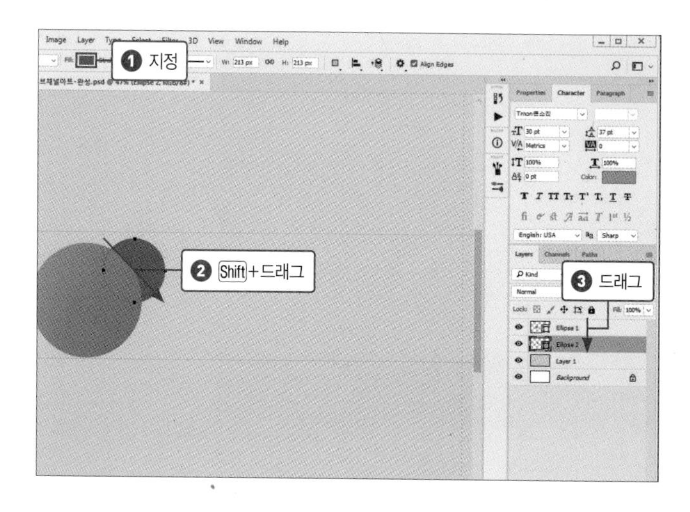

## 03 사진 이미지 불러오고 패턴 장식 만들기

**1** 06 폴더에서 '모델.png' 이미지 파일을 도큐먼트로 드래그합니다. 이미지에 X자 조절점이 나타납니다. 그림과 같이 사진 위치를 조정하고 Enter를 눌러 작업을 해제합니다.

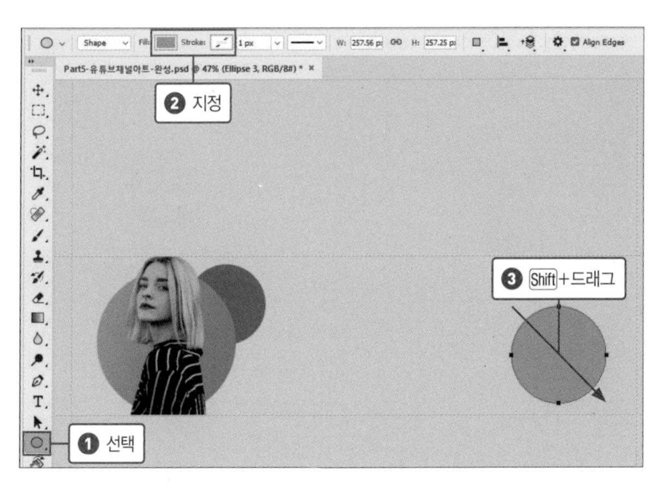


**2** 원형 도구를 선택하고 옵션바에서 Fill: #c4a9bb, Stroke: None으로 지정합니다. 모바일 가이드 선을 기준으로 오른쪽 아래에 Shift를 누른 채 드래그하여 원을 그립니다.

**3** 06 폴더에서 '슈즈.jpg' 이미지를 도큐먼트로 드래그합니다. 이미지에 X자가 나타납니다.

**4** 사진 레이어와 원형 셰이프 레이어 사이 경계에 마우스 포인터를 위치하고 Alt를 누른 채 클릭합니다. 클리핑 마스크가 실행되어 신발 사진이 셰이프 이미지 안에 나타납니다. 크기와 구도를 조정하고 Enter를 누릅니다.

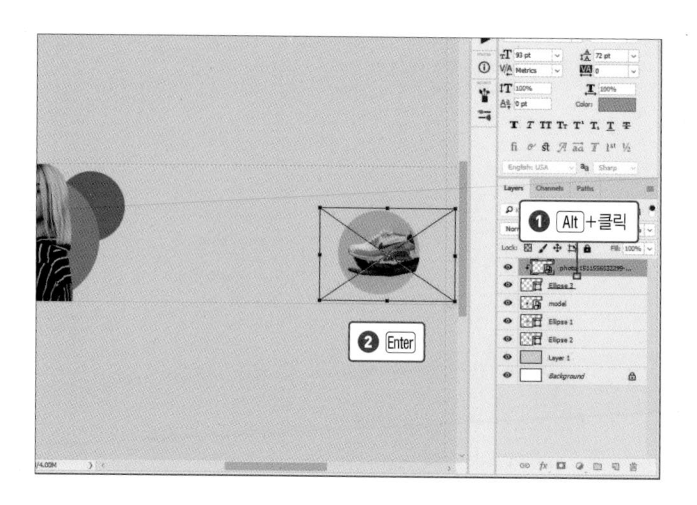


**5** 원형 도구를 선택한 다음 옵션바에서 Fill: Pattern – Checkers 1, Scale: 230%로 설정합니다. Shift를 누른 채 드래그하여 원형 패턴 장식을 그립니다.

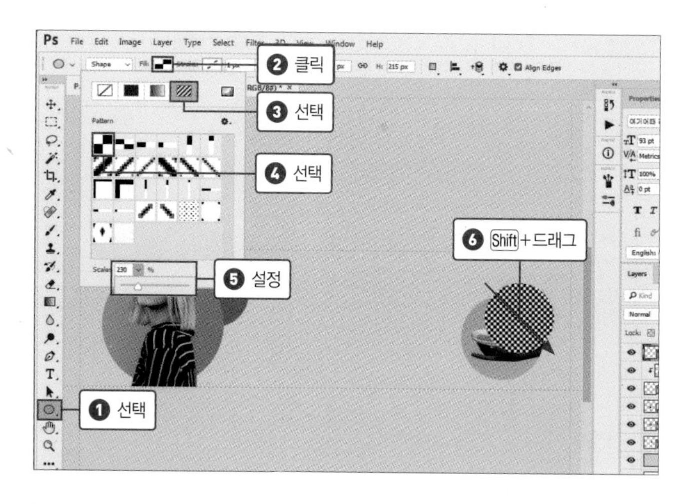


**6** Layers 패널의 블렌딩 모드를 [Screen]으로 지정합니다. 패턴 레이어를 'Ellipse 3' 레이어 아래로 이동합니다.

## 04 채널 타이틀과 홍보 문구 입력하기

**1** 문자 도구를 선택하고 옵션 바에서 폰트: 여기어때 잘난체, 글자 크기: 90pt, 정렬: 왼쪽 정렬, 문자 색상: #6b1fa5로 지정한 다음 그림과 같이 채널 타이틀 문구를 입력합니다.

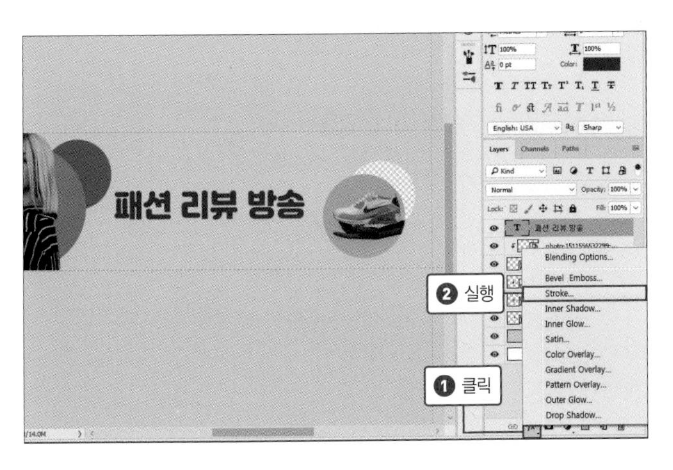


**2** 글자에 선을 적용하기 위해 Layers 패널에서 'Add a layer style' 아이콘(fx)을 클릭한 다음 [Stroke]를 실행합니다.

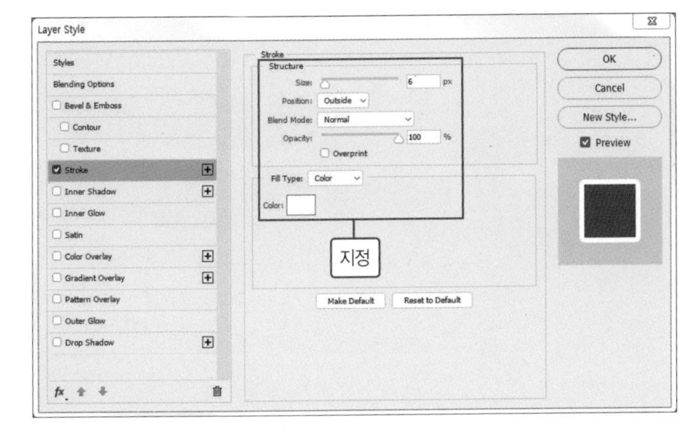


**3** Layer Style 대화상자가 나타나면 Size: 6px, Position: Outside, Color: 흰색으로 지정합니다.

**4** 왼쪽 Styles 항목에서 [Drop Shadow(그림자 효과)]를 선택합니다. Opacity: 30%, Distance: 12px, Size: 5px로 설정한 다음 〈OK〉 버튼을 클릭합니다.

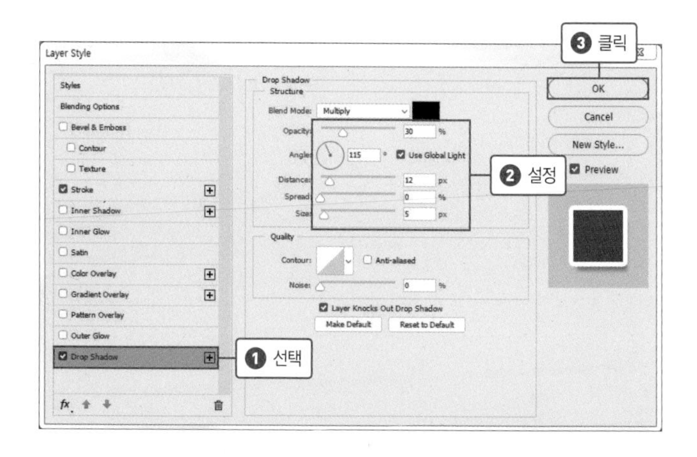


**5** 문자 도구를 선택합니다. Character 패널에서 폰트: 코어 고딕 D 6Bold, 글자 크기: 40pt, 자간: -50pt, 문자 색상: #0e1274로 지정한 다음 그림과 같이 서브타이틀 문구를 입력합니다.

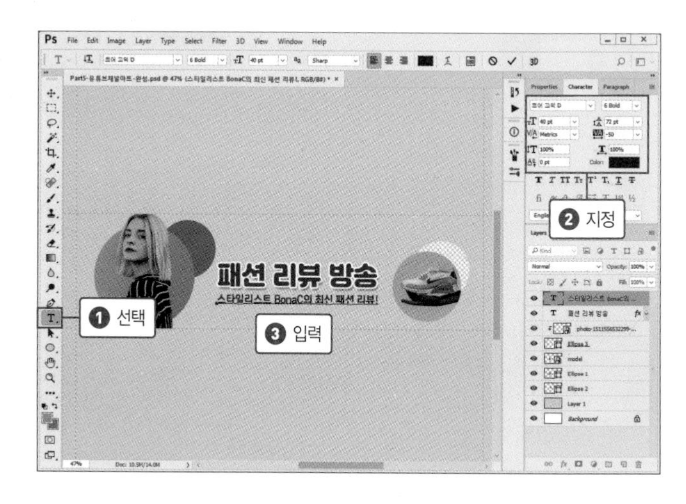


**6** 둥근 사각형 도구를 선택하고 옵션바에서 Shape, Fill: #ec46ac, Stroke: None, Radius: 25px로 설정한 다음 타이틀 위에 드래그합니다.

**7** 문자 도구를 선택하고 옵션바에서 폰트: Tmon몬소리, 글자 크기: 30pt, 정렬: 가운데 정렬, 문자 색상: 흰색으로 지정한 다음 가로 바 위에 글자를 입력합니다.

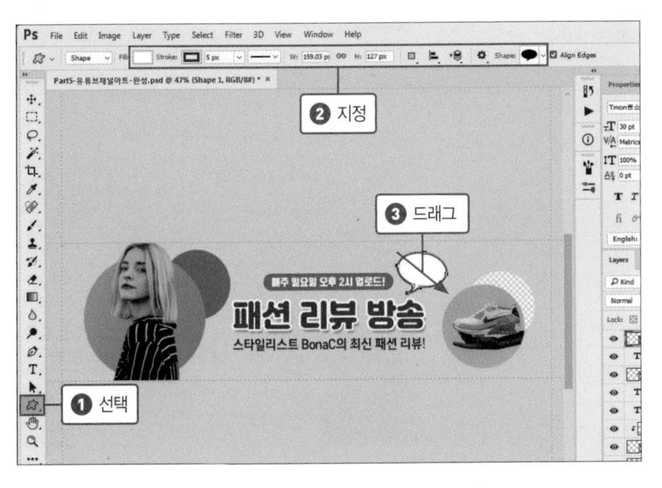


**8** 사용자 셰이프 도구를 선택하고 옵션바에서 Fill: 흰색, Stroke: #6b1fa5/5px, Shape: Talk 1로 지정합니다. 상단 바 옆으로 드래그하여 말풍선을 만듭니다.

**9** 문자 도구를 선택하고 옵션바에서 행간: 35pt, 문자 색상: #6b1fa5로 지정한 다음 말풍선 위에 글자를 입력합니다.

## 05 배경 장식 만들기

**1** 사각형 도구를 선택하고 옵션바에서 Shape, Fill: 흰색, Stroke: None으로 지정합니다. 그림과 같이 작고 가느다란 직사각형을 그립니다.

**2** Ctrl+T를 눌러 직사각형을 사선으로 조정하고, Enter를 눌러 작업을 해제합니다.

**3** 사각형 도구 옵션바에서 [Combine Shapes] 모드를 선택합니다.

**4** PC 크기에서 Ctrl+Alt를 누른 채 사각형 오브젝트를 드래그하여 복제하거나 새로 그려 직사각형 오브젝트를 여러 개 추가합니다.

TIP [Combine Shapes] 모드에서는 셰이프가 추가되어도 레이어는 추가되지 않습니다.

**5** 같은 방법으로 이번에는 #f98bd6 색상의 직사각형 오브젝트들을 PC 크기 안에서 여러 개 만듭니다.

## 06 PC 배경 단 만들기

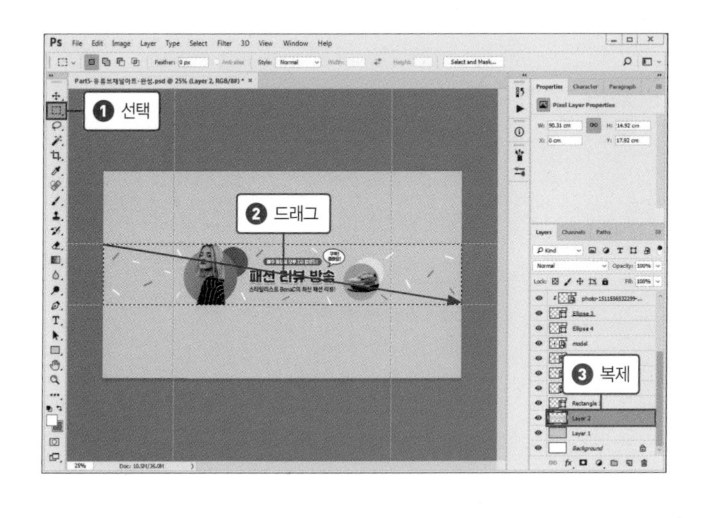


**1** 사각형 선택 도구를 선택하고, 도큐먼트 가운데 PC 크기를 드래그하여 직사각형 선택 영역을 만듭니다. Layers 패널에서 바탕색인 'Layer 1' 레이어를 선택한 상태에서 Ctrl+J를 눌러 선택 영역을 복제합니다.

**2** 빛 번짐을 표현하기 위해 Layers 패널 아래의 'Add a layer style' 아이콘(fx)을 클릭하고 [Outer Glow]를 실행합니다.

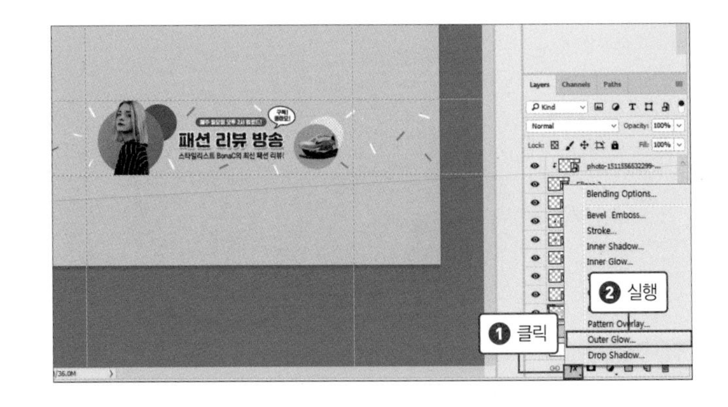


**3** Layer Style 대화상자가 나타나면 Opacity: 40%, 색상: #d286b5, Spread: 0%, Size: 180px로 설정한 다음 〈OK〉 버튼을 클릭합니다.

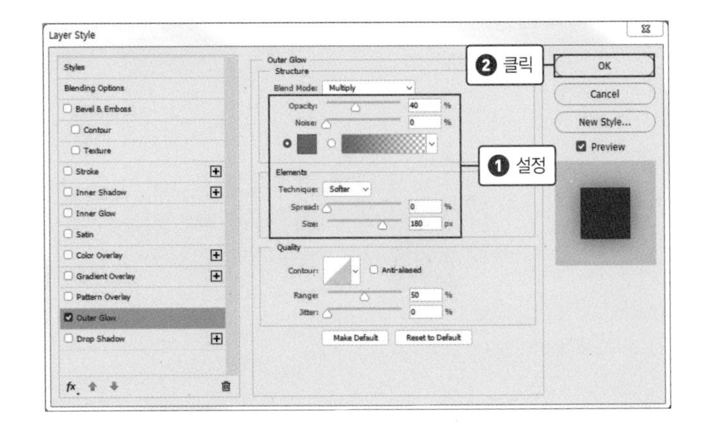


## 07 TV 배경 디자인하기

**1** 원형 도구를 선택하고 옵션 바에서 Shape, Fill: 흰색, Stroke: None으로 지정합니다. 캔버스 가운데에 Alt+Shift를 누른 채 드래그하여 큰 원을 그립니다.

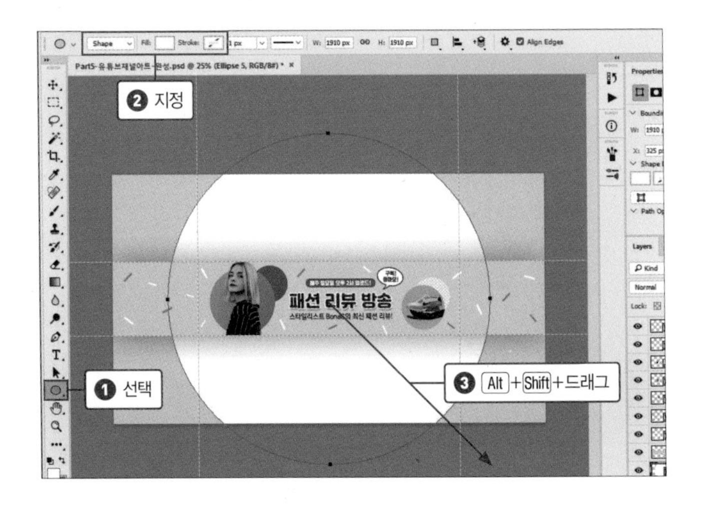

**2** 같은 그러데이션을 적용하기 위해 Layers 패널에서 'Ellipse 1' 레이어를 선택합니다. 원형 도구 옵션바에서 Fill을 클릭하고 설정 아이콘을 클릭한 다음 [Copy Fill]을 실행합니다.

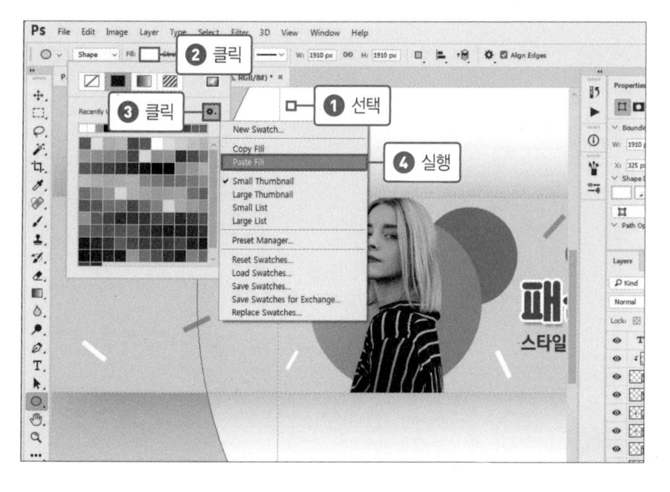


**3** 다시 흰색 원형 레이어를 선택합니다. 원형 도구 옵션바에서 Fill을 클릭하고 설정 아이콘을 클릭한 다음 [Paste Fill]을 실행합니다.

**4** 메인 이미지의 원형 그러데이션과 같은 그러데이션이 적용되었습니다. Layers 패널에서 Opacity: 40%로 설정하여 은은하게 배경 처리를 합니다.

## 5

Ctrl+J를 눌러 원을 복제합니다. 크기 조절을 위해 Ctrl+T를 누릅니다. Alt+Shift를 누른 채 조절점을 안쪽으로 드래그하여 크기를 줄이고 Enter를 누릅니다. Layers 패널의 Opacity를 '75%'로 설정합니다.

## 6

새로운 레이어를 추가합니다. 사각형 선택 도구로 도큐먼트 아래로 드래그하여 직사각형 선택 영역을 만듭니다. 전경색: 흰색으로 지정하고 Alt+Delete를 눌러 선택 영역에 색상을 채웁니다.
작업이 완료되면 Ctrl+D를 눌러 선택 영역을 해제합니다.

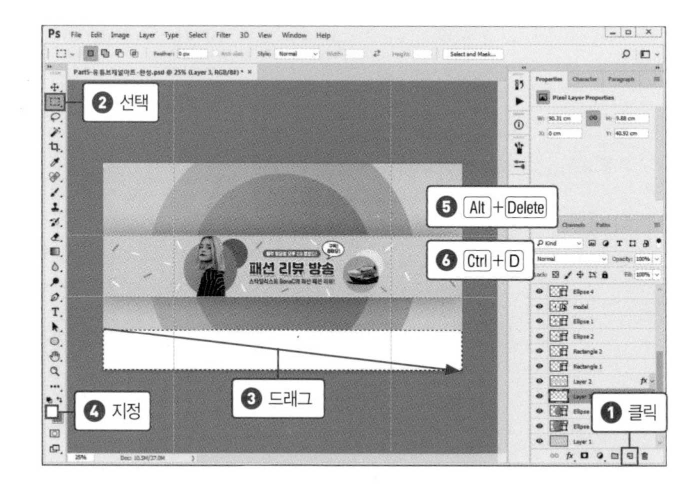


## 7

물결무늬를 만들기 위해 메뉴에서 [Filter] → [Distort] → [Wave]를 실행합니다.

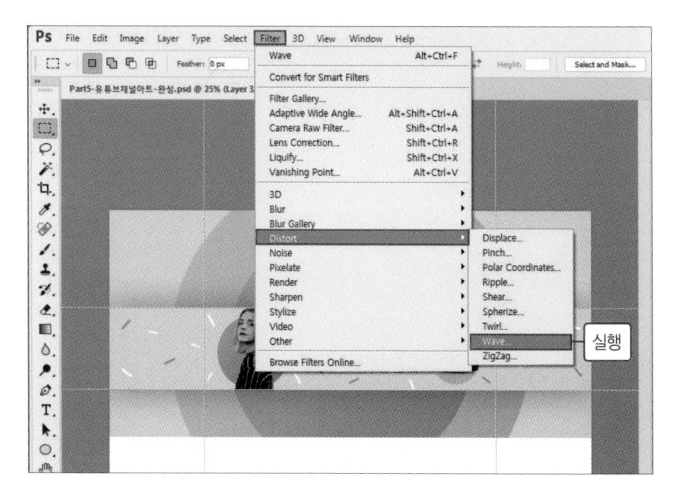

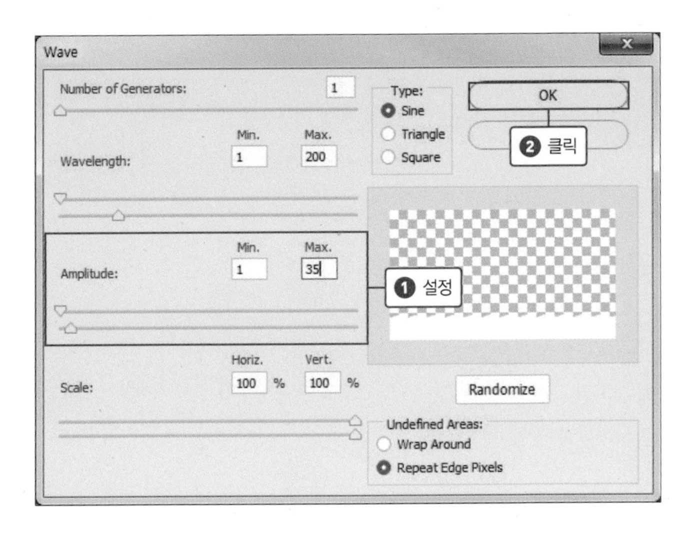


**8** Wave 대화상자가 나타나면 Amplitude: 1/35로 설정한 다음 〈OK〉 버튼을 클릭합니다.

**9** 경계면에 구불구불한 물결 무늬가 생겼습니다. TV 화면으로 보아도 단조롭지 않은 채널 아트 화면이 완성되었습니다.

# 찾아보기

Foreign Copyright:
Joonwon Lee
Address: 10, Simhaksan-ro, Seopae-dong, Paju-si, Kyunggi-do,
Korea
Telephone: 82-2-3142-4151
E-mail: jwlee@cyber.co.kr

*지금 시작해도 괜찮아*

# 이젠 나도! 포토샵

2019. 11. 14. 초 판 1쇄 인쇄
**2019. 11. 21. 초 판 1쇄 발행**

지은이 | 문수민, 고희청
펴낸이 | 이종춘
펴낸곳 | BM (주)도서출판 **성안당**
주소 | 04032 서울시 마포구 양화로 127 첨단빌딩 3층(출판기획 R&D 센터)
10881 경기도 파주시 문발로 112 출판문화정보산업단지(제작 및 물류)
전화 | 02) 3142-0036
031) 950-6300
팩스 | 031) 955-0510
등록 | 1973. 2. 1. 제406-2005-000046호
출판사 홈페이지 | **www.cyber.co.kr**
ISBN | 978-89-315-5618-6 (13000)
**정가 | 19,800원**

**이 책을 만든 사람들**
책임 | 최옥현
진행 | 오영미
기획 · 진행 | 앤미디어
교정 · 교열 | 앤미디어
본문 · 표지 디자인 | 앤미디어
홍보 | 김계향
국제부 | 이선민, 조혜란, 김혜숙
마케팅 | 구본철, 차정욱, 나진호, 이동후, 강호묵
제작 | 김유석

■ **도서 A/S 안내**

성안당에서 발행하는 모든 도서는 저자와 출판사, 그리고 독자가 함께 만들어 나갑니다.
좋은 책을 펴내기 위해 많은 노력을 기울이고 있습니다. 혹시라도 내용상의 오류나 오탈자 등이 발견되면 **"좋은 책은 나라의 보배"**로서 우리 모두가 함께 만들어 간다는 마음으로 연락주시기 바랍니다. 수정 보완하여 더 나은 책이 되도록 최선을 다하겠습니다.
성안당은 늘 독자 여러분들의 소중한 의견을 기다리고 있습니다. 좋은 의견을 보내주시는 분께는 성안당 쇼핑몰의 포인트(3,000포인트)를 적립해 드립니다.
잘못 만들어진 책이나 부록 등이 파손된 경우에는 교환해 드립니다.